岩波現代文庫
学術 106

佐原 真

魏志倭人伝の考古学

目次

第一部　『三国志』と魏志倭人伝

三国志

『三国志』といえば、諸葛孔明《しょかつこうめい》や劉備《りゅうび》・関羽《かんう》・張飛《ちょうひ》などが活躍する吉川英治さんの小説に熱中したことを思い出す読者も多いのではないでしょうか。NHKの人形劇をなつかしむ世代の方もあるでしょう。そのもとになったのは、一四世紀半ば、中国の元の末の小説『三国志演義』でした。さらにそのもとになったのが、魏《ぎ》・呉《ご》・蜀《しょく》、三カ国の歴史を西晋《せいしん》の陳寿《ちんじゅ》がまとめた『三国志』です。「歴史書の『三国志』のほうが終始公正かつ慎重に史実を記すのに対し、小説の『三国志演義』のほうははっきり蜀を正統視し、劉備を正義派、善玉に、曹操を敵役《かたきやく》、悪玉に仕立てあげている」違いがあるのだそうです。(1)

『三国志』の魏書・呉書・蜀書のうち、魏書の第三〇巻、烏桓鮮卑《うがんせんぴ》東夷伝のうち、東夷伝の最後に倭人の条があり、これを魏志倭人伝《ぎしわじんでん》とよんでいます。全部で二〇〇〇字ほどの文章です。

著者陳寿は三世紀の人(二三三〜二九七)で、時代的にそうへだたることなしに『三国志』をまとめました。そういうのを同時代資料ともよんでいます。

魏志倭人伝は、マルコ＝ポーロの『東方見聞録』——一〇世紀の日本についての記事を含む——と似ているところがあります。同時代資料で、実際に来日することなしに書いている共通性です。

私たちは一冊の本を今『　』で、論文など本の一部を「　」で表しています。『魏志』倭人伝と書いたり『魏志倭人伝』と書いたりもしますけれど、『三国志』という書物の一部をなす魏書のさらに一部の文章なので、私は『　』も「　」もつけずに魏志倭人伝、と書いています。

古い他の書物と同じように、『三国志』は、初め、文字を書いた細長い竹を綴ったもの(竹簡)でした。一冊、二冊とよぶ時の「冊」の字は、文字を書いた竹の板・木の板(木簡)を紐で綴った形から出来た文字です。また竹簡・木簡はぐるぐると巻いていたので、今でも本を数えるとき、一巻二巻と「巻」の字を使うのです。これが刊本、つまり印刷した紙の本になったのは、中国の南宋の一二世紀のことでした。

南宋の時代を中国思想史の福永光司《ふくながみつじ》さんは、一九四九年に大陸から台湾に逃れた蔣介石《しょうかいせき》政権の初期と比べます。乱れた不穏な社会状況だったため、誤字・脱字だらけの書物が多かったというのです。邪馬臺《たい》でなく邪馬壹《いち》かという議論(2)がありますけれど、そもそも南宋の刊本で字が正しい、おかしいと論じること自体がおかしいのだ、と福永さんはいうのです。

一九九五年ごろ、金関恕《かなせきひろし》さん(大阪府立弥生文化博物館)と私は、福永光司さんのもとに通って魏志倭人伝の特別講義を受けました。その内容は本にする計画でしたけれど中断し、ようやく作業を再開したところで不幸にも福永先生がおなくなりになりました。残念ながらまだ刊行にいたっていません。

本来ですと、その本が出来てから本書を仕上げるべきで、順序があとさきになりました。しかも本書では福永さんの解釈をお許しをえてふんだんに使わせていただいています。さらに中国古典文学の小南一郎《こみなみいちろう》さん(京都大学)が既発表の文(3)を今回さらに推敲《すいこう》して本書に寄せて下さいました。

倭と倭人

倭について、私がかつて書いた記事(4)をここで書き直《リライト》して若干のことを加えておきます。

古代中国では、日本のことを「倭」と書き、朝鮮半島の国ぐにも、そして日本みずからもこれに倣《なら》いました。

『記紀』、つまり『古事記』『日本書紀』では、これを「ヤマト」と訓《よ》み、奈良の大和から日本を指しました。七世紀後半、「日本」と自ら称するようになってから、日本では「倭」を使うことを避けるようになります。しかし、朝鮮半島では、一六世紀終わり豊臣秀吉《とよとみひでよし》の出兵に関しても、また中国・朝鮮半島では、一四〜一五世紀の略奪的な日本の船乗りたちを「倭寇《わこう》」とよびました。そしてさらに一九三七年からの日中戦争に際しても「倭寇」を使って、「倭」の文字を捨てませんでした。

なぜ「倭」を使ったのか、の解釈は、音《おん》を写したとする考えと、文字の意味を重視する考えとに分かれます。

音を写したという解釈は、実に六〇〇年前、鎌倉時代の卜部《うらべ》兼方《かねかた》『釈日本紀《しゃくにほんぎ》』(5)にさかのぼります。中国に国名をたずねられて、「和奴国」、すなわち我《わ》ぬ国＝我の国と答え、中国側がこれに「倭奴」の字をあてた、というものです。古くは本居宣長《もとおりのりなが》が「信じがたい」としりぞけ(6)、近くは上田正昭さんが、「こっけいな説」と評しています。(7)

卜部説の名誉回復を果たしたのが、人類学の金関丈夫《かなせきたけお》さんでした。(8)「お前の住んでいるところ、国はどこだ」とたずねられて「我ら」の国と答える。「お前たちは何者だ」と聞かれて「人間」だと答える。その「我ら」が国名・地名に、「人間」が種族名に誤られる実例は、世界各地に散在します。だから、日本語の第一人称の代名詞「吾《わ》」が「倭」に写された可能性もあるのだ、と金関さんは説明します。

しかし、日本語の一人称では、「わ」より「あ」が古いといわれています。古代朝鮮半島でも自分を「阿《あ》」とよんでいる(魏志辰韓伝)ことから、最近では倭の人びとも「阿」を自称としていた可能性もいわれています。

仮に音を写したとしても、なぜ「倭」を使ったのでしょうか。それについても、「遥《はる》か遠いところ」「性質柔順」「みにくい」等々、意味を表わしたという諸説があります。金関丈夫さんは、「倭は委に通ずる字であり、そのみにくさは委靡《いび》として振わぬ、萎《しな》びた、委然として、委屈《いくつ》し、などと上から見下される形容である。短身の矮《わい》とも関連するだろう」と解釈して、新石器時代から今日まで、連続して男の平均身長一七〇センチ以上という華北の端正《たんせい》な人びとが、背の低い古代日本人を揶揄《やゆ》してよんだのだろうと書いています。

このように解釈すると、倭に「人」をつけて「倭人」とよんだ由来も説明できることになります。つまり、まず、「小柄な人びと」という意味で「倭人」の名を与え、これがその人びとの住む土地を指すようにもなり、やがて略して「倭」とも表現するようになった、という説明です。

『旧唐書《くとうじょ》』東夷伝は、「倭国自らその名の雅《が》ならざるを悪《にく》み、改めて日本と為《な》す」と書いていますし、『新唐書《しんとうじょ》』日本伝には、「倭の名を悪《にく》み、更《あらた》めて日本と号す」とあります。

倭の文字にこもる揶揄とニュアンスの悪さを、当然中国人は知っているのです。日本の人びとは、初めそのお仕着せに甘んじていました。しかし、漢字の歴史が始まり、一国としての誇りを持つまで進んで、この名を好ましくないと自覚するようになった、という金関丈夫さんの解釈に耳をかたむけたいと思います。

古代中国の人びとが「倭」でよんだのは日本だけではなかった、と考える人もあります。朝鮮半島の南部もこの名でよんだ、あるいは倭の人びとがその地域に進出していた、ともいわれています。しかし、これらの考えについて、史料の証拠力の限界を踏み越えている、と古代史の山尾幸久さんは批評しています。[9]

「倭人」は、ふつう倭の人びとをさすものと理解されています。しかし、作家の松本清張さんは、「倭人」が「倭国」を指すと主張します。[10] なるほど『三国志』魏書東夷伝には、「夫余《ふよ》」「高句麗《こうくり》」……「濊《わい》」「韓《かん》」ときて、最後に「倭人」とくるのですから、この「倭人」が人びとだけを指すことはありえません。いままで倭人すなわち倭の人びと、と単純に割り切ってきたのは確かにおかしいことになります。

中国古代の文献が「倭人」をどういう意味で使ったかは、あらためて歴史専門家の検討にゆだねることにして、ここでは、倭の人びとの意味で「倭人」を使っておきます。「倭人人」とよぶわけにもいかないからです。

魏志倭人伝には倭国に対決する国として狗奴《くな》国がでてくる、その人びとは倭人だけれど倭国には属さない、さらにほかにも倭種とよぶ人びとがいる、だからこそ「倭国伝」にせずに倭人伝にしたのだ、とは、古代史の仁藤敦史《にとうあつし》さん(国立歴史民俗博物館、以下歴博)の意見です。

さて、魏志倭人伝といえば、多くの人が最も大きな関心をいだいているのは、女王卑弥《ひみ》呼《こ》の君臨した邪馬台国がどこにあったのかでしょう。とくに、九州・畿内(と後によぶようになった地域)のどちらにあったかの議論に熱中する人が多いのです。私はこれについてそう積極的ではありませんけれども、強いていうならば畿内説に傾いています。

私の関心はむしろ違うところにあり、考古学が明らかにしつつある事実と魏志倭人伝の風俗記事の記載とが、どううまく合うか、合わないかを確かめることに興味が集中しています。民族学・神話学の大林太良《おおばやしたりよう》さんは民族学・神話学の立場から、かつて『邪馬台国——入墨とポンチョと卑弥呼』(11)を書きました。大林さんの成果に学びながら考古学の立場から、主に魏志倭人伝の風俗記事と考古学との対応を書いてみたいと思います。

魏志倭人伝の風俗記事は三世紀の卑弥呼の時代のことでなく、一、二世紀の後漢代のことだ、と江上波夫《えがみなみお》さんは考えます。(12)文献批判の常識からすれば、魏志倭人伝の風俗記事は、海南島の風俗にかんする『漢書』地理志の記載によった部分が多く、史料として使うことができないものではないか、とは、友人、白石太一郎さん(歴博)の言葉です。『漢書』の文章は気にとめることにしましょう。私は、ひとつの文献資料としての魏志倭人伝の主に衣食住を始めとする風俗記事と考古学的事実を比べていきます。時には古墳時代の資料を使い、奈良時代の四文献『古事記』『日本書紀』『風土記』『万葉集』の記載ともくらべ、さらに時には現代にもおよびたいと思います。私の遊びをお許しください。私の究極の目標は、魏志倭人伝の記述が正しいか誤っているかではなく、実際にどうであったかを明らかにすることにあります。ただし結論からさきにいうと、考古学が新しい事実を明らかにしていくほど、魏志倭人伝の記載と合ってきています。考古学と話がよく合うことがますますふえています。

最後に一言、水野祐《みずのゆう》さんは倭の風俗記事の多くを狗奴国についてのものとみ、倭地温暖(40行)以下を倭の風俗記事とみます。私は他の多くの研究者と同様、男子無大小皆黥面文身(30行)以下を倭の風俗記事としてとりあげます。

それでは、倭のおもな「国」について簡単にふれてから、魏志倭人伝の記述の順に風俗についてみていきましょう。

第二部　倭人の風俗

1 魏志倭人伝の国ぐに

三種類の「国」

魏志倭人伝では、「国」という字は三様に使われております。第一は邪馬台《やまたい》国、伊都《いと》国、対馬《つしま》国などといわれる場合の国であり、第二は倭国という場合の国であり、第三は「国家なんじを哀れむ」(**90**行)という場合の国であります。(1) このうち第三の「国家」は中国の魏をさしています。

第一の「国」は、おそらく筑前国・備前国・河内国など幕末まであった国の郡ひとつか半分、三分の一程度の大きさで、たくさんの村から成り立っていたのでしょう。私は、「小さい国」とよびます。そこに王がいれば「小さな王」です。

第二の「国」は、「小さな国」が三〇ほど政治的にまとまった倭国で、ただ「国」とよぶこともあるのです(**65**行)。「大きな国」で、その王は「大きな王」です。以下、「　」をとって書きます。

ほかに「女王国」が五回(14・21・29・59・70行)出てきます。そのうち四回までが距離や方向の起点をさしているので、倭国全体を漠然とさすことはありえません。女王国は邪馬台国のことです。[2]

魏志倭人伝に出てくる朝鮮半島の関連遺跡そして倭人伝の「国ぐに」の遺跡については、数多くの研究者がくわしく状況を書いていますので、それをご覧ください。私は、網羅的にではなく、思いつくまま、簡単にふれるにとどめます。

永留久恵《ながとめひさえ》さんが、各国について何文字で説明しているかを比べています。[3]対馬《つしま》六四字、一支《いき》五七字、末盧《まつろ》四二字、伊都《いと》四三字、奴《な》二三字、不弥《ふみ》二二字、邪馬台《やまたい》二九字、狗奴《くな》二二字で、対馬と一支がいちばんくわしいのです。私の文章も、対馬と一支が一番長くなりました。

対馬と一支

魏志倭人伝で対海と書いてあるのは対馬、一大と書いてあるのは一支の誤りと認められています。

初めて私が対馬に渡ったのは一九八五年、農学の渡部忠世《わたなべただよ》さん、民族学の大林太良さん・佐々木高明さんたちと一緒でした。

優れた郷土史家の永留久恵さん[4]に数多くのことを教わり案内していただけたのは幸いで、深い学識に圧倒されました。

歴史・考古・民俗以外のことで面白かった永留さんの話を今回永留さんに再度確かめた上で紹介します。

①コウライキジは対馬・朝鮮半島に共通する。中国甘粛省の蘭州の博物館でも剝製を見たことがある。壱岐・本土・九州・四国にはいない。②ツシマテン・ツシマジカも朝鮮半島と共通し、壱岐・本土にはいない。③ベンガルヤマネコに含まれるツシマヤマネコがいる。それはチョウセンヤマネコといっしょである。壱岐・本土にはいない。④シベリアカナヘビという脚のあるヘビは対馬・朝鮮半島にいる。壱岐・本土にはいない。⑤タヌキ・キツネは本土から壱岐までしかおらず、対馬・朝鮮半島にはいない。⑥植物では、ヒトツバタゴが対馬の北端に群生している。それは朝鮮半島にある。本土では長野県の木曾谷に知られる。壱岐・九州にはない。

このような事実から、動・植物学者は、日本列島が形成されるとき、まず対馬と壱岐の間が切れて、あとから朝鮮半島と対馬の間が切れた可能性をあげる。しかし地質学者は、朝鮮半島と対馬の間(朝鮮海峡)の方が深いので、こちらが先に切れた、とみる、という内容です。

対馬の考古学については永留久恵さんの著書、壱岐については副島和明《そえじまかずあき》・安楽勉《あんらくつとむ》さん（ともに長崎県教委）に教わりました。

考古学で比べると、①弥生の遺跡は壱岐に多く（一八一ヵ所）、対馬には少ない（五八ヵ所）です。②北部九州で作った大きな矛形《ほこがた》祭器（広形銅矛）は対馬に集中的にある（一二〇本以上）のに、壱岐ではわずか（五本）しかありません。③北部九州のかめ棺は、壱岐ではたくさんみつかります。しかし対馬にはわずか（二例）しかありません。④対馬には古い古墳（四世紀）、出居塚《でいづか》と鶴山《つるのやま》があって柳葉形の銅の矢尻もみつかっていますが、壱岐にはありません。⑤壱岐には古墳がたくさんあり（二六四基）、奈良の古墳に見劣りしないほど大規模な横穴式石室があります。これは対馬にはありません。対馬の古墳の数はそう多くはありません（二二基）。

壱岐から対馬へ船で渡ったことがあります。六八キロメートルへだたった両島のちょうど真ん中ほどまでくると、どうもおかしいのです。対馬の姿が普通の島と違うのです。目をこらしているとやがてわかってきました。島のまわりが断崖絶壁になっていて、ところどころに入江があるのです。壱岐とは違って山だらけで、いちばん高い矢立山《やたてやま》（標高六四九メートル）を始めとして、五〇〇メートルを越える山は八つ、二〇〇メートルを越える山は一〇〇近いのです。今でこそ自動車道が島にゆきわたっています。しかし、つい近年まで、島のあちこちへ行くには舟を利用するのが普通だったのです。

一方、壱岐はいちばん高い岳《たけ》の辻《つじ》(標高二一二メートル)から見渡すと、低い山が連なっていて、低い平野に連なります。

対馬と壱岐を訪ねた人は誰もがたたえるように、魏志倭人伝は、両島の地貌の違いを見事に比べています。

対馬の弥生遺跡については永留久恵さんが詳しくあつかっていますし、他の研究者による概観もあります。対馬の北島と南島とを比べると、北島に遺跡が多く、これは北島の方に入江が多いからだそうです。天然の奥深い入江の浅い潟、川沿いの原、山際に住み、岬の上にお墓を作りました。佐護《さご》・仁田《にた》・三根《みね》・仁位《にい》など、北島の西北部に集中し、とくに峰《みね》町の三根が中心だ、と永留さんはいってきました。

お墓からは朝鮮製の銅剣の柄の飾り金具や、珍しい青銅器各種がたくさんみつかっており、中国製の鏡や釜(銅鍑《どうふく》)もあり、また上対馬町の塔《とう》の首《くび》の三号石棺には、青銅の腕輪やガラス玉(八〇〇〇個)とともに九州からの矛形祭器二本が入っていました。お墓に死者に副《そ》えて葬る(副葬する)のではなく、意図的に地中に埋める(埋納する)のがつねの矛形祭器が、ここでは副葬してあったのです。

しかし対馬では、まともな住居あとはみつからず最近にいたりました。ところが、一九九九・二〇〇〇年の調査(峰町教委)によって、峰町の三根の丘(長さ一二〇メートル、幅六〇メートル、標高一六〜一八メートル)で、縦穴住居五、柱穴多数がみつかり、にわかに脚光を浴びています。小田富士雄《おだふじお》さん(福岡大学)は「対馬国の中心部の有力候補といえるが、今は絞りきれない。今後の調査が楽しみだ」と語っています。三根山辺区の調査は現在も進行中で、現在の担当者の阿比留伴次《あびる》さんは、慎重にじっくりとりくんでいます。(5)

一方、一支国《いき》の都《みやこ》的な村は、芦辺・石田町の原《はる》の辻《つじ》だとわかっています。一九九三年、私はここを訪れ、三重の壕《ほり》をめぐらす大きな村の存在を知って大いに感動しました。(6)

壱岐島の東海岸の南端近くに、内海《うちめ》という名の大きな入江があり、ここに幡鉾《はたほこ》川が注いでいます。河川改修で今は直線的に流れていますけれど、かつては曲がりくねって流れ大きな平野(深江田原《ふかえたばる》、およそ三三〇ヘクタール)を抱えてきました。長崎県の第二の平野です。ただし、第一の諫早《いさはや》平野は干拓の結果一位になったのです。本来はこちらが一番広いのです。

幡鉾川が西から東へ流れる深江田原に向かって南から低い丘(標高一八メートル)がのびています。周囲の水田(標高七メートル)よりもわずかに高いこの丘を中心として、外・

原の辻遺跡（『原の辻遺跡調査事務所報告書』第22集，2001より）

原の辻の船着き場のあと(長崎県教育庁原の辻遺跡調査事務所提供)

中・内壕の三重の壕をめぐらせて広い範囲(南北七五〇、東西三五〇メートル)を囲んでいるのが原の辻の中心部分です。

丘の上に、一段細く(幅一〇メートル)高い小丘があります。発掘したところ、弥生時代もこの細さで、周りに柵か塀をめぐらせたなかに小さな建物が立っていたことがわかり、宮本長二《ながじ》郎《ろう》さん(東北芸術工科大学)は「神殿」とみました。この丘の東側にこそ、魏志倭人伝に出てくる卑狗《ひこ》と卑奴母離《ひなもり》などの有力な役人の家や役所があったに違いありません。今のところ原の辻全体で縦穴住居が九四棟、掘立柱建物が三九棟みつかっています。

壕の外、北、東、東南には墓地がありますし、壕の外、西北では船着き場のあとがみつかりました。内海に船がつくと、小船に乗り移り幡鉾川を人力で曳いてここまで至ったのでしょう。ただし、この船着き場は紀元前二世紀のものです。邪馬台国時代の船着き場はどこか近くにまだ眠っているのでしょう。外壕の東側には東へ向かう道のあともみつかりました。原の辻では次々に多くのものがみつかっています。建築部材・土器・石器・骨角器・動物遺体等、豊富な資料です。

原の辻について簡単にふれたのには理由があります。

邪馬台国がひきいる倭の国ぐに三〇ほどのなかで、国名がわかっていて、その都的な中心がわかっているのは、この一支《いき》国の原の辻だけなのです。人の力も自然も、遺跡を壊滅することなく今まで残してくれたのは幸いなことです。一九九七年、原の辻は国の史跡となり、二〇〇一年には特別史跡に昇格しました。現地の原の辻展示館には豊富な資料が並び、その前には、船着き場のすばらしい模型ができています。

原の辻の丘はいつ行っても風の強いところです。お出かけの方は風にご用心。

侏儒国……裸国、黒歯国

この項については、地図の歴史の三好唯義《みよしただよし》さん(神戸市立博物館)に教わって書きます。

佐賀県の有田で一九世紀前半に焼いたお皿に「地図皿」というのがあります。私は大好きで、展覧会などで出会うとみとれて、なかなか離れることができません。扇形の波紋様を地に素朴な形の日本を描き、国名があちこち向き、すぐれた意匠《デザイン》です。ところが、この地図は古い行基図《ぎょうきず》をあしらったもので、地図の歴史の上では資料的価値はないのだそうです。しかし地図の研究史上、重要な価値をもつようなまともな地図が描いてあった、と仮にすれば、私は見むきもしないでしょう。素朴さこそが地図皿の魅力なのですから。

ところで、有田の地図皿をみると、すぐに私は「女護島《にょごがしま》」をみつけて悦に入り、そして魏志倭人伝の侏儒国《しゅじゅ》・裸《ら》国・黒歯《こくし》国を想い出すのです。魏志倭人伝のこれらの国ぐにを想像上の国とみる人が多いなかにあって、実在した国の可能性を考える人もいます。たとえば国分直一《こくぶなおいち》さんです(7)。熱帯アジア原産のヤシ科の常緑樹、檳榔《びんろう》の実を噛んで歯が黒くなった人びとの住む南の島こそ黒歯国だとみるのです。

私は、想像説です。そして大昔から人は、自分の認識している世界の外に想像上の国を考えていた歴史と比べるのです。これについては、織田武雄《おだたけお》さんの『古地図の世界』(8)にくわしいところです。

中国では『山海経《せんがいきょう》』の「大荒東経」にも、『淮南子《えなんじ》』地形編にも「大人国」「小人国」「黒歯国」が出てきます。『後漢書』東夷伝は、海中に「女国」をあげています。マルコ＝ポーロの『東方見聞録』には、アラビア海と思われるところに「男島」「女島」をあげ、年に三カ月間、その男女が同棲するとあります。日本では、平安時代初期以来の行基図とよぶ素朴な日本地図の傍に、女ばかりが住む「羅刹国《らせつ》」をあげています。室町から江戸にかけての説話をあつめた『御伽草子《おとぎぞうし》』の「御曹子島渡《おんぞうししまわたり》」では、源義経が平泉から蝦夷《えぞ》ヶ島に渡る途中で女護《にょご》ヶ島に寄っています。江戸時代中ごろには、南方海上に女護ヶ島がある、という想像がひろまっていたからこそ有田の地図皿があり、井原西鶴の『好色一代男』の最後で世之介が女護ヶ島に向けて好色丸で船出するのです。

西洋では、ギリシア神話以来、カスピ海沿岸などの女人国アマゾンがあったとし、玄奘の『大唐西域記』(巻一一-一二〇)に波斯《ペルシア》国の西北にある払懍《フルム》国(東ローマ帝国?)の西南の島に「西女国」があるとしているのは、このアマゾンにあたるだろう、とみられています。大航海時代が始まる前のヨーロッパの世界地図には、不思議な姿の人の住む国が出てきます。侏儒国・裸国・黒歯国もまた、このような想像上の国ぐにだ、と私は想像するのです。

2　南、邪馬台国に至る

南、邪馬台国に至る（18〜19行）

「南」は「東」か

東西南北、つまり方位についてとりあげます。

古代の中国では、倭が東西ではなく、南北に近い長い島ぐにと考えていたのでしょうか。魏志倭人伝の「南至邪馬台国」が東の書き誤りではないか、とは、邪馬台国畿内説の人の言葉です。

「混一疆理歴代国都《こんいちきょうりれきだいこくと》之図《のず》」という明代の古地図が京都の龍谷大学図書館にあります。これをみると、朝鮮半島の南方、中国の揚子江以南や海南島あたりの東方に、日本列島は、九州を北にして正に南にのびています。古代の中国でも、倭をそうとらえていたからこそ、倭が「会稽《かいけい》、東冶《とうや》の東」（浙江省から江蘇省にかけての東方）とか、産物や風俗が「儋耳《たんじ》・朱崖《しゅがい》」（海南島）と似ているとかの表現が魏志倭人伝には自然にでてくるのだろうという説

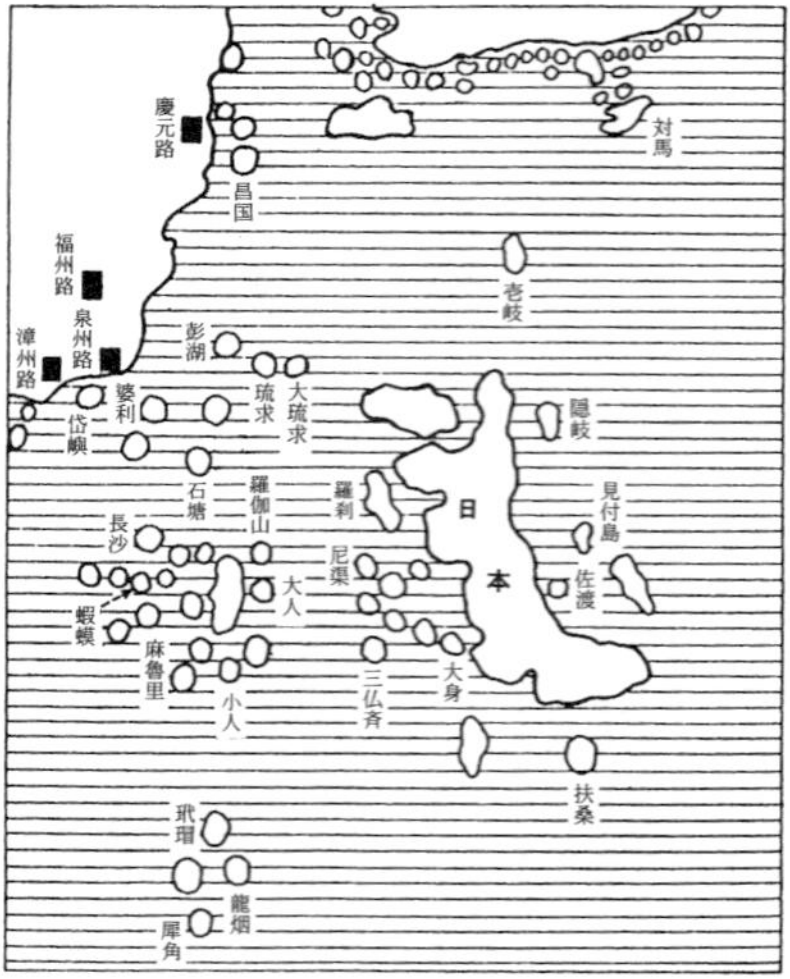

混一彊理歴代国都之図（明代）の日本

[1]明がありますし、私もこの図を使ったことがあります。

ところが、この地図について、海野《うんの》一隆《かずたか》さん（元・大阪大学）が、魏志倭人伝の方位とこの地図とを対応させることはできないことを明らかにしています。[2]

この地図は、中国の地図に朝鮮半島と日本とを加えて李氏朝鮮で作ったものです。日本では、国土全体を描くさいに、どの方位を上にするかは無頓着でした。たまたま、九州を上にして日本列島が南にのびる日本製の図を参考にしたため、「混一彊理歴代国都之図」では偶然、日本列島を南にのびるように描いたものにすぎないのだそうです。

ただし、海野さんが否定しているのは、この地図を魏志倭人伝と結びつけて使うことについてです。古くから中国では、日本列島を南北にのびるととらえ、一九世紀にいたるまでそう誤解していたことを海野さんは多くの資料から論証しています。そして、海野さんは、魏志倭人伝が、東を南と誤っている可能性を説き、邪馬台国は畿内にあるという立場で結んでいます。

東西南北型と左右型

話題をかえて、読者におたずねしたいことがあります。あなたは、あなたの土地では、道を説明するとき、東西南北を使いますか、それとも右左ですか。

東京の人は、左右型です。山もみえないし、道も方位と無関係だからです。右左だけでむずかしいと、皇居を背にして左、などといいます。

私は東西南北型です。大阪に生まれ、京都・奈良に長く住んだから、平地にいる限り、山の形で方向がわかります。しかも、主な道は方位に沿っていますから、道の説明には、東西南北を使います。

当然のことですけれど、京都・大阪・奈良で東西南北型になるのは、古代の都が方位に沿っていた歴史をになっているからです。そしてこれが、古代中国の都市計画に起源をもつことはよく知られています。卑弥呼の使者が訪れた魏の都、洛陽もまた方位に沿っていたのです。こういうことになるのではないでしょうか。

民族学の大林太良さん、佐々木高明さんの意見では、方向の意識は、山と海、川上と川下、日の出る方向、沈む方向など二方向の比較から始まります。右左も二方向です。採集・漁撈・狩り・農耕・遊牧に生きる人びとでは二方向型、左右型が多かったので、町・都会に生きる人びとでも左右型が多くなります。ところが中国文化圏では、都市を東西南北の方位にそろえて設計したから東西南北型となるのです。

一九七九年、ドイツ考古学研究所は、創立一五〇周年を迎えて、ベルリンで国際研究集会「都市の考古学的研究」を開催しました。招かれた私は、平城京・宮、八世紀の都市と宮城について発表しました。ところが集まった欧米の研究者で、古代東アジアの都市について知識がなかった人びとにとって、古代都市を方位に合わせて建設したという事実を知ったことは大きな衝撃だったようです。

そういえば、西アジア、エジプト、クレータ、ギリシア、そして、ヨーロッパの都市、マンハッタン島に格子目の道を配したニューヨークは、すべて自然地形にしたがっています。方位とはかかわりをもっていません。あたりまえに思っていたことが、世界的には、そう普通のことではないことを私は知りました。

人は誰もが、自分の物差しをもっていて、自分が見聞きしていること、食べているものをごくあたりまえのことと思っています。しかし万国共通の物差しはないのです。

南向きの家を好むこと

もうひとつ、あたりまえ、と思っていたことが通用しなかった話があります。九五年、私は、ドイツで四カ月を過ごし、七、八月はフランクフルト郊外で家を借りました。その時、不動産屋さんに南向きを希望したところ、まったく理解しないのです。そこで何人かのドイツ人にたずねたところ、この人たちもまた、どちらを向こうが同じだ、といって私をとまどわせました。

日本のあるところで公団住宅を建てかえることになりました。公団側の提示した設計案を不服とした住民は、すでに日本ですばらしい学校を設計した実績のあるアメリカの建築家に設計をたのんだそうです。建築家は、住民たちの意向をきいた上で設計を完了しました。ところが、彼の設計図では、建物は南北棟です。主婦たちは、一〇～一四時にフトンをほしたいからと南向きを切望しました。しかし彼は午前中は東から、午後は西から日が入るからよいではないか、とゆずらなかったそうです。話はそこまでしか知りません。しかし、この話も、日本の人は南向きを好み、欧米の人はそうでもないことをしめしています。

日本では、今でも、好きな方位は、南のようです。山田安彦さん(元・神戸学院大学)が、

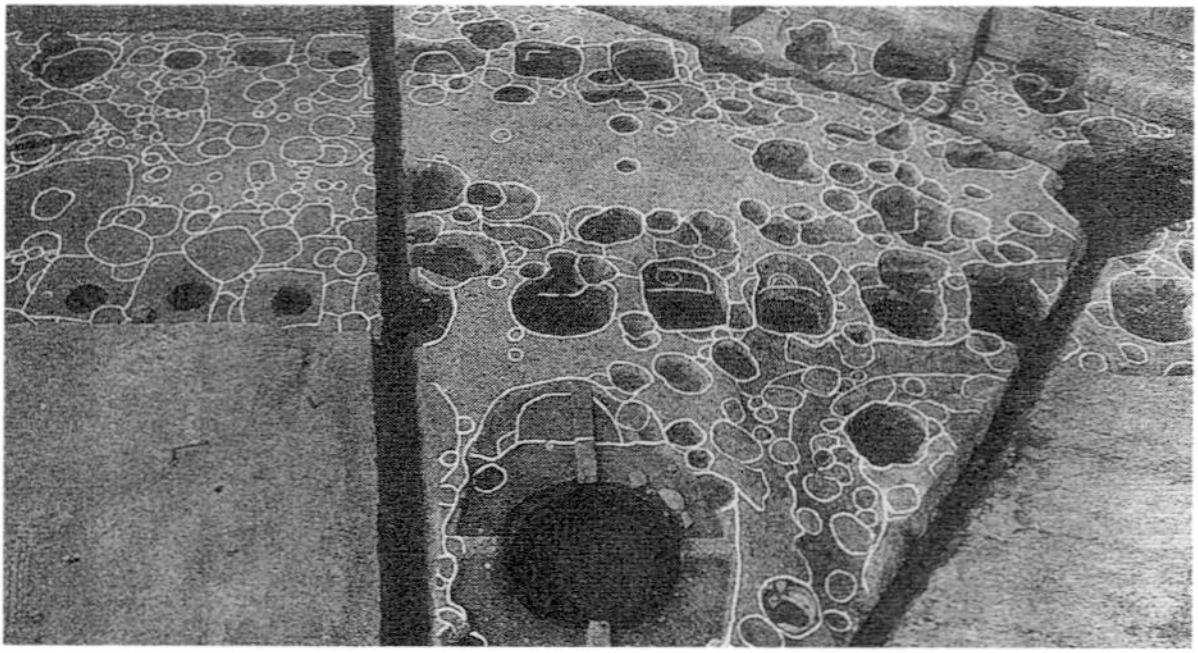

南側に井戸をもつ池上曾根遺跡の大型建物のあと
(和泉市教育委員会提供)

関東地方の七つの中学校で生徒二五五名に方位について質問したところ、好きな方位は、南九八(三八・四%)、北五四(二一・二%)、東五二(二〇・四%)、西二八(一一・〇%)でした。[3] 古代のお寺や、国・郡の役所の大多数が、南面、つまり南を正面としています。建物をたてるときに、現在でも南向きを好んでいるのは、そしてもしかして、私たちの南向きの好みもまた、古代都市の方位にある設計の伝統に根ざすのではないでしょうか。

あとでも紹介する滋賀県守山市伊勢《いせ》(第25節)では、柵で四角く囲む中に、大きな建物を北におき、その南があいていて、まさに南向きです。

これまたあとでとりあげる大阪府和泉市池上《いけがみ》曾根《そね》の東西方向の大型の建物(長辺二〇メートル、短辺七メートルで、柱一一本と柱二本)は床の高い建物で、その南に井戸をもち、この建物の東南には「脇殿」(二八メートル×八メートル)が立ち(ただし、建物ではなく南北方向の柵とする解釈もあります)、七、八世紀以来の宮殿の配列を思わせます。邪馬台国が畿内にあると考えたい人びとにとってこの池上曾根の一世紀の建物は心強い存在となりました。私にとっては、この池上曾根の大型建物も南が大きくあいていることが嬉しいのです。南向きの好みは、実に弥生時代の畿内に始まるのではないか、と想像するからです。

ひとつの経験を書いてこの節の結びとします。大阪で会合が終わり、遠く離れた懇親会の会場へ行くようにと地図をそれぞれに渡されました。道はややこしく、駅を降りて東南へ向かうのに、地図は北が上です。関西の人はそれほど苦労していないのに、東京の人は地図を上下逆さにしたりして困っていて、その違いが私にはとてもおもしろかったのです。東京でやったある対談の席で大林太良さんにそのことを話すと、実は今日地図をもらったのに僕も迷ってしまって、とのこと。東京の人はやっぱり地図は不得意です。

3 もぐり漁

好んで魚や鰒《あわび》を捕《と》らえ、水の深い浅いなく皆沈没して之《これ》を取る(12行)

この節は、ほかの節よりも長いし、しかも特別の構成になっています。私の「考古学と民俗学」(1)という文の一部を利用し、その後のことを追加したものです。

主として、文字の記録を材料として過去を追う文献学(文献史学)、人びとのあいだに生きる慣わし・掟《おきて》・言い伝えから過去を追究する民俗学、そして、主に土の中に残っている過去の人びとの行動のあとから彼らの行動を究明する考古学、この三つが、さらに関係するいくつもの学問成果も一緒にして総合的な歴史をうちたてる、これが歴博(国立歴史民俗博物館)の目標です。

その事例研究《ケーススタディ》のひとつとして、魏志倭人伝の潜水漁法の記事をとりあげたい、と思います。

A 「草木が茂っていて、前を行く人が見えない。好んで魚や鰒《あわび》を捕え、水の深い浅い

の区別なく、皆沈没して之《これ》を捕《と》る」(11〜12行)

B「男はおとなも子どもも面《かお》に黥《いれずみ》し、身《からだ》に文《いれずみ》している。昔、中国では髪を短く切り、身に文《いれずみ》して、蛟竜の害を避けた。今、倭《わ》の水人は、潜《もぐ》り漁法で魚や「蛤」をとらえ、身に文《いれずみ》して大魚や水鳥を厭《はら》い、後にはこれが飾りとなった」(30〜33行)

これが魏志倭人伝の潜《もぐ》り漁の文章です。

文献資料は、書いてあるままを正しいとすぐ受けとることができるかどうかはわかりません。たとえば考古学の下條信行《しもじょうのぶゆき》さん(愛媛大学)は、沿岸の浅い砂泥に住むハマグリを潜水漁法で採るなどおかしい、とBの文に疑いをもっています。[2] しかし私は、中国思想史の福永光司さんに教わって、当面は魚蛤を魚や貝、と理解しておけば、と思っています。ハマグリについてはこの節の最後でとりあげます。

下條さんは、対馬《つしま》国・壱岐《いき》国・末盧《まつろ》国(佐賀県唐津湾沿岸)・伊都《いと》国(福岡県旧糸島郡南半)にいたる「自然、地形、生活、社会描写がきわめて具体的なもので、地理学的・考古学的成果ともよく符合」する、などの理由をあげて、文Aを信頼できる、としています。[3]

ここでは、文A・Bの内容が正しいと認める立場で話をすすめていきましょう。

文献資料の潜水漁伝

古代、漁民のことを海人などと書いて「あま」とよびました。しかし、「しだいに「あま」という言葉が裸の潜水漁撈者だけに限定して使われる」ようになり、「現代では「あま」のうち、男を海士《あま》、女を海女《あま》と表示するのが普通になって」います。(4)

古文献から少しあまについて紹介すると、徳島出身の「海人《あま》」、男狭磯《おさし》が腰に縄を結び、一〇メートルほど(六〇尋《ひろ》)の兵庫県明石《あかし》(赤石)の海底から大鮑《おおあわび》を抱いて海面にもどって息絶えた話(允恭紀一四年九月条)は、当然、男の海士《あま》です。

「海の少女がもぐって取るという忘れ貝。けっして忘れまい。妻の姿は」(5)(海少女《あまおとめ》潜《かづ》き取るといふ忘れ貝世にも忘れじ妹《いも》が姿は)(『万葉集』巻一二―三〇八四)は、娘さんの海女《あま》です。

真珠をとろうとしているらしい海人少女《あまおとめ》を詠んだ歌(『万葉集』巻六―一〇〇三)も海女の存在をしめしています。ほかに、潜水したかどうかはともかく、海少女《あまおとめ》を詠んだ歌があります(巻六―九三〇、巻一七―三八九九)。

海に潜《もぐ》ることを古代は潜《かづ》くとよみました。潜りたいなあ「迦豆岐勢那和《かづきせなわ》」(『古事記』中巻、忍熊王反逆の項の歌)という表現もあります。

八世紀の地誌、『風土記《ふどき》』や一〇世紀の法律解説書、『延喜式《えんぎしき》』は、あまやアワビについて豊富な情報を提供してくれます。渋沢敬三《しぶさわけいぞう》さんは、『延喜式』に出てくる一七七回の祭りの記事、四四九回の神に捧げる食物(神饌)の記事から、水産物をとりあげて、神饌のなかでのアワビの大切さを指摘し、捕え方、分布、種類についてくわしく論じています。(6)『肥前国風土記』松浦(末盧のよみを受けつぎます)郡の条では、潜水漁法についてくわしく、『延喜式』にみえる肥前国のアワビの貢進は、全国で一番です。(7)下條信行さんは、これら文献資料を先の文Aの信憑性が高いことの根拠のひとつとしています。

文献資料から引いておきたいことがもうひとつあります。和歌山市加太《かだ》(賀多)の潜女《かづきめ》一〇人に鑿《のみ》一〇具・刀子《ナイフ》二枚、徳島県那賀《なか》郡の潜女一〇人に鎌四張・鑿一二具・刀子四枚・鉋《かんな》二枚・火鑽《ひきり》三枚などをあたえた、という記載です(『延喜式』)。

この中から潜り漁で直接使ったものを強いてあげるならば鑿でしょうか。アワビやトコブシなどを岩から剝《はが》し取るのには、梃子《てこ》の原理を利用します。大きなアワビは、吸着力が強いので、これなしには起こすことが難しいのです。現在では鉄のヘラを使い、これを磯金《いそがね》などとよびます。考古学では、骨製・鉄製品をアワビ起こしと総称しています。

浮世絵の海女は、必ずしも海女の実態を描いたものではない、と指摘する民俗学の田辺悟《さとる》さんは、喜多川歌麿《きたがわうたまろ》の浮世絵の海女が大工さんの使うのと同じ形の鑿を口にくわえている姿をみいだしています。(8)

潜水漁法の民俗学

フランスの民俗学のブッシイさんは三重県で実際に海女さんといっしょに潜るまでして最近研究成果をまとめています。[9] 潜り漁や、それにたずさわるあまについては数多くの民俗学的研究があります。[10] とても読み切れません。

瀬川清子《せがわきよこ》さんが一九三三年に海女の活躍する石川県能登半島の先の舳倉島《へくら》を訪ねたころは、父親や夫が船を手で漕《こ》ぎ、命綱をにぎりました。そして家計の六割が潜ること、四割が行商による収入で、どちらも女が主役でした。

二〇年経って一九五二年に舳倉島を再訪した瀬川さんの目に映った潜水漁業は男主導型に変わっていました。女が潜る点は変わっていません。しかし、発動機船が導入されたこととも関連して、男の賃金がずっと多くなったのだそうです。[11]

瀬川さんの名著『海女』[12] を学生時代に読み、触発されて三〇年間、潜水漁業の研究ととりくんだのが海の民俗学の田辺悟さんです。田辺さんは、韓国・台湾をふくめ、一〇〇カ所近い現地調査を重ねてその成果を大部な書物にまとめています。[13]

その結果の一例として、海士・海女の分布をあげましょう。これは他の研究者による海女の分布図[14]とは必ずしも一致しません。

対馬海流の影響下にある日本海側では、潜り漁をやっているところも四三カ所訪ねました。このうちアワビは三七カ所で採っており、二四カ所では海士が、一二カ所では海女が、二カ所では海士・海女の両方が採っています。

黒潮の影響下にある太平洋側では四四カ所を訪ねました。このうちアワビは三四カ所で採り、二二カ所で海士、四カ所で海女、八カ所で両方が採っています。そして、太平洋岸のアワビ採りについていえば、東北日本・西南日本では海士が、中央日本では海女の存在が目立っています。

コンブ・ワカメ・テングサ・フノリ・ツノマタなど海藻採りについては、数の上での性差はありません。海女も海士も採っています。魚・イセエビなどの突き漁は九州地方南部以南に分布が濃く、田辺さんが調べた三二カ所全部で男の仕事です。沖縄の糸満《いとまん》ではコウイカを、糸満と鹿児島県の奄美大島ではウミガメも採っています。

アワビを岩から外す道具、アワビ起こし＝磯金には形・大きさ・重さに地域差が多いことも民俗調査でくわしくわかっています。(15) 大は必ずしも小を兼ねません。大きな磯金が入らない岩の割れ目には小さな磯金が適しているのだそうです。

現在では、水中眼鏡なしの潜りは考えられません。しかし、これまた民俗調査によって明治以降に発達したもので、それより前には素眼《すめ》で潜っていたことがわかっています。浮世絵の海女たちも、もちろん眼鏡はつけていません。

潜り漁の魔除け

石川県舳倉島の磯金(オオビガネ↑アワビガネ)には、「大」の字が彫ってあり、孔がひとつあいています。海女が小さなタコを採ろうとすると、たちまち大ダコと化して海女を海底深く引きずりこみ、これを舳倉島の弁天様が助けてくれたという伝承があります。「大」の字は、こちらも大きいのだと魔物に示すもので、字の下半を長くのばして、できるだけ大きく見せるようにしたそうです。また、磯金にあけた孔は、紐《ひも》通しではありません。海中で魔物を追い払うときの眼の役割を果たすもので「眼をもった大きなものがいるぞ」という意味をこめているのだそうです[16]。

三重県志摩の海女は、もともと鉢巻をしました。このきれを磯手拭《いそてぬぐい》とよび、その眉間《みけん》にあたるところに、星形や竜の爪をかたどった記号などをつけました。魔除けです。この魔除けの形やよび名も所によって様々で、細かく布目を拾い黒い糸で刺してつけたそうです。

海の民俗をまとめた田村勇《いさみ》さんによると、漁師さんが入れ墨するのは、死んだときの身元確認用だそうです。その目的もあるでしょう。しかし、「力」とか「大力」などの文字も彫る(17)と聞くと、ここでの「大」と同様、つねに危険に立ち向かう者として呪術的な祈りをこめていることもあるのではないかと私は想像します。

話を志摩の磯手拭にもどします。

忙しくて糸で魔除けがつけられなかったときには、巻貝のイボニシの臓器を木きれなどで布にこすりつけて記号を描きました。吉野ケ里の弥生人も衣を染めるのに知っていたように日光にさらすと鮮やかな赤紫色(貝紫)になるのです。一九六五年ころからはマジックインキでつけるようになっているとか(18)。効き目は変わらないのでしょうか。

志摩の海女がおそれるのは、トモカヅキといって海中で自分と同じ海女がいて、アワビをくれる、というので手を出すと、そのまま深みに引きずりこまれる、というものです。ところが、トモカヅキの磯手拭には記号がついていないので、見わけられる、というわけです(19)。

一九世紀初めの記録によると、西日本では海女が潜り、使う磯金(長さ二一センチメートル)には、中ほどに孔があいていて、そばに「八大竜王」と彫ってある、これは、悪魚を避けるためだ、とあります(20)。

このような、潜り漁にまつわる呪術は、危険な作業だけによく理解できます。そして家での魔除けに、「急々如律令《きゅうきゅうにょりつりょう》」など奈良時代以来の古い古い呪符を書くところに、伝統の古さを感じさせます。大林太良さんは、これら現在に残る潜り漁の魔除けが魏志倭人伝の潜り漁の入れ墨の伝統をひく可能性を指摘しています。(21)

潜り漁の人類生物学

東北日本・西南日本では男が、中央日本では女が潜っている。海士と海女が分布の差をしめしている、ということはよく知られています。

これを「人類生物学」的に説明したのが形質人類学の香原志勢《こうはらゆきなり》さんです。(22)

(1)岩手・秋田など、ひじょうに冷たい海では、夏の短期間、短い時間、男だけが潜る。

(2)本州中央部・九州北部(千葉県房総、静岡県伊豆、三重県志摩――以上太平洋。新潟県の海岸と佐渡、石川県舳倉島、福井県越前岬、京都府袖志《そでし》、山口県大浦、福岡県鐘崎――以上日本海)では、そして韓国の済州島では女が潜っている。

(3)冷たい海・暖かい海の中間にあたる徳島県阿部・大分県佐賀関では、男も女も潜る。長崎県対馬では、浦によって男女どちらが潜るかが違う。佐賀県にも海士の浜、海女の浜がある。

(4)和歌山・四国、熊本県天草《あまくさ》、鹿児島県大隅《おおすみ》など本州南部から九州南部・沖縄の暖かい海では海士が潜る。アラフラ海の真珠採りの潜水夫は大多数が和歌山県串本町・新宮《しんぐう》市の出身である。沖縄県糸満の海士は追込み漁を主とする。日本近海のほか、ジャワ・シンガポール・ミクロネシア・ハワイにも遠征する。

このうち、本州中央部・九州北部の海女の分布について、香原さんは、八月の平均海水温度が二五℃の線上とそれに近いことをつかみました。

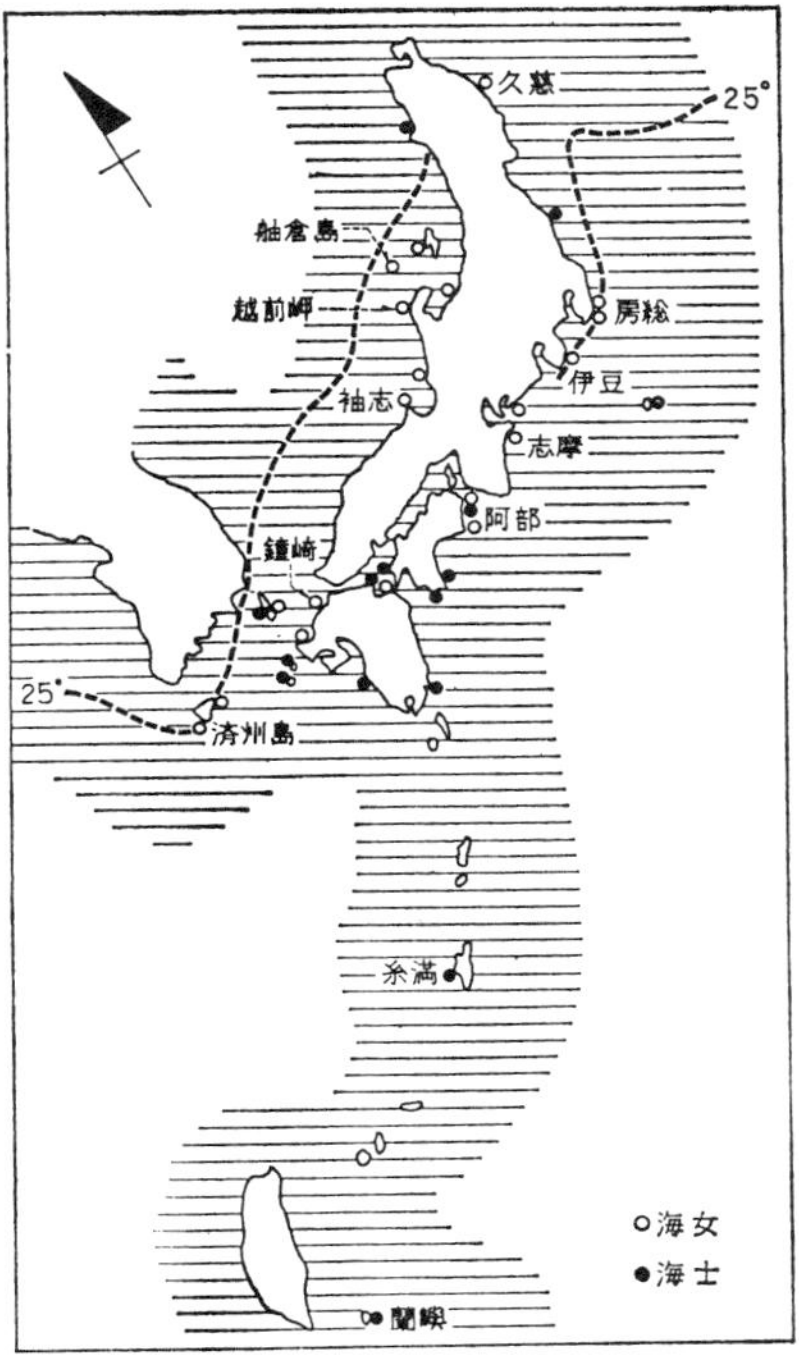

海女・海士の分布
(香原志勢『人類生物学入門』より)

海士・海女の体力比較

岡芳包《よしかね》さん(元・徳島大学)が、徳島県阿部《あぶ》で潜っている海士・海女の体力を比べる調査をおこないました。平均潜水時間・最大潜水時間・最大潜水深度・止息時間・比肺活量・筋力・最大呼吸圧・最大吸息圧のすべてで海士がまさり海女が劣る結果でした。ところが、耐寒力では、海女の方がはるかにまさっているのでした(23)。

香原さんは勢いづきます。おへその右側で調べると、一六歳の男で皮下脂肪八・一三センチメートル、女で一九・八センチメートルという報告もあります。女は、忍耐強く、冷たい海でも長時間一定場所で貝や藻を取る作業に向いている。男は、筋肉活動に適していて活動的だから暖かい海ならば強味を発揮してタコ・イセエビ・魚を突くこともできる。この差が、海士・海女の分布差としてあらわれているのだ。東北地方の海士については、耐寒性に弱いにかかわらず、男が体力の強さの限界ぎりぎりで潜っているのだ、と解釈しました。

イタリアのフォスコ＝マライーニさんが海女の島、舳倉島を訪ねた時の、彼と島の男との会話を引きましょう。

「――しかしまあどうして、あなた方のところでは、女たちが水にもぐって、男たちはもぐらないいんですか。

――あなたね、女たちは、われわれよりもずっと抵抗力がありますよ、われわれ男が二時間水にはいっていると、寒さで死んでしまいますよ、けど女たちはそうじゃない、アザラシのように体に肉がついていますし、それにもっと息が長いんです。そしてずっと落着いています。昔は男ももぐったものですが、女たちより漁は少なかったし、また少ないにきまっているのを、みな知っていまして……」(24)

なお、耐寒力では海女の方が海士にまさる、という件についてブッシイさんからきいた、彼女が論文には書かなかった秘話があります。三重県英虞《あご》湾の海女たちがニヤニヤしながら、男の人はアソコが冷えきって我慢しきれない、と語ってくれた由、納得です。

北の海士による「経済的海士海域」、中央の「海女どころ」、南の海士による「生態的海士海域」と香原さんはよびわけます。この香原さんの解釈については賛否両論があります。表面水温ではなく海底の水温が問題だ。何カ月間も潜っているのに八月の月別平均海水温度のみを採るのはなぜか、二五℃のところに線を引く必要がはたしてあるか等々です。(25)

しかし、香原さんは目安としての二五℃をしめしているのです。水温と男女の耐寒力の差との係わりで海士と海女の分布差を説明する香原説の魅力は捨てがたいものです。

考古学的検討

魏志倭人伝の潜り漁についての考古学的検討は、下条信行さんが研究でまとめてくれています。(26)

海獣骨・鯨骨・鹿角・鉄製のアワビ起こしの変遷をみると、すでに縄紋時代の中ごろにアワビ起こしが出現しています。しかし、弥生時代の実例が多く、これは、大中小あって、民俗例と対応します。鉄製のアワビ起こしは、弥生時代に出現します。その形は、現在の磯金の形に連なりそうです。さっき、一〇世紀の『延喜式』に出てくる鑿を磯金か、と書きましたけれど、その可能性は遠のきます。

貝塚に残っている貝殻で種類を分類すると縄紋時代の貝塚では、貝殻全体の一%あるいはそれ以下をアワビが占めるにすぎません。しかし、佐賀県小川島貝塚では、弥生時代前期二・二%、中期二・九%であり、後期には七%にいたっています。しかも小川島では、アワビとサザエが集積した状況をみいだしています。(27)潜り漁が盛んになった結果に違いありません。

古墳時代の遺跡でみつかるアワビも多いことには変わりありません。福岡県玄海町神の湊浜貝塚(六世紀)でもアワビ・サザエが豊富でした。海女の島、石川県舳倉島にあるシラスナ遺跡(六世紀)では、貝殻の一〇〜四〇%をアワビ・トコブシが占めていました。

このように、潜り漁が盛んになるのが弥生時代からであることは考古学的に実証されています。

その後知った考古学事実を追加します。西本豊弘さん(歴博)が北海道の礼《れ》文《ぶん》島の浜中で続縄紋文化の貝塚を掘りました。本州・四国・九州(私のいう本土)が弥生文化の時代、北海道で、食料採集の暮らしを続けていたのが、続縄紋文化です。ここにはなんとアワビの貝層が二〇センチメートルも堆積していました。北海道では新しくなるとアワビの殻に小さな円孔がいくつもあいていて、先がいくつにも分かれたヤスという漁具で突きさしたことがわかります。しかしここではそのあとはありません。代わってなんと鯨骨製のアワビ起こしがみつかったので、潜り漁にちがいない、壱岐など西日本の漁法が伝わっていたのだ、と西本さんは判断しました(28)。当時の水温は今よりも少しあたたかかったようです。続縄紋文化の北海道伊達市のアイヌモシリ遺跡には、北部九州に特有な沖縄のゴホウラやイモガイを使った腕輪などもきていますから、西本説は奇異ではありません。しかも、明治時代に三重の海女さんが礼文島で潜り漁をしたこともあったのです(29)。

形質人類学からみた潜り漁

外耳《がいじ》道骨腫《どうこつしゅ》という一種の病気があります。耳の孔に面する骨が突出してきて、ひどい場合には耳の孔をせばめてしまうのです。

アメリカのG＝E＝ケネディさんはこう説明します。[30] 耳の孔の皮膚はひじょうに薄いので、表面の皮のすぐ下に骨膜があります。冷たい水(約一九℃以下)が耳の孔に入ったままの状態にしておくと、血がそこに集中して真赤になり、長いあいだそれが続きます。その衝撃が骨膜を刺戟して新しい骨を増殖する、という結論です。長い間冷たい水の中につかっているとこうなることをケネディさんは人の場合で承知しているだけではありません。モルモット実験で確かめた成果[31]もあるのです。

さて、日本の古人骨の外耳道骨腫の実例については数多くの報告があります。たとえば、潜るには寒すぎないか、と心配になる北海道では、虻田《あぶた》町入江《いりえ》貝塚(縄紋後期)で一九人中四人(二一%)、同じ虻田町高砂《たかさご》貝塚(縄紋晩期)では一八人中九人(五〇%)、江別市坊主山(続縄紋文化)で二一人中八人(三八・一%)、稚内市宗谷大岬(オホーツク文化)で四五人中五人(一一・一%)、一一人中五人(四五・五%)、とかなり高率でした。[32] この報告をした百々《どど》幸雄《ゆきお》さん(東北大学)に直接いまどう考えるかをたずねたところ、潜りとも係わるだろうけど、それだけとはいいきれない、多分に遺伝的な性質ではないか、との答でした。一方、あたたかい沖縄の先史人骨にも外耳道骨腫があるそうです。[33]

外耳道骨腫についての多くの成果は小片丘彦《おがたたかひこ》さんが論文にまとめています。[34] しかし、残念ながら日本における研究成果をケネディさんは知りません。

縄紋人の外耳道骨腫は、たとえば、岩手県の大船渡《おおふなと》湾に面する三つの貝塚で報告されました。細浦《ほそうら》貝塚・大洞《おおほら》貝塚では六人中五人、門前《もんぜん》貝塚では二人中二人がそうでした。瀬戸内海を望む広島県太田貝塚では、三五人中九人でした。

日本海の響灘《ひびきなだ》の海岸に近い山口県豊北町土《ど》井《い》ヶ《が》浜《はま》の弥生人では、男七二人中一三人（一八％）、女四八人中三人（六・三％）に外耳道骨腫が認められました。一方、内陸にある佐賀県三津永田の弥生人三〇人には一例もそれがありませんでした。

外耳道骨腫の分布、成因については明快ではない点も多く、百々さんの考えるように遺伝と係わる可能性もあるそうです。しかし、原因を後天的なものに求めるとき、注目されるのは臨床医の野垣徳次郎さん、柴田精郎さんが海女や潜水夫で調査した結果です[35]。石川県舳倉島の海女には、外耳道骨腫が多く認められ、しかも、潜り漁の経験が長い年齢を重ねた人に頻度が高くなり、骨腫も大きくなっています。同じ村に住んでいても、年少者や潜ることのない男や、潜り漁をしない女には、骨腫は発生していません。

ということから、外耳道骨腫の直接の原因が冷たい水の刺戟によることは確かだと認めることができます。しかし、長年潜っていても骨腫ができない人、片側の耳にしかできない人もいるので、遺伝による血縁関係も予想できるのだそうです[36]。

その後の研究をつけ加えておきます、太平洋の人類学を研究する片山一道《かたやまかずみち》さん(京都大学霊長類研究所)は、潜り漁との係わりをみとめた上で、それ以外にも海や川で水泳したり、サーフィンを楽しんだりして水しぶきをあび耳に水が入る条件のあるところでも、外耳道骨腫がおきるといいます。外耳道の鼓室板は、寒冷刺戟をうけやすく、水が乾くとき気化熱で熱をうばわれて冷たくなると、生態反応で肥大する、そして外耳道骨腫は遺伝する、と指摘します(37)。

新しい報告例として、南九州の内陸部(熊本・宮崎県の一二遺跡)の古墳人骨で、片側の耳を一側とかぞえて、男一〇三側中三〇側(二九・一%)、女六七側中一五側(二二・四%)の高い外耳道骨腫がありました。

七〜一二、一六〜一八歳という未成年にも認められますし、同一墓の中の人骨に頻発していて遺伝的要因をしめすものもあります。冷水刺戟が原因といわれているけれど、内陸部の実例なので、むしろ冷水刺戟以外の遺伝的要因もありうるのではないか、検討を要するとのことです(38)。しかし内陸部にも川はありますよね。

南の海、そして南半球の潜り漁

香原志勢さんも指摘しているように、暖かい海では海士が潜って突き漁をやっています。

台湾東南の蘭嶼《らんしょ》(旧称紅頭嶼)のヤミ族、マライ半島付近の漂海民オラン＝ラウト、ポリネシアの島じまの人びと、南シナ海沿岸の人びとでは、海士による潜りの突き漁です。ニュージーランドのマオリ族は、男女とも水泳が好きで、特に女は潜りが巧みで、貝や大エビを素手で採るそうです。南アメリカ南端のフェゴ島では、潜ってウニを女が採っていることをダーウィンが書いています(39)。

暖かい南海では海士が、その北の冷たい海では海女が潜る、そしてさらに北のひじょうに冷たい海では男が、という北半球についての香原志勢さんの解釈を南半球についてもあてはめようとするとき、温帯にあるニュージーランド(南緯三四〜四八度)で女が潜りを得意としているのは面白いことです。しかし、ひじょうに冷たいフェゴ島(南緯五三〜五五度)でも海女が頑張っています。

幸いにも新しい情報に接しました。ケネディさんの研究です。彼女は、日本における外耳道骨腫の研究を知ることなく、冷たい水に長期間入っていることでそれが生じると発案しました。そして仮説をかかげました(40)。

(1)赤道に近い低緯度(北緯三〇度〜南緯三〇度)の暖かい海は、海表温度が二一℃を下ることは珍しいので、潜り漁などで長時間水につかっていても外耳道骨腫は生じないだろう。

(2)高緯度(北緯四五度以北、南緯四五度以南)では、海水が冷たすぎる。とても長い時間海に入っていることはできないので、ここでも外耳道骨腫は生じないだろう。
(3)中緯度(北緯四五〜三〇度、南緯三〇〜四五度)の海であれば、冷たいとはいっても、低体温症におかされるほどの致命的な冷たさではない。だから、長い時間、潜り漁ができ、そして、外耳道骨腫を生じるだろう。

という仮説です。

南半球各地で出土した人骨は、ケネディさんの仮説にうまくあっています。

オーストラリア北部は熱帯に属しています。その沿岸で出土した人骨は、内陸の砂漠地帯の人骨と同様、外耳道骨腫の頻度はごく低いのです。

オーストラリア東南部は、外耳道骨腫が生じやすい冷たい水の地域です。ここでは川岸や沿岸で、男の骨に三十数パーセントの外耳道骨腫が認められており、女では低率です。この地帯では、民族学の調査によって淡水魚が食料資源のなかで重要な割合を占めていること、男が水に飛びこんで底で魚を突いていることが知られており、骨の性差と対応します。

タスマニアでは、島の周りの冷たい海で貝を採るのは女です。そして人骨では女だけに外耳道骨腫が認められるのだそうです。

香原さんの解釈は、南半球にまで通用しそうです。

ケネディさんの研究に触発されて考古学のD＝フライヤーさんは、ユーゴスラビアのセルビア、ヴラサクという中石器時代の遺跡での外耳道骨腫を報告しました。(41) ダニューブ(ドナウ)川を望む段丘上にある遺跡では、出土人骨の三四％に外耳道骨腫が認められたのです。性差はありませんでした。出土した脊椎動物の六〇％を占めるのは魚でした。遺物の中では、魚を突く槍先は少ししかなく、釣針はありませんでした。しかし、人びとは川に潜って魚を採ったのだ、とフライヤーさんは考えています。

魏志倭人伝の記載をどう読むか

以上、魏志倭人伝の潜り漁の記載A・Bから始めて、潜り漁についての文献資料・絵画資料をとりあげました。民俗学研究者による研究、形質・文化人類学的研究、生態学的研究、考古学の成果、医学的成果をざっとみてきました。その上で文A・Bをどう評価すべきでしょうか。

文献学的には、八世紀の『肥前国風土記』、一〇世紀の『延喜式』が、三世紀の魏志倭人伝よりも時代はずっとくだるとはいえ、魏志倭人伝の潜り漁の舞台となった地域の潜り漁についてくわしくのべています。さかのぼって弥生時代にその地域で同様の潜り漁をやっていた可能性を充分に支えている、といえるでしょう。

考古学的には、アワビ起こし、アワビの量が貝殻全体の中で占める割合が弥生時代に入って末盧《まつろ》国を舞台として増加しており、潜り漁が弥生時代に盛んだったことをしめしています。魏志倭人伝の記す三世紀の考古資料も含まれている点で、同時代資料という強さもあります。

人類学的・医学的には、外耳道骨腫の頻度の高さが弥生時代に潜り漁が盛んだったことを推定させます。将来、末盧国出土の弥生人骨でその頻度を確かめることができることを期待しましょう。

民俗学は、潜り漁の現在を教えてくれるだけではありません。磯金の形・大きさは、考古学でアワビ起こしをそれと認識させてくれました。民俗学は、文化人類学は、勇壮な突き漁が暖かい海での海士の仕事であることを、決して海女の仕事ではないことを教えてくれます。耐寒性との係わりをも考えに入れた香原志勢さんの生態学的な解釈を受け入れると、それは現在そうであるだけでなく、大昔にまでおよぼして考えてよいでしょう。田辺悟さんはすでに魏志倭人伝が記す潜り漁が男によるものだ、と断じています。(42) 私もそう思います。

民俗学は、海女が頭に巻く手拭いに魔除けをつけていることを教えています。これは、子どもの初歩きや外出のとき、額に斜十文字や「犬」の字を鍋墨、つまりお鍋の底についた黝《すす》や墨《すみ》や、紅で描くアヤツコを想いおこさせます(43)。

倭の水人が、どのような入れ墨をしたかについては、古くから、竜子・竜紋・鱗《うろこ》形・尾の形が候補に上っています。さらに豊富な文献資料・民族資料をかかげた上で、漁撈・水稲耕作民の竜蛇信仰との係わりを民族学の大林太良さんは説いています(44)。そして志摩の海女の磯手拭につけた呪符につける星形は竜の爪をかたどったともいわれているという民俗例(45)に海の遠くからの伝統を想像したくなります。

弥生時代には、中国の鏡が入ってきて竜の姿を弥生人は知りました。弥生土器に竜を描くことは、二世紀の畿内(と後によぶ)地方に始まって東西に及んでいます。倭の水人の入れ墨の紋様は、竜そのものを描いたのでしょうか。今知られている弥生・古墳時代の紋様の中に、彼らの体の入れ墨の紋様も入っているのでしょうか。追究すべき課題です(46)。なお、おそくも一九世紀初め(47)以降のアワビ起こしには魔除けの呪文や記号をつけて現代にいたっています。これは、海士・海女が体に入れ墨をしなくなってのことでしょう。なお、弥生・古墳時代の顔の入墨については次節でもふれるように設楽博己《したらひろみ》さん(歴博)の研究があります。しかし、これは潜り漁に関係ありません。

考古学は、主として土の中から掘りだしたもので考えます。しかし、民俗学・民族学は生きた人びとから考えます。だから潜り漁をする人びとの社会の仕組みの実態をとらえ、たとえば、母系的、父系的、双系的な社会を知ることができますし(48)、海士たちの移動を考えることもできます。その分析結果は考古学を刺戟します。

民俗学・民族学・文献史学・考古学はおたがいに刺戟しあい、新しい発想を生み出してくれます。こうして、それぞれの学問の考えの底辺をひろげあって、全体としての解釈にいたることが期待できます。ここで例とした魏志倭人伝の潜り漁については、今、総合に向かっている、といえると思います。各分野の研究の総合を、各自の研究者がそれぞれつとめることも大切です。その上で各分野の研究者が考えを交わして総合の歴史学を目指したい、と思います。

魏志倭人伝の「蛤」

この節の最初で倭の水人が潜り漁法で魚や「蛤」をとらえているという魏志倭人伝の文章について、すなおにハマグリとうけとる人もいれば、ハマグリはおかしいという疑問をかかげる人もいるけれど、貝と理解しておく、と書きました。しかし、「蛤」もふくめて魏志倭人伝にいう動物や植物の名を、現在の何にあたるかと同定する作業は、二重の意味でひじょうに難しいのだ、ということをあげておきたいと思います。

『記紀』や『万葉集』『風土記』に出てくる動植物名も同じことです。千何百年も前の呼び名が、そのまま現代に伝わっているとは限りません。その上、よその国の人があげている名前です。いろはかるたや花札しか知らない日本人が初めてトランプをみたときは、かるたと表現するほかない、ということだってあるのです。

渡辺誠さん(元・名古屋大学)にききました。ヨーロッパ文学の翻訳で、彼と彼女は、葉の落ちた樫《かし》の林をどこまでも歩いていきました、というような表現があるそうです。英語でいえばoak、ドイツ語のEiche、フランス語のchêneを、樫と訳しているのです。ところが樫は常緑広葉樹ですから秋になっても葉は落ちません。これは楢《なら》と訳すべきだ、と渡辺さんがいうのはもっともです。堀内敬三さんは、シューベルトの歌曲die Forelleを鮎《あゆ》と訳したことがあります。普通は鱒《ます》と訳しているのです。しかし堀内さんは、ドイツのForelleはむしろ鮎に近いという見方だったようです。

ヨーロッパと日本にくらべれば、中国と日本はずっと近いから、これほど極端なことはないかもしれません。しかし、私は、魏志倭人伝に出てくる動植物名を辞書をしらべてていねいに比較することが、どれほど意味があるかについて疑っているのです。

文献史学・民俗学などの専門分野では権威ある専門家が大昔の外国人があげた動植物名をくわしく考証しています。その信頼度はどれほどでしょうか。

「蛤」にもどります。現代の中国語の貝の名前をあげてみると、ずいぶん複雑です。私は現代の貝の名を比べてみようとしました。文蛤・蛤蜊＝ハマグリ、牡蠣＝カキ、胎貝＝ムラサキガイ、耳鮑＝ミミガイ、蚶子・魁蚶＝アカガイ、泥蚶＝ハイガイ、毛蚶＝サルボウ、厚殻胎貝＝イガイ、江珧＝タイラギの類、蟶子＝マテガイの類、青蛤＝オキシジミ、蛤子＝アサリ、蝶螺＝サザエ、扁玉螺＝ツメタガイ……。しかし途中でヤーメタ。

4　いれずみ

男子はおとなも子どもも皆面《みなかお》に黥《いれずみ》し身《からだ》に文《いれずみ》する（30行）

顔の入れ墨、体の入れ墨

男は、おとなも子どもも面《かお》に黥《いれずみ》し、身《からだ》に文《いれずみ》していた。昔、中国では髪を短く切り、身に文して、蛟竜の害を避けた。今、倭《わ》の水人は、もぐり漁法で魚や貝をとらえ、身に文して大魚や水鳥を厭《はら》い、後はこれが飾りとなった。「国」ぐにの体の入れ墨は、左右大小の差があって、身分の上下によって違いがある、という内容を魏志倭人伝は書いています。

一九九一年、オーストリアのアルプス山中で、氷河の氷がとけて、五〇〇〇年前、新石器時代末の男の遺体が、弓矢、石器、銅斧などとともにみつかって話題になりました。彼こそが、確かに入れ墨したことがわかる最古の人です。体のあちこち七、八カ所に平行線や十字形の入れ墨があります。これに続くのは、南シベリアのアルタイ地方のパジリク古墳でみつかった、およそ二四〇〇年前の男の皮膚に残っていたスキタイふうの四足獣・怪獣・魚紋様の入れ墨です。両方とも、体の入れ墨で、顔の入れ墨ではありません。

日本では、縄紋時代中ごろ以降の土偶(粘土で作って、焼き上げた人形)の顔の左右の目の下に、両方で八字形となる線を引いた入れ墨とみられるものがあります。黥面《げいめん》です。

私たちにとって大切なのは、魏志倭人伝の黥面に関連する可能性のある考古資料です。三世紀から四世紀(弥生時代V期〜古墳時代初期)にかけて、土器・土製品・石棺の蓋などに表した四十数例の顔に入墨らしい表現があり、設楽博己《したらひろみ》さん(歴博)の研究があります。(1)

額から頬にかけて、並行する弧線を外開きに引き、鼻を対称軸として、左右対称に配します。色をつけた化粧かもしれません。しかし、入れ墨で正解でしょう。福岡県前原《まえばる》市の上鑵子《じょうかんす》遺跡、つまり魏志倭人伝の「伊都国」の領域で、木の板に刻んだ顔の実例(紀元前一世紀)が加わることによって、(2)九州・中国・四国・伊勢湾沿岸・関東まで基本的に同じ紋様の黥面の習俗があったことがわかりました。ただし、畿内には発見例がありません。

魏志倭人伝は、体の入れ墨の地方差だけをとりあげています。ということは、黥面は諸「国」で共通していた、と受けとれないか、とおたずねしたところ、福永光司さんが、それでもよい、とおっしゃって下さいました。それでよければ、弥生人の顔の表現は、魏志倭人伝の記載と矛盾しないことになります。(3)設楽さんは、弥生の黥面を九州の隼人《はやと》集団や関東北の蝦夷《えみし》のもの、古代史の吉田晶《あきら》さんは、兵士のものとみます。(4)

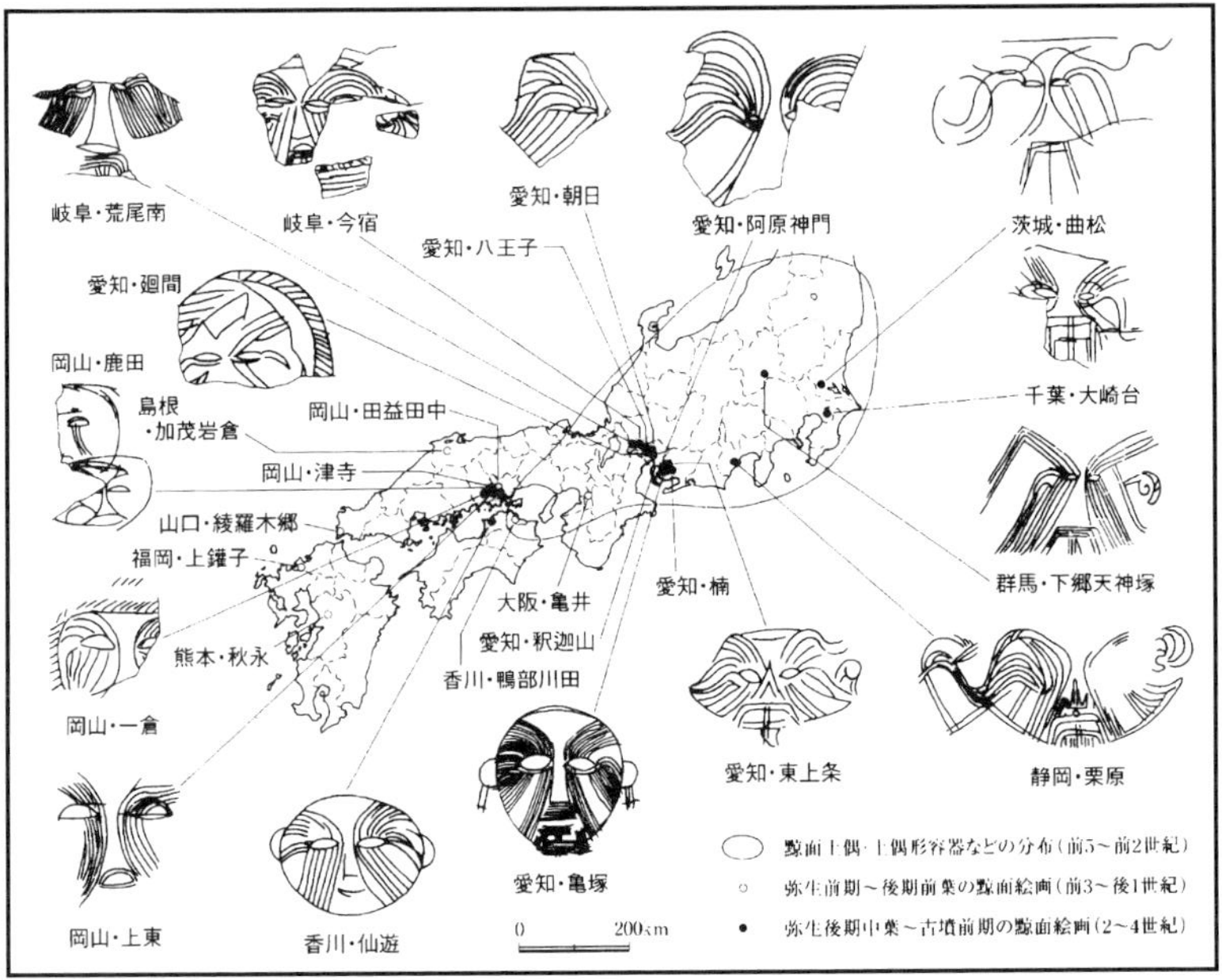

黥面の分布（設楽博己編『三国志がみた倭人たち』より）

『記紀』によると、入れ墨の習俗は、海人族・隼人《はやと》・久米《くめ》・蝦夷《えみし》など、畿外の人びとのもので、畿内では鳥・馬・猪を飼育《ぶた》する人びとのものです(安康記の猪甘《ゐかひ》(豚飼)、履中紀五年九月条、雄略紀一一年一〇月条)。そしてたとえば、久米の人びとの祖先、大久米が、目のまわりに入れ墨があった(神武記)とあるように、単に装いとしての入れ墨があったほか、刑罰としての入れ墨があり、阿曇連浜子《あずみのむらじはまこ》は、反逆の罪で、「墨に科《おほ》す」と履中《りちゅう》さんに宣告されて、「即日《そのひ》に黥む」とあります(履中紀元年三月)。この「墨」は「ひたひきざむつみ」、「黥む」は、「めさききざむ」と訓《よ》み、額・目の入墨をさします。

五、六世紀の埴輪にも顔の入れ墨のあるものがあり、これも設楽さんは畿外の人びととみています。弥生黥面の造形品が畿内でみつかってないことを積極的にとらえる設楽さんは意味のある空白とみ、入れ墨を畿外の習俗とする『記紀』の記載と重ね合わせています。その畿内の五、六世紀に入れ墨の埴輪が現れるのは、上番《じょうばん》、つまり交代で関東北や九州から畿内に働きにくる馬引きや動物をあつかう人びとだろう、とみます。[5] そして、魏志倭人伝の入れ墨の記載は、九州の習俗を書いたものだ、とも書いています。

入れ墨の紋様と針を追いたい

倭の水人の入れ墨の紋様については、鳥居龍蔵さん[6]、金関丈夫さん[7]以来、竜子・竜

▲**入れ墨用の針を叩く鳥形の木槌**　上）38 cm, 下）49 cm. カロリン諸島イファリク島 (THILENIUS 1938)

◀**入れ墨用の針**　左）べっ甲の板を14針に分け，竹(長さ15 cm，幅1.2 cm)の柄をつける．右）鳥骨の板を4針に分け，竹(長さ11.5 cm)の柄をつける．カロリン諸島西部トビ島 (THILENIUS 1936)

紋・鱗《うろこ》形・尾の形などを候補としました。大林太良さんは民族例・文献例をさらにあつめ、漁撈・水稲耕作民の竜蛇信仰との係わりを説いています。[8]

竜そのものを描くことは、二世紀(弥生時代V期)の畿内の弥生土器に始まって、東西におよんでいます。倭の水人の入れ墨の紋様が、竜そのものを、あるいは鱗を描いたのか、今知られている弥生土器や木器・青銅器・装飾古墳の紋様の中に彼らの入れ墨の紋様がありうるのか、追究すべき課題です。

もうひとつ。入れ墨用の針や槌《ハンマー》を遺物としてみいだしたいものです。

太平洋の島じまでは、貝や骨の小さな板の先を櫛《くし》の先のように数多くの針に分け、鍬《くわ》や横斧《よこおの》(手斧《ちような》)の身を柄につける角度でこれを柄の先につけ、専用の槌で針の頭を叩きました。[9]篠遠喜彦《しのとおよしひこ》さん(元・ハワイ・ビショップ博物館)によると、オセアニアの遺跡の発見例には、一本ず

島根県岩倉29号銅鐸の顔(口およびその下の状況は不明のため省略)

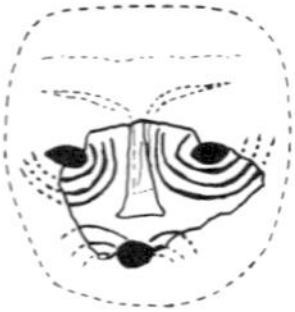

岡山県田益田中の土器(岡山県古代吉備文化財センター提供資料から作図)

大阪府溝咋の弥生土器の顔(大阪府文化財調査研究センター提供資料から作図)

つの針を並べて櫛状にしたものもあるそうです。[10] 岡山市金蔵山《かなくらやま》古墳(四世紀)出土の針孔《めど》のない鉄針[11]は、入れ墨用ではないか、といつか森浩一さんが語っていたことを思い出します。

島根県加茂町岩倉《いわくら》で九六年秋にみつかった三九個の銅鐸の中で、二九号(一世紀)の吊り手には、人(神?)の顔が描いてあり、入れ墨らしい表現があります。眉、黒目のない目を描き、鼻の横に上向きの弧線を一つ描いています。上の一線は、左右に上下に重なる紋様帯の界線の消し忘れとみる(春成秀爾《はるなりひでじ》さん)のが正しいでしょう。ただし、その線を入れ墨の線として生かした可能性は残ります。岡山県田《た》益田《ますた》中《なか》で弥生時代(前三世紀)の面を描いた土器がみつかりました。これも上向きの弧線を描きます。縄紋以来の上向きの線が弥生に伝わり、出雲では新しくまで残ったのでしょうか。大阪府茨木市溝咋《みぞくい》からでた土器(二世紀)に描いた顔には入れ墨なく、設楽博己さんの畿内空白説に好意的です。

設楽さんは、その後さらに研究をすすめ、縄紋時代中ごろから終わりにかけて連綿と連続する目のまわりを取り囲む入れ墨が変化した形で前三世紀(弥生I期)に採り入れられ、これが三世紀の黥面につらなり、そして、五、六世紀の埴輪の入れ墨にまで受けつがれるとみるにいたっています。(12)

「もとを正せば入れ墨は採集狩猟民である縄文人の習俗であった。弥生時代に男子は皆その習俗をしていたと魏志倭人伝もいうように、一時的には農耕民にもひろがったものの、支配者層の農耕民はその習俗を捨て去り、やがて本来の入れ墨習俗の持ち主であった非農耕的な仕事にたずさわる人々の習俗に回帰した。そして、列島の南北にいまだ支配に服さずにいる人々の野蛮な習俗として支配者層から差別的な扱いを受けるようになり、入れ墨は江戸時代に復活するまで日本の歴史から姿を消した。入れ墨に対する記紀の記述のなかに、支配者層の政治的な戦略としての日本版中華思想の萌芽を読み取ることができる」

これが本書のために設楽さんが寄せてくれた結論です。視野は日本の南北に及んでいるので、ここで北と南もみておきましょう。

北海道と沖縄には入れ墨の風習が二〇世紀まで残りました。この両方の共通性は、古くから指摘されています。(13)

女の人が手の甲に入れ墨すると、死後、他界に入ることが許されるなどの信仰も共通しているので、本来は日本全体にひろがっていた入れ墨の風習が「中」では消え去って「北と南の端では近年に至るまで保存されてきたのであろう」[14]とみられています。

ただし、本土・沖縄の入れ墨が針で刺すのに対し、北海道では、刃で小さな傷をつけました。十勝《とかち》地方では、入れ墨のことを「黒曜石《アンチ》＝傷《ビリ》」とよんでいたそうです[15]。起源の古さを思わせます。最近では、大昔の血が石器に残っている、という指摘もありますから[16]、黒曜石でそれらしい石器に血が残っていれば、と空想したくなります。

設楽さんは、江戸時代に入れ墨が復活する、とも書いています。これについては大林太良さんが他の研究者の成果も採り入れて面白い発言をしているので、それをもって入れ墨の結びとしましょう。

入れ墨は日本に二回、南中国から入ってきた。その間に入れ墨がない中断の時期があった、という解釈です。

ギリシア神話の伝説を現実のものと実証したトルコのトロヤの発掘で名高いドイツのハインリヒ＝シュリーマンが一八六五(慶応元)年に来日した時の記録[17]によると、日本では、人足や荷物運びや馬子たちが、褌《ふんどし》一丁で「怪物や神の像を溌剌《はつらつ》たる色彩で入れ墨し」素晴しい絵柄のものもありました。

それから一六〇〇年さかのぼると魏志倭人伝に倭人の入れ墨のことが出ているので、弥生時代以来、日本の入れ墨は久しい伝統をもっていたかのように思えます。しかし中間の時期「つまり律令時代から入れ墨についての記録がまったくないといってよいほどの時代が何百年もつづくし、また戦国末から江戸時代はじめにかける南蛮人（スペイン・ポルトガル人）の記録にも、話題にされていない」のです。[18] 入れ墨は、いったん消え去り、江戸時代になってもう一度入ってきたのです。

一七世紀後半、近畿の遊廓では遊女たちが愛人の名を入れ墨――いや刺青《いれずみ》と書きましょう――刺青し始め、中間《ちゅうげん》（召使い）・馬追《うまおい》（馬を飼い養う人）・船子《ふなこ》（船乗り）たちが紋章を刺青し始めました。[19] そして一八世紀に入ると江戸で刺青が大いに流行します。その原動力の一つは中国の影響とみられています。ただし爆発的に人気を博した中国の『水滸伝《すいこでん》』の挿絵ではたいした刺青をみないのに、一九世紀初め葛飾北斎《かつしかほくさい》らの『新編水滸画伝』はすばらしい刺青の英雄像を描き出し、これが民衆に大いに受け、人びとは刺青を負う英雄を待望していた、ということです。[20]

それに加えて大林太良さんは、当時の南中国での刺青の流行をあげます。浙江省杭州の不良少年たちが竜の刺青をして徒党を組んでいたこと、江南から大運河にかけての運輸業の人びとに刺青が流行したこと、これと江戸の刺青の流行とは係わりがあるだろう、とみるのです。こうして長い間途絶えていた入れ墨は、またも南中国からの影響で再び花開いた、と大林さんは推測しています。[21]

5 髪と衣

男子は皆露紒《ろかい》、木緜《もくめん》を以て頭に招《かか》げ其の衣は横幅…
婦人…其の中央を穿《うが》ち頭を衣に貫《つらぬ》く(35〜37行)

弥生人の結髪とまげ

男は皆、かぶりものをつけず、木緜《もくめん》で頭をまき、衣は横幅の布をもちいて、ただ結んでいるだけで、ほとんど縫ってはいない。婦人は……衣は単衣《ワンピース》のように作り、中央に穴をあけて頭を貫《つらぬ》いてこれを衣《き》る、と魏志倭人伝にはあります。

男子皆露紒という文を、埴輪の男のように顔の両側で髪を束ねていた、つまり美豆良《みずら》に結っていた、とみる解釈があり(1)、美豆良とするのは思い過ぎだという意見(2)がありました。単衣をワンピースとみるのは直木孝次郎さんの解釈です(3)。

奈良県天理市清水風《しみずかぜ》の弥生土器に描いてある二人は、頭に何かかぶっています。しかし、弥生人の姿を描いた絵は絶対多数かぶりものをつけていません。露紒、つまりかぶりものをつけていないという記事どおりです。

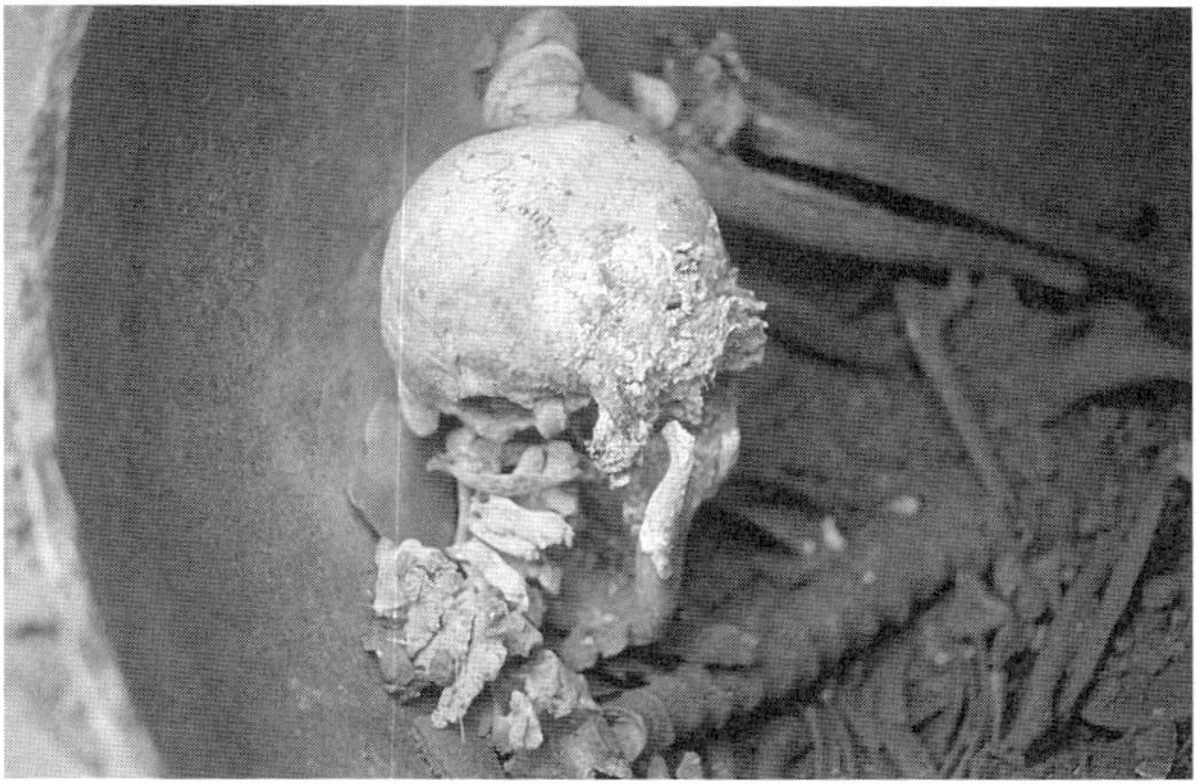

吉野ケ里の人骨出土状況
（髪は右耳のうしろに付着，佐賀県教育委員会提供）

佐賀県吉野《よしの》ケ里《がり》のかめ（甕）棺に残っていた二人の人骨の頭（の側頭部）に髪が残っていました。そのひとつ（SJ〇三六七かめ棺墓）については、警察（警察庁科学警察研究所）が鑑定書を作り[4]、雨で崩れ去ったもうひとつ（SJ〇一五七かめ棺墓）については、調査した七田《しちだ》忠昭《ただあき》さん（佐賀県教委）の証言があります。二つとも弥生時代後期初めころ（桜《さくらのば》馬場《ば》式《しき》）のものです。

両方とも髪を束にして紐で結んであり、一方は、木の「木線維を粉砕して、紐としていたもの」[5]といいますから、あとであげる木綿《ゆう》で結んだのでしょう。

こうして吉野ケ里の弥生人の男が黒髪で、埴輪の男のように、髪を顔の両側で

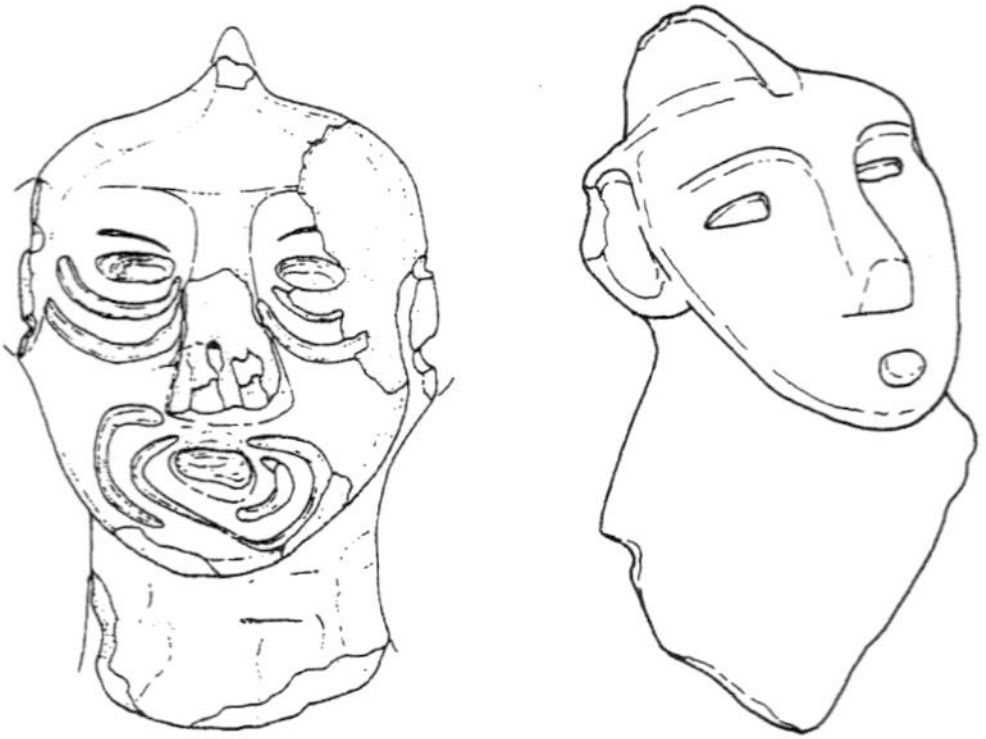

志度町鴨部川田（左）と松江市西川津（右）出土の土偶
（『新弥生紀行』所載の設楽博己さん論文の図より）

束ねて美豆良だったことが明らかになりました。

ところが、弥生人が残した造形作品の頭にはいまのところ美豆良はありません。岡山県総社《そうじゃ》市一倉《いちくら》の土器の絵の顔は髪が短く、もみあげもしめしてあります。

そして、香川県志度町鴨部《かべ》川田、島根県松江市西川津、神戸市長田神社境内、大阪府茨木市東奈良、名古屋市古沢町の各地[6]でみつかっている粘土で作って焼き上げた人形（土偶）では、頭の中央に前後に長い高まりを作って髷《まげ》をしめしています。実際の頭でいえば、長さ一七、八センチメートル、高さ三、四センチメートル、幅二、三センチメートルに、額のすぐ上から頭の後の方まで高まらせたのでしょう。

群馬県の高崎市でみつかった「狩猟紋鏡《しゅりょうもんきょう》」で、刀・槍《やり》と盾《たて》をもつ戦士たちの頭が、ちょうど仏像の如来《にょらい》の頭のように、中央を一段高く表しているのも、あるいは頭の上に作った長いまげを前から見た状況なのかもしれません。

木綿と横幅衣

次は、「木緜」です。緜は綿の本字ですから、これは木綿《もめん》のことになります。では、私たちになじみの深い、ワタから採るモメンか、というと、そうではありません。モメンは、弥生時代・奈良時代には知られていませんでした。ずっと下って一五、六世紀に登場したのです。モメンがどのように普及して生活を社会をどう変えたか、については、中世史の永原慶二《ながはらけいじ》さんの『新・木綿以前のこと――苧麻から木綿へ』[7]で興味深く読むことができます。ただし考古学の渡辺誠さんの訂正があります。[8]

それでは、魏志倭人伝でいう木綿はなにかというと、「ゆう」と読み、『豊後国風土記』速見郡柚《ゆ》富《ふ》里条に「常に栲(コウゾかカジの木)の皮を取りて木綿を造る」とあるように、コウゾやカジなどの樹皮を剝《は》いで、蒸したり水にひたしたりして、いらない部分を取り除いた繊維のことです。ひっついたところも、離れたところもあって、きれぎれの状況にあり、ノシイカと似ています。これは、織物考古民俗学の酒野《さかの》晶子《あきこ》さん（東大阪市民美術センター)の表現です。

倭人の男は、きれの鉢巻の姿だったのではなく、繊維の束を頭に巻いていた、ということのようです。

なお伊勢神宮の神官(禰宜《ねぎ》)の正装には平安時代、木綿を使い、現在では麻で作りながらも、木綿《ゆう》の名でよんでいるそうです。(9)

あとさきになりました。魏志倭人伝の木綿をユウとみるのは古くからで、(10)疑った人は永い間ありませんでした。それに対して、布目順郎《ぬのめじゅんろう》さんは、三世紀当時の中国にはモメンがあったのだからモメンと見まちがえた可能性があると指摘しました。(11)

よそへ行って自分のところにはないものを見出したとき、自分のところにある他のものと思ったり表現したりすることはよくあります。先にふれたかるたとトランプの例のように。ということで布目順郎さんの指摘はもっともです。

ただし、布目さんは、中国人はモメンと見誤ったので、実際にはやはりユウだったろうと推定します。そして弥生時代にユウが存在したことを実証したのも布目さんでした。たとえば、熊本県石原町亀甲と北部町徳王の両遺跡の鏡のつまみ(鈕《ちゅう》)の中に残っていた繊維を木綿《ゆう》と判定し、その拡大写真もしめしてくれています。(12)正倉院の宝物(南倉70)には木綿が結んであります。鏡の背面の中央にある紐通し用つまみに、木綿の緒《お》を通し、抜けないように結んだものです。布目さんは正倉院の木綿の顕微鏡写真もしめしています。[13]
中国の職貢図(北京歴史博物館、一一世紀、原画は六世紀)に登場する倭人の使節[14]も裸足で、鉢巻らしいものをつけていて魏志倭人伝の記述と共通します。魏志倭人伝をもとにして描いたからだという推定もあります。

東日本では、弥生時代に入って縄紋土偶のように顔を付けた土器を死産児や幼児の骨つぼ(土偶形容器)に使いました。こわいお面をつけていますから、悪がとりつかないことを願ったのでしょう。なかには、男女一対の土偶形容器もあり、山梨県八代町岡の一対の男(前二世紀)は鉢巻をしめていることを設楽博己さんに教わりました。[15]これが現状ではいちばん古い鉢巻です。

古墳時代では鉢巻は、和歌山県井辺《いんべ》八幡山古墳などでみつかっている力士の埴輪と各地の装飾付き須恵器[16](ともに六世紀)とによくみることができます。奈良時代では、九州球磨《くま》地方の「肥人が額の髪に結ぶ染木綿のように、あの人に染ってしまった心を、どうして私は忘れようか」[17](肥人《こまひと》の額髪《ぬかがみ》結《ゆ》へる染木綿《しめゆふ》の染《し》みにしこころわれ忘れめや)(『万葉集』巻一一―二四九六)が、鉢巻をしめす、と古くからいわれています。[18]

いよいよ衣服です。最初に引いた魏志倭人伝の文章から、横幅衣《おうふくい》・貫頭衣《かんとうい》の名が生まれました。

横幅衣というと、きれの長辺を横方向にして体に巻く衣服と今までは解釈してきています。しかし、古代衣類の研究を歴史に高めたひと、古代史家の武田佐知子さん(大阪外国語大学)は、そうではないとみます。武田さんは、中国の正史を調べて、横幅衣がいろいろな衣服をさしていることを明らかにしました(19)。

まず、きれの長辺を横方向にして腰より下を腰巻きふうに覆って着る場合があります。林邑《りんゆう》(ヴェトナム)では、横幅衣を縫い合わせて作っていて(『晋書』林邑伝)、魏志倭人伝が、横幅衣を結んでいるだけでほとんど縫わない、としている表現とは一致しません。裟利《しゃり》(雲南省南端の車里か)では、横一幅で着ていて(『新唐書』列伝第一四七南蛮(下)裟利条)、これも長辺を横方向にして使うらしいとみます。

次に、貫頭衣と共通する横幅衣があります。

南平獠《なんぺいりょう》(福建省の獠族、いま僚族と書く)の婦人は「横布二幅」(『新唐書』巻二二二の南蛮列伝(下)南平獠条)または、「横布両幅」(『旧唐書』)の衣を着ていて、しかも、その中央から首をだす、とあります。これは、長辺を縦方向においたきれを二枚横並びにして作り、その間から頭をだすことになります。次の貫頭衣と共通してきます。きれのとり方から名づけたのが横幅衣、着方から名づけたのが次の貫頭衣で、実は、両方はいっしょなのだというのが武田さんの結論です。なお魏志倭人伝を書くときに参考にしたに違いない『漢書』地理志では、海南島(儋耳《たんじ》朱崖郡《しゅがい》)について、「民は皆、布を服るのに単被のごとく、中央を穿ちて貫頭となす」とあります。男女がともに、あるいは男が貫頭衣を着ていたことになり、武田さんの解釈とあいます。

貫頭衣

貫頭衣という表現から連想するのは、幅の広いきれの長辺を縦方向において二つ折りにして、その折った部分の中央にあけた孔から頭をだして腰紐で結ぶ、という姿です。なお、孔をあける、と私がいったら、復原弥生織機で布を織る酒野晶子さんに、とんでもない、そんなかわいそうなことを、といわれました。直線に縦か横に切ることはしても、えぐりとって孔をあけるなど、そんなことはとてもできない、という彼女の言葉には、織女としての実感がこもっています。

ところで、弥生時代に広い幅のきれを期待することはできません。

弥生時代の織り機《おき》はバラバラな木の部品としてみつかります。奈良県唐古《からこ》鍵《かぎ》や静岡市登《と》呂《ろ》の部品のなかから適当なものを選んで太田英蔵さん(川島織物)が復原し(20)、実際にこの織り機で布を織ることもできるのです(21)。

太田案では、まず縦糸を平行にそろえて張る工程が必要だということでした。ところが太田さんのもとに通って学び始め、今や世界の織物に精通する吉本忍さん(国立民族学博物館)によると、手前側の布巻具にさえ固定してあれば、向こう側の端の縦糸は平行にそろえてなくても部品ひとつを使いさえすれば、自ら縦糸はそろうのだそうです(22)。この吉本案による弥生機織りの実験はこれからです。

弥生時代の織り機は、簡単な構造でした。太田さんの復原案でいえば縦糸(経《たて》)を張り、その向こう端を留めた棒(経巻き具)は、紐などで木や柱に固定します。縦糸の手前の端を留めた棒(布巻き具)は、女性のお腹にあて、腰の後ろにあてた板と結んで固定しました。

横糸(緯)を結んだ緯越具《よここしぐ》を右手にもち、いっせいに上った奇数番目の縦糸と下にある偶数番目の縦糸との間をくぐらせます。次は今度はいっせいに上った偶数番目の縦糸と下にある奇数番目の縦糸との間を左手で左から右へくぐらせます。ちなみに、右から左、左から右といったりきたりするこの緯越具を英語でシャトル(shuttle)とよんでいます。空港と都心を往復するバスをシャトルバス、バドミントンの球をシャトルコックとよぶもとです。

女のひとが右手・左手で操作して横糸を通すのですから、布の幅は、その肩幅できまります、三十数センチメートルどまりとなります。私は、複雑な織り機で織っている現代の和服用の布も反物の幅が三十数センチメートルであることを面白いと思います。弥生時代以来の布の幅が伝わっている、と想像するからです。

ところで、弥生の布の幅はせまいという私の説明とは裏腹に、広い布もあったから布一枚でも貫頭衣は作ることができたのだという解釈も現れているので、(23)それについて一言しておかなければなりません。これについては角山幸洋《つのやまゆきひろ》さん(元・関西大学)・中野宥《ひろむ》さん(登呂博物館)・藤田三郎さん(奈良県田原本町教委)に教わり、一幅説は、報告書の縮尺の誤りなどによる誤解であることがわかったのです。

有名な静岡の登呂遺跡の報告書は前編、(24)本編(25)と二冊あります。その本編では登呂の織り機の部品の実測図をあげるほか、奈良県唐古鍵と登呂と両方の織り機の部品の実測図をくらべてあげています。このうち前の図(挿図第三四)に入っている物差しは正しいのです。ところが後の図(挿図第四五)の物差しが20㎝とすべきところを40㎝と誤ってしまっているのです。この不幸な縮尺が弥生織機部品の長さに、ひいては弥生時代の布の幅についての誤解を招くことになりました。倍増の縮尺を正しいものと受けとったために――そう受けとるのはもっともです――弥生の布一幅でも貫頭衣を作ることができたという解釈も生まれたのです。

とすると、幅三十数センチメートルの一枚の布を使った貫頭衣は、子どもにしか着ることはできません。細身の女のひとでも幅七、八十センチメートルは必要でしょう。

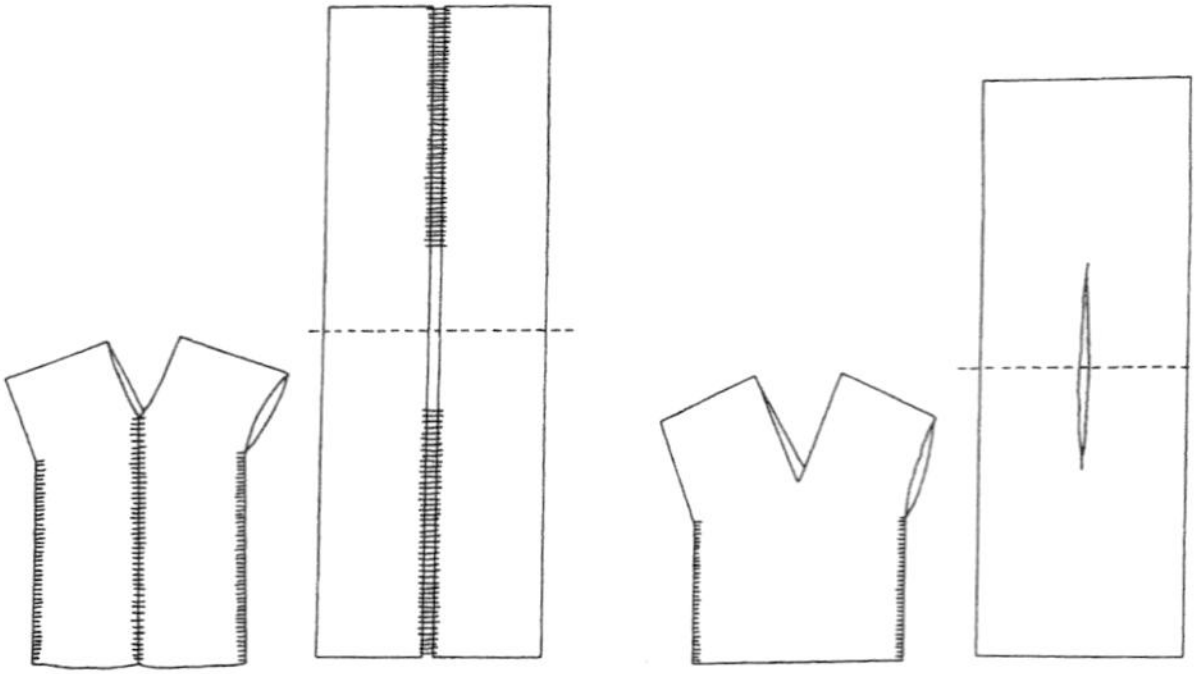

猪熊兼繁案による横幅衣(左)と貫頭衣(右)

かつて有職故実の研究者、猪熊兼繁《いのくまかねしげ》さんは、貫頭衣の第一案として幅広い一枚の布を半分に折ったところに孔をあける方法をあげ、次に第二案として、長辺を縦方向においたきれを二枚、横ならべにして縫い、頭を通す部分だけを縫わずにおくものをあげました。(26)

ところが、武田佐知子さんは、薛紵《へいちょ》が赴任した交阯(ベトナム北部)の人びとが、貫頭衣でありながら「貫頭左衽《ひだりまえ》」と衣服を着ていた資料(『三国志』五三巻呉書薛紵伝)をみいだしました。左まえ、右まえについてはあとでとりあげます。

こうして武田さんは、魏志倭人伝で男は横幅衣、女は貫頭衣と書きわけてあるのは、布の取り方と衣の使い方でよびわけただけで、実は、両方同じものではないかという推定にいたったのです。(27) そしていま、武田さんが復原する横幅衣＝貫頭衣は、二枚ならべした布の後側だけを縫い合わせ、前面は縫い合わせることなく左衽なりにした服です。

魏志倭人伝だけを読むのではなく、中国の正史を読んで比べる武田さんの姿勢に学ぶところは大きいです。

武田佐知子さんは、古墳時代の埴輪の服装は、男女本来の装いの差をしめすのではなく、仕事や祭のときの仕事着や晴着姿をしめすにすぎず、普段着はあらわしていない。普段着は男女共通だったのだとみます。古墳時代だけでなく、奈良時代に入ってもなお、男女は共通の貫頭衣を着ていたと推定しています。[28] 妻に向かって夫が、「夏の木蔭の妻屋の内で衣を裁っている吾妹よ、心にきめて私のために裁っているなら、やや大きく裁て[29]」

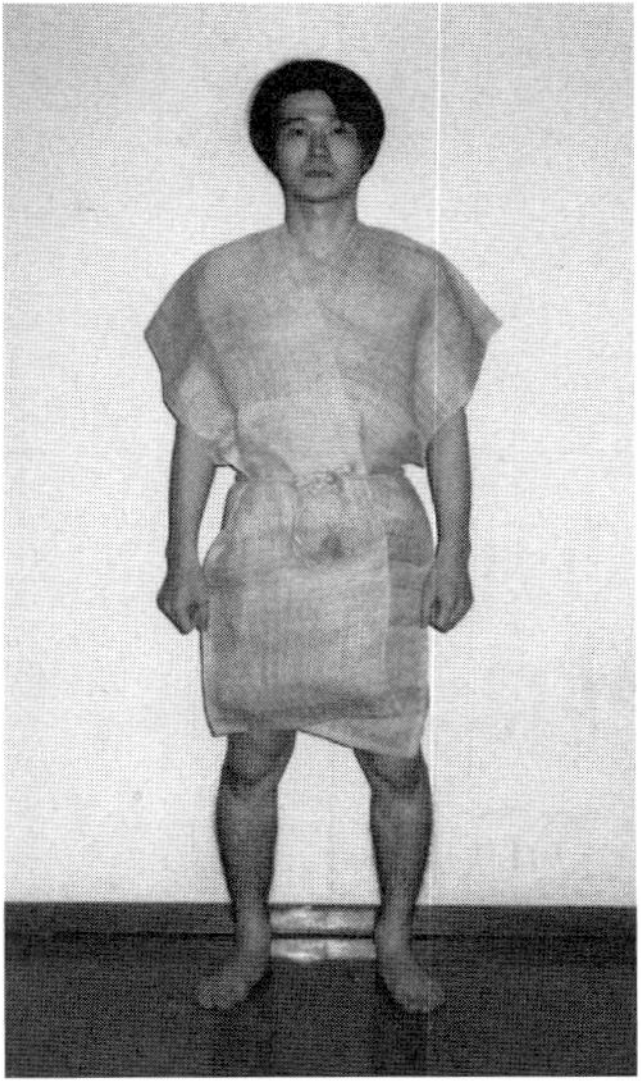

武田佐知子さん復原の貫頭衣
(武田さん提供)

(夏蔭の房《つまや》の下に衣《きぬ》裁つ吾妹《わぎも》 心設《うらま》けてわがため

裁たばやや大《おほ》に裁て)(『万葉集』巻七―一二七八)と詠んでいるのが、根拠のひとつです。

右まえ・左まえ

自分からみると時間的な前後関係で、まず左側半分を身につけてあとから右側半分を上に重ねる。他人からみると空間的な前後関係で、向かって左半分が前にあり右半分が後にある。それが左まえ(左衽・左袵、サジン、ヒダリオクミ、ヒダリマエ)です。

古墳名	左袵	右袵	調査人物総数
輯安三室塚	3	1	9
輯安舞踊塚	18		20
輯安角觝塚	3		3
大同鎧馬塚		4	3
梅山里四神塚		3	3
竜岡雙楹塚	1	8	10
計	25	16	48

(李如星『朝鮮服飾考』より)

朝鮮半島の北部から中国にかけての領土をもった高句麗《こうくり》では、古くは左まえだったのが後には右まえになりました。中国側の通溝に都があったころ、その付近にできたお墓と、のちに朝鮮半島側の平壌に都が移ってからその付近にできたお墓との壁画に描いてある人びとの服装を調べた結果[30](表)です。左まえから中国(北部)ふうの右まえに移り変わったのです。

日本では埴輪の服装も、最近みつかった奈良県キトラ古墳の十二支が着けた服も、八世紀初めの奈良県高松塚古墳の壁画の男女の服装も左まえです。ということは高松塚の女のひとの姿は高句麗ふうといわれることがありますけれど、右まえ・左まえという大きな違いがある、ということです。七一九年、「初めて全国の人びとに衣服の襟《えり》を右前にさせ」(31)(『続日本紀』養老三年二月三日条)ました。それが今日まで和服の右まえにまで伝統として伝わっているのです。

北海道のアイヌの人びとは本来左まえでした。しかし幕末ころから本土の影響で右まえに変わりました。明治の写真をみると、左右混っている姿もあります。(32)古い沖縄の様子はよくわかりません。しかし一四七九年の与那国《よなぐに》は左まえでした。明治初めころ以来の沖縄の絵には、左右混っているものもあります。それについては、いつも右まえにしているとよごれたりいたむから、時には左を前にするという愛すべき説明もあります。

こうして北海道から沖縄まで、幕末・明治以来日本の右まえは完成しました。結婚式にうっかり長襦袢《ながじゅばん》を左まえに着てしまい、記念撮影の直前、あわてて鋏《はさみ》で切って前だけを合わせ直してことなきをえた、というエピソードを有吉佐和子さんが紹介しています。(33)右まえ支配の世ではこういうこともおきるのです。

麻

木綿《もめん》が出現する前、衣服の材料は麻でした。

麻という語を広い意味で使うときには、大麻《たいま》(クワ科の一年草)、苧麻《ちょま》(カラムシ＝イラクサ科の多年草)、黄麻《おうま》(ツナソ＝シナノキ科の多年草、綱麻《つなそ》)、亜麻《あま》(アマ科の一年草)、マニラ麻(バショウ科の多年草)などの総称です。狭い意味で使うときの麻は、大麻をさします。

魏志倭人伝は、紵麻《ちょま》を種《う》え、蚕を桑で飼って紡《つむ》ぎ、細紵《さいちょ》・縑緜《けんめん》を産出する、と書いています。紵＝苧ですから、倭では紵麻を植えて細紵、つまり苧麻を材料として細かく織った布を作ったことになります。

山口県下関市の綾羅《あやら》木《き》郷《ごう》(前二、三世紀、弥生Ⅰ期)からみつかった布は苧麻が材料と判定されていて[34]、弥生の布は、カラムシつまり苧麻を材料とした、とみてきました。私もそう書いてきました。

しかし、原始古代の布の研究の権威者である布目順郎さんが多年にわたって調査してきた考古資料の大多数からすると、弥生の布は大麻を材料としており、苧麻や樹皮を用いたものは、わずかにすぎないということです[35]。

すると、魏志倭人伝は、布の材料にかんするかぎりは、考古資料のしめすところと矛盾することになります。布目さんは、その不備を指摘しています。

なお、大麻の種子、大麻を材料とする編物は、炭素14年代でおよそ六〇〇〇〜五五〇〇年前の福井県鳥浜《とりはま》貝塚からみつかっています。(36)中央アジア、西北ヒマラヤ地方を原産としながら、渡来は早かったのです。すると、弥生の大麻は縄紋から伝わったのでしょうか、それとも弥生になって新しくまた大陸から入ったのでしょうか。なお、今、大麻、といえば、喫煙すれば、幻覚・妄想・興奮をもよおすものとして悪名高いのです。卑弥呼さんは、鬼道に通じて人びとを惑《まど》わしたそうだけれど、大麻は着るものとしてしか知らなかったのでしょう。

弥生の長袖・長裾

弥生人が貫頭衣を着ていたことは、現在では常識となり、復原図や模型の弥生人は、いつも貫頭衣です。しかし実は、弥生人は袖《そで》の長い、裾《すそ》の長い服も着ていました。

北部九州のかめ棺人骨には、二の腕や腕(上腕骨・前腕骨)に衣服のきれがくっついたままの状況でみつかるものがあるのです(福岡県太宰府市吉ケ浦《よしがうら》K12号人骨、三〇代の女の右上腕骨/K72号人骨、男、右前腕骨)。また脚をつつむ服があったこともわかっています(福岡県春日市上白水原《かみしろうずはら》K134号人骨、男、右脛骨)。橋口達也さんはこの事実から、弥生人が、長袖・長裾の衣服を着ていたことは否定できない、と指摘しています。(37)

すると、中国の人が北部九州を訪ねたのはたまたま夏だったので、貫頭衣を見てそれを記録した、ということでしょうか。今、夏の日本を訪ねた外国人は、日本の女のひとの服装の袖無し《ノースリーブ》を目撃すると同じようにです。

「昔の人が寒暑につけて、天然に対する抵抗力の強かったことは、とうてい今人《こんじん》の想像の及ばぬところ(38)」でした。多田道太郎さんのいうように「服を着だしたから寒がるようになったのではないか、人間の皮膚が弱ってきたのではないか(39)」とも思います。しかしそれにしても縄紋人だって弥生人だって寒い冬を袖無しの裾の短い服で過したはずはありませんよね。

みごろと袖が直交

吉野ケ里では、二つの布を縫い合わせたものがみつかっています。しかも、両方の布は縦糸が直交するように(みごろと袖とが直交するように)つないであるのです。これについても、袖をつけたのだ、という解釈があります。

正倉院宝物には、衣の上三分の二ほどは縦糸を縦方向に無地のきれを使い、下三分の一ほどは、蠟《ろう》を使って植物紋様を染めた(﨟纈《ろうけち》の)きれを縦糸を横方向において縫い合わせた衣(半臂《はんぴ》)があることを知りました(40)。紋様も横になってしまっていて、例外中の例外です。

正倉院宝物の衣服(41)以来和服に至るまで、袖はみごろに平行しています。みごろと直交する袖はあるのでしょうか。中国の漢代の衣服も、みごろと袖は平行です。ところが酒野晶子さんに袖とみごろが直交する実例を教わりました。なるほどアイヌの人びとの衣服の写真を見ていたら、おもしろい袖つけがありました。袖が縦長の長方形でなく、下の外の角が斜めに、つまり小さな横長の長方形+三角形で終わっているのです。そして横長の長方形のほうはみごろに平行していて、三角形の方は直交しているのです。この袖は逆面をみると全部みごろに平行しています。これは、限られた布を機能的に使うため、下の外の角を折って使ったためで、「もじり袖」とよぶことも酒野さんに教わりました。

ところが、この話を静岡のSBS学園で紹介したところ、聴き手の年輩の女の人びと数人から、静岡にもあった、という話をきかされて驚きました。とくに男や男の子は活発なため袖の角がすりきれ、痛みやすいので、修繕するときに「もじり袖」にした、と、「もじり袖」の名前もでてきました。本土でもひろくあったからこその名前もあるのでしょう。

その後、私は、青森県郷土博物館の展示でみごとな「こぎん刺し」(仕事着)で、もじり袖をみることができました。おそらく全国各地で一般的にあったのでしょう。

そうなってくると、吉野ケ里の弥生人も、もじり袖を作った可能性を考えてもいいことになるでしょう。吉野ケ里の縦糸が直交するきれも、袖の可能性がある、ととらえておきたいと思います。

吉野ケ里の倭人たち

二〇〇一年四月、吉野ケ里歴史公園が開園しました。北内部の「祭殿」の二階にのぼると、王が向う正面に、国の「大人」(要人)たちが右手に、国の主な村の代表格が左手に坐って、まさに儀式が終わったあとの宴(なおらい)が始まる場面です。彼らを世話するために下戸(一般庶民)もいます。倭人の男女が二〇人もいるのは壮観です。

彼らの服装は、布目順郎さんが研究会を組織して布から染め織りまでを仕上げました。(42)武田佐知子さんの解釈とは違った復原になっています。

6　稲

禾《か》稲《とう》を種《う》える（37行）

弥生の稲作

現代の日本は、稲作をどうするか、という大きな問題をかかえています。大きな難題があります。

稲作米食の起源についても問題は複雑です。しかし、ここでは、すでに縄文時代に菜園的農耕《ホーティカルチャー》としての稲作があったことを認めた上で先にすすみたいと思います。

ここで弥生時代の稲作を概観しておきます。かつては初期的な農耕を原初農耕《インシピエントアグリカルチャー》とよんでいました。しかし現在英文の考古学・文化人類学の本では、本格的な集約的な農耕《アグリカルチャー》に先駆ける農耕をhorticultureとよんでおり、私は菜園的農耕と訳しているのです。

かつては、私も含む多くの研究者は、湿地近くのわずかな高まり（微高地）に住む人びとが、畦《あぜ》をつくることもなく湿地に種子(籾《もみ》)をまく、という原初的な稲作から出発したのが弥生の稲作だった、ととらえていました。(1)

しかし、現在では、最初から用水路を引き、これに杭をうち、横木を渡して堰《せき》つまり小規模ながらダムを作って水をせきとめ、その水を田に引いたことがわかっています。大きな水平面を作ることは容易ではありません。そこで水田一枚一枚は小さく(小区画水田)、一枚の田から次の田へと畦を切って水をおくりました。(2)

弥生稲作は田植(農業専門家は移植《いしょく》とよびます)だった、という意見も早くからありました。(3) しかし、私などは、直播《じかまき》(農業専門家は、じきはんとよみます)が技術的に低く、田植が進んだ技術と想像していたので、弥生稲作は直播から始まったに違いない、と夢想していました。

しかし、東南アジアの稲作にくわしい高谷《たかや》好一《こういち》さん(滋賀県立大学)といっしょに弥生水田あとを見て歩く機会をもち、高谷さんから、最初から田植だ、という説をふきこまれ、洗脳されました。こういう理窟です。

特に東南アジアでは雑草の成長が早いため、イネの花が咲くときにイネの方が草より背を高くせねばならず、田植が必要です。二回田植することもあるのです。日本の水田も雑草が茂るので、それに負けないためには田植しかない、直播などありえない、ということなのです。

弥生時代の水田あとが全国各地でみつかっていて、なかには稲株あとが残っているところもあります。岡山市百間川《ひゃっけんがわ》では、七人が並んで田植した状況の稲株あとが残っていました。

弥生人の使った鍬《くわ》や鋤《すき》はカシの木で作ってあります。刃先まで木で出来ていますけれど、つい最近まで農民が手で使っていた鍬や鋤と大きさも形もそっくりです。

弥生の収穫

高谷好一さんに東南アジアでは、花が咲き成熟する時期が違っている籾《もみ》を田植する、と教わりました。考えてみると現代日本の水田では、同時に花が咲き同時に稔ります。しかし、花が咲いた時に台風でもくれば水田は全滅です。開花・成熟の時期が違う種類を混ぜて植えれば、全滅の危険はありません。

弥生水田もきっとそうだったのです。まるでナス・キュウリ・トマトの畑を何日かかけて収穫するように、黄色く成熟した穂を摘みとり、青さの残った隣の穂はしばらく残します。

ということで、弥生水田の収穫は、根から鎌で刈るのではなく、穂摘み具で穂をつみと

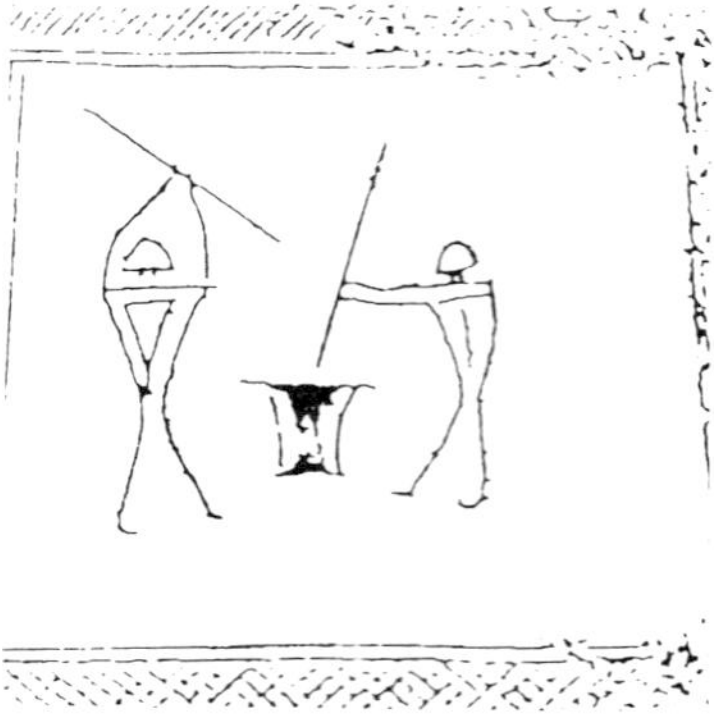

神戸市桜ケ丘神岡5号の銅鐸の絵

りました。その石器を石包丁というあまり適切でない名前でよんでいます。

貯蔵と脱穀

収穫した稲穂は、古くは貯蔵穴にしまったようです。しかし、後には高床倉庫にしまうようになりました。鼠《ねずみ》が入らないように、倉の柱にも梯子《はしご》にも板(鼠返し)をとりつけました。しまってある稲穂は、食べる分だけとり出して、木の臼《うす》にいれ、木の杵《きね》(縦杵)でつきました。かわるがわるついている様子は銅鐸の絵にあり、男は〇頭、女は△頭に描き分けていることから、臼を杵でつく仕事は女の役割だったことがわかっています。

稲穂から稲の実、籾をとり外す作業が脱穀《だっこく》です。さらについていると籾の黄色く硬い皮がとれてお米になります。この玄米をさらにつき続けると精米の結果、白米になります。

昔の人は玄米を食べた、と考えている人が多いようです。しかし、石毛《いしげ》直道《なおみち》さん(国立民族学博物館)は、不消化で効率の悪い玄米を食べた可能性は少ない、といいます。

問題は、弥生人が稲を収穫して、どのていどお米を食べたか、です。収穫量そのものが決して多くなく、むしろ木の実やほかの食料に頼ることが多かった、とする見方と、私のように弥生人にお米をたくさん食べさせる見方とにわかれます。

弥生遺跡でみつかった植物質食料の遺跡での出現率をあげると、第一位がドングリで（一六八遺跡）、クルミ・クリ・トチノミなど堅果類の合計は（一一三遺跡＋一六八遺跡）はるかにコメ（一六八遺跡）をしのぐと寺沢薫さんは指摘します[4]。しかし、粒の大きさの小さな籾と大きなドングリ・クリ・トチノミとを発掘作業の最中にみつける機会は大差がありますから籾の不利《ハンディキャップ》な条件はとても大きく、この比較はほとんど無意味に近いと私は思います。

私の根拠のひとつは、弥生稲作農耕の始まりから古墳出現までの速度の早さです。弥生人が、ろくにお米も食べられず、という状況だったら、どうして数百年という短期間で強大権力が生まれて巨大な古墳が出現できたでしょうか[5]。

7 蚕と絹

蚕《かいこ》のために桑をうえ、緝《あつ》め績《つむ》ぐ(38行)

野の糸

宮沢賢治の「グスコーブドリの伝記」のなかに、森じゅうのクリの木に網をかけ、たくさんの青じろい虫が繭《まゆ》になると、それを煮て糸をとる話がでてきます。

佐々木洋治さん(山形県埋蔵文化財センター)は、クリの木の葉にいる蛾《が》の幼虫が繭をつくる直前に、その体を割いて中から螺旋《らせん》形のものを取りだして、両手いっぱいにのばし、お酢につけて固めた糸で釣をした経験が少年時代にあるそうです。この糸をテグスとよぶのです。人指し指と中指とを使ってこの糸を8字形に巻くと絶対にもつれない。それをテグロに巻く、といいます。その螺旋形を幼虫自らが口からだせば、何百メートルの細い繊維となります。クリの木を家の柱とし、実をよく食べた縄紋人が、その糸をみのがしたはずはない、と佐々木さんは力をこめていいます。

力武《りきたけ》卓治さん(福岡市教委)は、市の板付考古館で、考古学の成果を一般市民に普及する仕事を数多くおこないました。館の外のクヌギの木の葉で蛾の幼虫を飼い、その繊維をとる実験もおこないました。長野県の穂高北小学校では、その天蚕《てんさん》を使って織物をつくることも試みているそうです(1)。これら野生の蛾の作る繊維を縄文人・弥生人が利用した可能性も頭の中に入れておきたいと思います。あとであげるような顕微鏡による観察によってその繊維は将来確かめることができるかもしれないのです。

中国では糸をとることのできる野生種はみられないそうです。そして養蚕と絹の歴史は新石器時代までさかのぼるようです。ヨーロッパにも野生種がおらず、六世紀になってクワの移植と栽培とをともなって養蚕が伝わったよしです(2)。

金蚕《きんさん》・銀蚕《ぎんさん》

名古屋で百歳をこえて有名になった成田きんさんと蟹江ぎんさんのことではありません。金・銀のカイコの話です。

中国には、秦の始皇陵を初めとする戦国・漢代の王墓級の墓に、金蚕《きんのかいこ》・銀蚕《ぎんのかいこ》をたくさんおさめたことを記録する文献が数多くあります。「周代に於いては、天子諸侯皆必ず養《よう》蚕室《さんしつ》を有し后妃妻妾親《みずか》ら之《これ》に携《たずさ》」わっていたことから、「黄泉《よみ》の世界に於ける養蚕の象徴として」墓におさめたものという解釈があります。(3)それに相当する金銅製品――青銅製品に金メッキしたもの――が二つ(六・三センチメートル、五センチメートル)京都大学総合博物館にあります。(4)環節や脚の数・位置は、本物とは違いますけれども、一見したところよく似ています。

日本では、八世紀に「親蚕《しんさん》の礼」をおこない、孝謙女帝は自ら養蚕しました。明治以来の天皇家の女性たちも養蚕に熱心です。(5)

魏志倭人伝には、桑を植え養蚕して何種類かの絹製品を作った、とあります。『漢書』地理志儋耳《たんじ》珠崖《しゅがい》郡の条には男が農耕し、女が桑を植え蚕を緝《あつ》め績《つむ》ぐとあります。養蚕をしたというこの記載の正しさは、ひとえに布目順郎さん、名前からして布を研究するために生を受けたような布目さんの研究(6)で明らかになりました。

中国南部の出土例も、朝鮮半島北部に漢が置いた楽浪郡《らくろうぐん》跡からの出土例も、中国漢代の絹は、きめがこまかいのです。一センチメートルあたりの縦糸(経)の数は六十数本、横糸(緯)の数は三十数本です。これに対して弥生の絹は、それぞれ三十数本、二十数本とずっと粗く、この大差から輸入品ではなく日本製だ、と布目さんは判定するのです。

中国の墓には特製の絹が、日本の弥生墓には中国の並製《なみせい》の絹が入っている可能性の余地がない、とすれば、弥生絹は日本製に違いないことになります。布目さんの研究成果は、これにとどまりません。

絹の繊維の断面の面積を顕微鏡下で比べると前二、三世紀(弥生時代Ⅰ・Ⅱ期)のものは比較的大きく、華中の絹の断面の面積に近く、楽浪絹の値から遠いそうです。ところが、前一世紀(Ⅲ期)のものは比較的小さくて、楽浪絹に近づいていて、華中絹の値からは離れているとのことです。

布目順郎さんによると、蚕には、蛹《さなぎ》になって眠る回数が三回の三眠蚕《さんみんさん》と、四回の四眠蚕《よんみんさん》とがあります。三眠蚕の方が幼虫の期間が短く、小さく、糸少なく、繊維細く、軟らかく、軽く、染めやすいのです。

この事実から布目さんは、華中系の四眠蚕がまず日本に入り、遅れておそらく山東半島起源の三眠蚕がこれに加わった結果だと、みています。

吉野ケ里の絹

佐賀県吉野ケ里の北の丘墓(墳丘墓)のかめ棺のひとつから、身も柄もいっしょに鋳造した銅剣(有柄銅剣)がみつかりました。

記述をすすめる前に一言。弥生時代の盛土のある墓を私は丘墓とよんでいます。墳丘墓が一般的な名前です。そもそも前方後円墳が登場して以来の古墳とよびわけようということになったとき墳丘墓の名が出てきました。ところが古墳の古は古いという形容詞で本体は墳(盛土のある墓)にあるのですから、これとよびわける語に墳を使うのは合理的ではありません。丘墓が明解で円形なら円丘墓、方形なら方丘墓、高ければ高丘墓、低ければ低丘墓、長ければ長丘墓とよびわけます。しかも墳丘墓とは「墳(盛土をもつ墓)の丘のお墓」という重ね言葉になるではありませんか。

さて、吉野ケ里北の丘墓でみつかった剣に付着していた繊維は、絹三種類、麻一種類でした。また、その西南三〇〇メートルの墓地のかめ棺のひとつからみつかった織物には、絹七種類、麻二種類がありました。そして、絹の大多数は、目がすけていて、下の衣の色・紋様や肌がすけてみえる上等の透目《すかしめ》平絹でした。目のつまった詰目《つまりめ》平絹も少しありましたし、中国でいう紗縠《しゃこく》ふうの上等の絹もありました。布目さんの報告です。(7)

吉野ケ里の絹については、さらにすごいことがわかりました。三次元蛍光スペクトル分析法という新しい技術によって、貝紫《かいむらさき》で染めたもの、茜《あかね》で染めたものがあることが判明したのです。丘墓という特別扱いの墓ではなく、普通のかめ棺からみつかった絹が、何色かに染め分けてあったことは驚きです。(8)しかも、縦糸を茜、横糸を貝紫に染め分けたものまであって、今、吉野ケ里ではその復原絹をみることができます。このような微妙な色の違いの感触を楽しんでいたとは、私はうなってしまいました。

貝紫は、いまも有明湾、伊勢湾、三河湾、横浜の日の出桟橋、葉山御用邸の裏……、太平洋岸の堤防にどこでもいるアカニシを材料とします。アカニシの貝殻の三つ目の山のところを叩き割って穴をあけ、鰓《えら》の下の腺をナイフで切ると黄色みをおびたバター状の血がたくさん出ます。血のなかの蛋白質を水を加えて溶かし、これにきれを浸すと、初めは黄色く、日光にさらすと乾いて紫となります。詳しくは前田雨城さんの報告をみて下さい[9]。なお、イボニシ、コウシュウホラ、ホネガイなども材料になります。ただしイボニシ五〇匹分でようやくアカニシ一匹分の血液を得る由です。

つぎは茜です。アカネソウのうち、広島から西はオオアカネ、岡山から東はニホンアカネと分布が違います。根を乾かして用いオオアカネなら九八℃、ニホンアカネなら一〇〇℃以上の温度に湯をわかさないと染まらない由です。吉野ケ里のはニホンアカネによる染色とのこと。とすると材料は東からなのでしょうか。

織物と邪馬台国

女のひとの目で『古事記』を研究する中山千《ち》夏《なつ》さんから教わったことを書きます。

仁徳《にんとく》さんの妻、イワノヒメは家出して、朝鮮半島から来たヌリノミの山代《やましろ》(京都)にある家に身を寄せています。そこへ仁徳さんが迎えに行くと、ヌリノミは、這《は》う虫から鼓《つつみ》、つまり繭《まゆ》、そして飛ぶ鳥、つまり蛾と三つに変化する虫——三種《みくさ》の虫——を献上した、という『古事記』の逸話です。

中山さんはいいます。「珍しがって仁徳が接しているところをみると、仁徳の時代まで山代の韓人みたいな人が蚕さんを飼う専門家であって、倭人が中心になってやっているという感じがない。畿内、大和朝廷では、蚕を飼うことは非常に珍しいことであったというエピソードになると思います」(10)。

一方で九州では、弥生時代から絹について十分知っていたのだ、という理解が中山さんの言外にあります。さらに邪馬台国は九州にあったという考えが千夏媛の心の中には、ひそんでいます。

北部九州の織物製品の出土数が圧倒的に多いことをもって、布目順郎さんも邪馬台国九州説に与していますし(11)、森浩一さんも九州の絹の集中を大和説の論者は触れようとしない、と批判的です(12)。

しかし、北部九州の弥生人骨の発見例数千、これに対して畿内の弥生人骨数十例という差を思い出してほしいと思います。さらに決定的な差があります。北部九州では、遺体はかめ棺の中にあって、土と直接触れないからこそ人骨が残り織物も残るのです。条件の違う北部九州と畿内とを比べること自体が考古学の比較としてあやまりだ、と私は思います。

畿内にだって少しは絹もあったと思いますよ。

京都の川島織物の織物文化館に、「倭錦」とよぶ美しい絹織物が並んでいます。織物文化館資料室の高野《こうや》昌司《まさし》さんが復原しました。

魏志倭人伝の「倭錦」(94行)の正体も手がかりも全くわかりません。しかし高野さんたちは考えました。「錦」ですから、三色以上の色糸を使った絹織物に違いありません。また、倭独自の製品であるからには、中国の錦とは違う意匠《デザイン》のはずです。そこで奈良正倉院宝物の上代裂《ぎれ》にあたって中国系の紋様でなく日本独特の紋様を探しました。卑弥呼の時代から飛鳥・奈良時代まで伝統が伝わっている可能性がある、とみたからです。はたして、中国の影響がほとんど感じられない、日本で独自に発達したと考えられる織物がいくつかありました。「太子間道《かんとう》」「山菱紋錦」「雑色錦」「花紋錦」などとよぶものがそうです。

このうち、弥生時代の技術の水準とみるべきものを追うと、カスリ系の可能性は低くなります。幾何学紋様の「山菱紋錦」こそが「倭錦」に近いだろう、というのが高野さんたちの結論でした。

赤(茜《あかね》)、青(藍《あい》)、黄(カリヤス)で染めた絹を、前にあげた太田英蔵さん復原の弥生機《ばた》を使って織りあげました。「倭錦にはもっと種類があったに違いないが、これもその一つの例として、そう的外れでないという自信がある」。これが高野さんの言葉です。(13)

最近、奈良県天理市下池山《しもいけやま》古墳(三世紀末〜四世紀末)でみつかった織物を鑑定した布目順郎さんは、倭国で作った最高級の織物、倭文《しどり》で、魏志倭人伝(14)で、卑弥呼が魏の皇帝に贈ったとある「班(斑)布」にあたるのではないか、と語っています。

繭をいくつ使ったかが分かる

古代の絹の研究は、また前進しました。古墳時代の鏡の鈕とともに残っている絹の繊維を顕微鏡で調べて、繭いくつから採った絹かが分かるようになったのです。弥生絹もこの方法で追究すると、その実体がますます明らかになり、中国・朝鮮半島の絹との違いがはっきりしてくることでしょう。

8　牛馬無し

牛馬、虎豹《こひょう》、羊、鵲《かささぎ》無し（38〜39行）

この節については、私の『騎馬民族は来なかった』(1)の文の一部をひき、補足を加えておきます。

貝塚は、水辺近くの村のごみ捨て場です。たくさん捨てた貝殻が山になっています。縄紋時代の貝塚から明治以来、馬の骨がみつかった、という報告例が五、六十例もあり、牛の骨もみつかっているのです。そこで、魏志倭人伝の「牛馬無し」という記事は間違いだろう、といわれてきました。

フッ素分析・ウラン分析

ところが、最近はこの説があやしくなってきました。それは、フッ素分析・ウラン分析をはじめたからです。骨に含まれたフッ素・ウランの量を測るのです。骨が土のなかに埋まると、土のなかのフッ素・ウランをどんどん吸収するわけです。そして、最初のうちは骨の表面付近にしかフッ素・ウランは吸い込まれませんが、年月がたつにつれてフッ素・ウランをますます含むようになり、しかも奥深くまで含むようになる。貝塚からみつかった馬骨が、貝塚から出てきた縄紋時代のイノシシやシカの骨と同じ程度にたくさんの量のフッ素やウランを表面だけではなくて奥深くまで含んでいれば問題はありません。ところがウマの骨には微量しか、しかも骨の表面にしか入っていないのです[2]。

縄紋馬をめぐっては大論戦がありました。国立民族学博物館でおこなった日本農耕文化の起源をめぐるシンポジウムのときに、国分《こくぶ》直一《なおいち》さんが縄紋のウマの存在に肯定的な発言をしました。それに対して私の友人の田中琢《みがく》さんがフッ素分析を持ち出して〝あやしい〟という表現をしました。そうすると、野口義麿さん(発掘をした人)を信じないのかといったような、つかみ合いとはいかないまでもすごいやり取りがあったそうです。それを文章にするときにはかなりやわらげたそうですが[3]、それでもかなり激しい応酬になっています。これは、千葉県の余《よ》山《やま》貝塚に関してのことです。林田重幸さんは、「発掘に当った野口義麿氏の証言」で縄紋馬と信じています[4]。野口さんはもう亡くなってしまいましたが、私は野口さんがお元気な間にそのときの事情を伺ったことがあります。そうしますと、野口さんが掘ったものではありませんでした。野口さんが掘った隣の地点を、歯医者さんで考古学が好きな人が掘った。そこから縄紋土器と一緒にウマの骨が出てきた。しかし、これは、考古学的に何の記録も残っていないわけです。つまり、縄紋時代の層から確実に出てきたのか、あるいは、縄紋の貝塚に、のちになって穴を掘ってウマを埋めたものであるのか、これは考古学研究者が発掘すればそこで区別ができ、土層の断面図などの記録も残すはずなのですが、そういう記録も残っていません。そして、この骨も、松浦秀治さん・松井章さんなどによるフッ素分析で、フッ素の含有量が非常に少ないことがわかりました。[5] 炭素14年代で六八〇〜六五〇〇年前のものだそうです。

しかし、考古学をやっている者にとれば、掘っていると縄紋土器が出て、すぐ隣にウマの骨が出れば、自分の目を疑いませんから、どうしてもその時代のものに違いないと確信する。これもよくわかります。江《え》坂輝弥《さかてるや》さんがある雑誌のお正月の巻頭言で、どことどことどこで縄紋土器と一緒にウマの骨を掘った、と書いています。[6] 江坂さんのような大先生に、あなたが掘ったウマがほんとうに縄紋土器に伴ったものかどうかわからない、伴ったとしても同じ時代のものかどうかはわからないというのは失礼なのです。しかし、江坂さんが、そのウマの骨を「縄紋馬である」とおっしゃるならば、それを立証するためにもフッ素分析・ウラン分析をやらせてほしいとお願いしたのですが、そのウマの骨は、いまみつからないそうです。国分直一さんは最近の著作でも、フッ素分析の成果を認めたうえで、縄紋馬の存在に肯定的です。[7]

横剝ぎ・縦剝ぎ発掘法

それでは、なぜ、牛馬の遺体が縄紋遺跡に捨てられたかというと、おそらく、貝塚はわりに人里離れたところにあるので、そういうところで牛馬を密殺したり、あるいは、埋葬したり捨てたりしたという可能性があるからではないでしょうか。喜田貞吉《きたさだきち》さんは、「なほ諸所に小字《こあざ》を牛捨場又は馬捨場と称する所がある。又小字といふ程でなくても、俗にさう呼んで居る場所が各地に多く、現に昔は死牛馬をここへ捨てたものだなど伝称せられて居るところも少くない」事実をかかげて、牛馬の殺生肉食が忌み嫌われたため、「もはや人間の用をなさぬ老牛馬の処分の事は、一般民に取つて可なり厄介なものであつたに相違ない。ここに於てか牛捨場馬捨場なるものが生じたのだ」とのべています(8)。静岡市の有東《うと》遺跡のように馬捨場などという地名が残っているようなところにも遺跡があったりします。

しかも、明治以来の発掘で、どうしてそれを新しいものとして認識できなかったかについては説明ができるのです。

昔の考古学の発掘調査は、崖面を、縦に削って前進する方法をとっていました。崖でない場合には、穴を掘って、掘ったところから縦に剝いで進んでいったのです。いくつかの層に分かれるという認識は最初のうちはありませんでしたから、上層の新しいものも、下層の古いものも縦剝ぎで一緒に掘って進んでいきました。これはデンマークの貝塚調査がそうで、アメリカがそうで、一九世紀後半以来の日本がそうでした。こういう縦剝ぎ法によって古いものと新しいものがまざったのではないでしょうか。

いくつも違う時代の層が重なっているのを一枚ずつ、上層を剝ぎ、その次の層を剝ぎ、またその次の層を剝いでいく。水平な堆積ではなく斜めになっている場合でも、上から順に層の重なりごと剝いでいく、いわば横剝ぎの発掘調査をはじめたのは六〇年ぐらい前で、古生物学の松本彦七郎さんが宮城県の仙台湾付近の貝塚ではじめて、そして山内清男《やまのうちすがお》さん、八幡一郎さん、甲野勇《こうのいさむ》さんなどの先覚者たちがこの方法の発掘をはじめたわけです。「層位的」「層位学的」「層序的」方法とよびます。縦剝ぎ法が縄紋馬、縄紋牛というものを生むことになった原因のひとつだったのではないかと私は思います。

五、六十例も縄紋馬がいるのに、いま、フッ素分析で駄目だとわかったのはまだ一〇例ぐらいです。そうすると、全部やらないと何ともいえないではないかということかもしれません。しかし、大勢として、馬そして牛と縄紋人あるいは弥生人との係わりは非常に少なかったということになるでしょう。仮に一歩ゆずって縄紋時代にもし馬がいたとしても、縄紋人と馬との係わりというのは、ほとんど無縁だったでしょう。もしいたとしたら、更新世(一万年以上前)の馬の生き残りがいたということになるでしょうか。いずれにせよ特に馬を利用してどうこうということは縄紋人にはなかったでしょう。

弥生馬はいたか

次は弥生時代です。弥生時代には確実に馬の骨として、愛知県名古屋市の熱田貝塚から出てきた骨があります。これは刻んだ線が入っているのです。何本もの平行線の刻みを入れる、というのは、弥生時代に、シカの角や骨にあるので、それこそ、これは弥生馬の証拠だと考えられてきました。私もそう書いてきました。骨に刻みつけるのはどういう理由か……占い用なのか、あるいは、ササラのような一種の楽器なのか、わかりません。この手の刻みを入れる骨や角は、弥生時代と、同時代の朝鮮半島とに限るものだと思っていました。しかし現在では、この刻骨が古墳時代にまで続いておこなわれていたことがわかりました。(9)いまのこういう研究情勢でいきますと、熱田貝塚のウマの骨はむしろ古墳時代のものと考えたほうがいいわけです。魏志倭人伝にいう「牛馬無し」は正しかった、と私は思います。

五島の弥生の牛馬

現状では弥生牛の候補としては、東京都港区伊皿子《いさらご》貝塚の上に重なっている二〇〇〇年前の弥生時代(Ⅳ期)の墓(方形の周溝墓)の溝からみいだされた頭蓋骨があります。[10] 炭素14年代を知りたいところです。

長崎県五島列島福江島の大浜遺跡では、一九六二年の発掘(酒詰仲男さん)の際に弥生時代中ごろの土器とともに牛歯がひとつ出ました。[11] そして一九九二年の調査(福江市教委)で牛馬の歯がたくさんみつかりました。弥生時代から中世にかけての遺跡です。

獣医学の西中川《にしなかがわ》駿さんたち(鹿児島大学)の報告[12]は活字になっていません。これを今回西中川さんにお願いして大切な内容を紹介させていただけることになりました。

大浜の馬歯は九四個(上顎・下顎の前臼歯・後臼歯)ですくなくとも五頭分以上あり、牛歯は四個(一頭分と推定)あります。このうち牛歯一点について紀元四〇年ころ、弥生時代後期という炭素14年代(学習院大学、一九九二年)がでているので、西中川さんたちは、弥生時代の歯ととらえています。歯の計測値から体の大きさを推定すると、馬は高さ一二四センチメートル前後、牛は一一六センチメートル前後で、対州馬や見島牛・口之島牛とほぼ同じ大きさ、年齢は馬で四〜一四歳、六歳前後が多く、牛は五、六歳ということです。

このようにみてくると、長崎県の壱岐原《はる》の辻《つじ》で、やはり弥生時代中ころの牛歯がみつかったとされていることを思いおこします。

ところが大浜では、一九九六〜九七年の調査(長崎県教委)で弥生時代から中世にかけての堆積からも馬骨(歯をふくむ)二三四点・牛骨(歯をふくむ)二〇点がみつかりました。[13] 牛歯一・馬歯三点の炭素14年代は七、八世紀をしめしています[14](古環境研究所、一九九八年)。この数値は、AMS法という最新の方法によっており、一九九二年の炭素14年代の数値をおびやかしています。いずれにせよ、「牛馬なし」の魏志倭人伝の記述に対して長崎県の考古資料は疑問をなげかけているのです。資料の充実をまちましょう。

鵲のこと

魏志倭人伝は、牛馬のほか、虎・豹・羊・鵲《かささぎ》がいない、と書いています。文献の上では羊は六世紀に百済から入った(推古紀七年＝五九九年九月条)のが始めで、奈良時代にも入ってきて、平城宮あとからは羊をかたどった硯《すずり》がみつかっていますし、正倉院宝物の﨟纈《ろうけち》染めの羊の屛風[15](北倉44)も有名です。

鵲はカササギ、カチガラス。この鳥を御存知ですか。文献によると、朝鮮半島の新羅から六世紀の末にもたらされたとのこと(推古紀六年＝五九八年四月条)です。カササギは『万葉集』には出てきませんけれど『新古今和歌集』の「かささぎの渡せる橋に置く霜の白きを見れば夜ぞふけにける」は百人一首にも採用されて有名ですね。私が吉野ケ里へ行く楽しみのひとつは、カササギに出あうことです。大きくてきれいで夫婦一組でいます。今度吉野ケ里を訪ねた機会には東側の林でその姿を探して楽しんで下さい。

日本の家畜

ここで明治に先だつ日本の家畜の歴史をみておきましょう。世界最古の家畜がイヌ(シリアのドアラ洞窟《ケーブ》)であるのと同じように、日本最古の家畜もまたイヌ(一万年前、神奈川県夏島貝塚・愛媛県上黒岩岩陰《いわかげ》、縄紋早期)でした。

イヌはかつてはオオカミとジャッカルとを家畜化したとされていました。(16) しかし現在ではジャッカルは祖先から外されています。

で、日本の一万年より前のオオカミは大きいのに縄紋犬は小さいので、大陸で小さなオオカミが家畜化されてイヌになり、これが到来したのが縄紋犬だとみなされています。

縄紋犬は、しばしばお墓に葬られていて、完全な一頭分の骨としてみつかります。鹿・猪がバラバラの骨としてみつかり、しかも骨は髄をとり出すために折ったり肉をとるために骨に傷がついていたりとは大違いです。縄紋人は愛犬家だったのです。(17)

縄紋犬は、顔がオオカミに似ていて、肩の高さ三八〜四〇センチメートル、いまの柴犬くらいでした。しかし、額から鼻先までがゆるやかな曲線で続き、柴犬のように凹んではいませんでした。

弥生犬は、この凹みがやや強く、肩の高さが四七センチメートルもあり、新しく朝鮮半島から渡ってきたとみられています。

長崎県原の辻の弥生村からは、五〇体以上の犬の骨がみつかりました。縄紋犬の系統をひく小型犬、新しく朝鮮半島から大型犬、それに北海道のオホーツク文化の犬に似た犬、と三種類があり、解体したり割ったりの痕がいちじるしく、犬を食べる習俗が新しく到来したことを思わせます(18)。

その後、愛犬に名前をつける、お墓をつくるなど愛犬の精神は生き続けました。しかし一方では、広島県福山市の草戸千軒《くさどせんげん》(鎌倉室町時代)や東京の江戸の町のあとから犬を食べた証拠がたくさんみつかっています(19)。

更新世(一万年以上前)の日本には馬もいました(20)。しかし、五島の弥生牛馬を今おくとすれば、人と係わる馬が日本に到来するのは、四世紀末です。ただし、四世紀から五世紀前半にかけての、馬に乗るための装備や飾り――馬具《ばぐ》――は、北部九州で少数みつかっているだけです。馬がたくさん渡ってきたのは、五世紀後半からでした。牛の到来は六世紀でしょうか。牛の埴輪(奈良県石見)もあります。

四、五世紀に到来し、普及した馬は、有力者たちの愛用車《マイカー》になりました。いえ実際にそう乗りこなさなかったかもしれません。美しく飾りたてた馬をもつことが力と権威をしめす大きな手だてになったのです。しかし六、七世紀には軍馬としての働きが始まります。馬を耕作に使い始めたのがいつからか、はこれからの課題であると思います。

牛は六世紀には入り、七世紀には耕作に使い始めました。牛（か馬）にひかせる鋤《すき》（唐鋤《からすき》）は八世紀までさかのぼります。牛が車をひき始めるのは八世紀からです。平城宮・長岡京でおそらく整地作業に使った車輪のあと（轍《わだち》）と牛の足あとが残っています。そして一〇～一一世紀に牛は、身分の高い人びとを運ぶ牛車をひく役割も果たすようになります。

八世紀から九世紀にかけて、中国の唐文化の影響で天皇家は、牛乳・乳製品を愛好しました。そのため各国は乳製品（蘇《そ》）を納めなければなりませんでした。しかし庶民とは無縁だったこの借物文化は百年ほどで消え去りました。牛を飼いながら、その肉を食べること、乳を利用することはひろまりませんでした。これは、西アジア・ヨーロッパなどと比べて対照的なことです。

鶏は弥生時代に飼い始めました(21)。しかし、神聖な時告げ鳥、悪を寄せつけない鳥としての役割を果たし、その肉や卵を食べる習慣は、ようやく一七世紀末（元禄時代）からひろまり始めました。

豚は、弥生時代に飼い始めました。奈良時代には、「猪」という字を猪と豚と両方の意味で使いました。狩りの対象としての猪はイノシシ、飼っている猪はブタです。

平安時代以降、豚についての資料はなくなります。江戸時代以降、新たに豚を飼い始めます。

以上、明治前の日本の家畜史を概観して特徴的なことは、食用・乳用の家畜をほとんどもたなかった、ということです。

畜産農民と非畜産農民と

世界の農耕・牧畜と日本のそれとを比べると、大きく違うところがあります。

中国・西アジア・インド・アフリカ・ヨーロッパでは、農耕の始まりが牧畜の始まりでもありました。たとえば、中国は、北は寒く乾き、南は暑く湿っていて、北ではアワ・キビを南ではイネを作る一方で、ブタ、食用のイヌ、ニワトリを飼いました。西アジアでは、ムギを作り、ヒツジ・ヤギを、おくれてウシ・ブタを飼い、これがヨーロッパに入りました。麦畑は収穫が終われば牧場になったのです。ベートーベンの第六交響曲を「田園」ときくとさぞや畑の風景が目に浮かぶでしょう。しかし原題はPastoraleですから、むしろ牧場交響曲なのです。中国語・英語・ドイツ語・フランス語の農業とは、食用あるいはミルク用、毛用の家畜を飼うことを含みこむ概念です。一〇〇年前にアメリカのルイス＝モルガンが、そしてそれを受けてドイツのフリードリッヒ＝エンゲルスが人は牧畜を始めてから農業へ移った、と考えたのも、この農業が牧畜をともなっているからこそつながっているのです。現在では農耕が先で牧畜はあとと考えていますけれど、その場合の農業も当然牧畜を伴っているからつながるのです。

私はこのように牧畜を含みこんだ農業を「畜産農業」とよび、農耕を伴わない牧畜、つまり遊牧と先の畜産農業とをあわせて「畜産」とよんでいます。それにたずさわる人びとは、それぞれ畜産農民、遊牧民、その両方を畜産民とよんでいます。

日本では、弥生時代にブタ・ニワトリを飼ったもののおそらく平安時代にはブタは消え、ニワトリも、一七世紀末、元禄にいたるまで、久しく食の対象ではありませんでした。だから日本の農業は基本的に「非畜産農業」としてほぼ幕末にいたったのでした。アメリカの農業も、非畜産農業、あるいはそれに近いものでした。

時々、日本人は農耕民でヨーロッパは牧畜民であるとか狩猟民であるとか対照する意見をききます。とんでもありません。ヨーロッパの農業ドイツの帯紋土器《バンドケラーミク》文化は、最近では、七六〇〇年前近くまでさかのぼっています。日本よりもはるかに古く農業はさかのぼります。違っているのは、向こうは畜産農民で、こちらは非畜産農民だという点です。

9 矛と盾

武器には、矛《ほこ》・盾《たて》・木の弓を用いる（**39**行）

邪馬台国時代の武器

弥生時代の考古資料は、ひじょうにたくさんあります。ところが邪馬台国の時代、三世紀の資料は決して多くありません。弥生時代の武器の多くは、それに先だつ時代に属しています。魏志倭人伝より前にできた『漢書』地理志儋耳《たんじ》珠崖《しゅがい》郡の条には「兵には矛盾刀木弓弩あり、竹矢或は骨を鏃と為す」とあります。

魏志倭人伝には、「兵」つまり武器として、矛《ほこ》、楯《たて》、木《き》弓《ゆみ》を用いる、とあります。楯をここでは盾と書くことにします。

当時の東アジアの武器や戦いの様子はどうだったでしょうか。

中国東北地方の東部、挹婁《ゆうろう》は大弓を使い、石の矢尻に毒をつけて敵の目を射ました。その西、東沃沮《ひがしよくそ》は車馬は使わず矛を武器にしました。朝鮮半島北部から中国にかけての高句《こうく》

中国漢代の戟と刀，矛(林巳奈夫編『漢代の文物』より)

麗《り》は防御施設(幘溝婁《さくこうろ》、城のこと)を作り、よい弓をもっていました。中国東北地方北部の夫余《ふよ》は弓矢・刀・矛を用い、どの家もよろいと武器をもっていました。円い城柵を作りました。戦うにあたっては、牛を殺して蹄《ひづめ》で吉凶を占いました。朝鮮半島東北部の濊《わい》は弓と大きな矛を使いました。朝鮮半島南部の韓のうち、馬韓には城柵はありませんでした。歩兵がいました。

各国各地方の武器や防御施設について『三国志』魏書東夷伝はこのように書き、倭については弓矢と矛・盾をあげているのです。

邪馬台国の時代、中国では、騎兵や馬の引く戦車を戦いに駆使していました。しかし、東の国ぐにでは、まだ歩兵戦の段階にとどまっていたのです。

矛と戈

矛は槍《やり》と思えばよいでしょう。身は長く、先がとがり、両側に刃がついています。これに長い柄をつけます。柄をにぎって敵を突き刺して倒します。身の根もとが中空になっていて、柄の先をさし入れます。身の根もとを柄の先にさしこむものを槍とよびます。

弥生時代には、青銅、つまり銅に錫《すず》を加えた合金で作った矛、銅矛がありました。今でも青銅で作りながら銅像・銅貨・銅メダルとよぶように、青銅製品であっても銅矛・銅剣・銅鐸・銅鏡などと表すのです。

初期の銅矛は、細く鋭い実用の武器でした。しかし、のちには、太く鈍く、刃も研ぎ出していない見せかけの武器、矛形祭器となりました。祭り用、儀式用の武器、武器形祭器とよんでいます。

弥生時代後半には、九州で鉄製の実用の矛が出現しています。魏志倭人伝の矛も鉄の刃をそなえた鉄矛に違いありません。

弥生時代の青銅武器・武器形祭器には、戈《か》もありました。長い柄の先に斜めに向かってのびる刃をとりつけたもので、敵に打ちこんで使いました。戈は、青銅だけでなく鉄でも作りました。しかし、弥生時代の終わりごろには目だたなくなったか消え去っていたのでしょう。魏志倭人伝は戈をあげていません。

なお、戈がどんなに重要な武器だったかは、「戦」という漢字の旁《つくり》として残っているこ

奈良県清水風の戈と盾をもつ戦士（田原本町教育委員会提供）

とからもわかります。中国では戦国時代に戦車（馬車）から矛と戈で敵をなぎ倒す戦法をとっていました。

歴博（国立歴史民俗博物館）では「倭国乱る」展（一九九六年）に春成秀爾《はるなりひでじ》さん（歴博）が弥生の戦士の像を復原しました。右手に東大阪市鬼《き》虎川《とらがわ》の石戈《せきか》（が木の柄に着いた状況）をにぎらせ、左手に想像の木の盾をもたせ、身には、岡山市南方《みなみかた》遺跡の部品数点から大胆に復原した木のよろいを着けています。[1]

私は、剣の方がいい、と判断していました。ところが、戈で正解だったのです。

展覧会が始まる少し前、九月下旬、

奈良県唐古鍵の銅戈を描いた土器
(田原本町教育委員会提供)

藤田三郎さん(奈良県田原本町教委)から知らせが入りました。弥生戦士大小二人の姿を描いた土器が奈良県田原本町《たわらもとちょう》の清水風《しみずかぜ》でみつかったのです。

　二人とも左手に盾をもち、右手には戈をにぎっているのです。小さい方の人の戈は、柄を省略しています。二人とも戈は、中国の戈とは逆で、身と、手もと側の柄のなす角度は鋭角になっています。それは、福岡県飯塚市立岩《たていわ》や春日市門田《もんでん》の鉄戈についてすでに考えられていたことでしたし(2)、鬼虎川の木の柄に着けた状況でみつかった石戈でもそうなっています(3)。奈良県田原本町唐古《からこ》鍵《かぎ》(古くは唐古遺跡と鍵遺跡とによびわけていました)からみつかった弥生土器には、ていねいに銅戈を描いた絵をもつものがあり、柄は描いてはいないものの、身と手もと側の柄のなす角度が鋭角になる形で描いてあるのです。清水風の絵でそれが決定的になりました。

　戈の柄そのものも、岡山市南方と滋賀県下之《しもの》郷《ごう》(ともに一世紀、前者が古く後者が新しい)とでみつかっています。青銅の戈をつけたのでしょうか、祭り用の木の戈をつけたものでしょうか。土器の絵といい、木の柄といい、戈か戈形祭器を盛んに使ったことをしめしています。

戈が卑弥呼の時代まで残ったかどうかはわかりません。しかし、弥生の武器についての新しい知識として書いておきます。

矛と戈とは共に強力な武器でしたから、その両方を合体させてさらに強力な武器として作りあげたのが戟《げき》でした。弥生時代の木製品には戟に似たものがあります(山口県宮ヶ久保)。古墳時代の埴輪の男に戟をもつものがいます。さらに正倉院宝物の武器にも戟はありますす。しかし、弥生時代には矛・戈がひろまったのに対して、青銅や鉄の戟はひろまりませんでした。戟は入らなかった、といってもよいほどです。

こうして、長い柄をつける武器(長兵)のなかで、矛だけがでてくることは、考古資料の実態にあうものといえるでしょう。大国主《おおくにぬし》のことを『古事記』では「八千矛《やちほこ》の神」とよび、『日本書紀』では「八千戈の神」ともよんでいます。

さきに戈は「戦」の旁《つくり》として使っている、といいました。「戟」もまた中国漢代の武器の名だったことも知らず、私たちはしょっちゅう「刺戟」(もともとはこう書き、今では刺激になりました)という語を使っています。

「矛」も「矛盾《むじゅん》」という表現で日常よく使っています。御存知のように、武器の店で店主が、この矛は鋭く、どの盾もつらぬく、といっても客はのってきません。そこで店主はきりかえて、この盾は強く、どの矛をも防ぐと宣伝するのを客はすかさず、それではその矛でその盾を突けばどうなる、とたずねて店主が絶句しました。これが矛盾という語の始まりだ、と二千三、四百年前の『戦国策』という本に出てくるそうです。

刀と剣

九州の出土品からいえば、鉄の剣・刀は当然、邪馬台国時代に存在しているはずです。『漢書』地理志の儋耳珠崖の条ではちゃんと刀もあげています。

剣は先がとがり、「両刃の剣」のたとえのとおり身の両側に刃がついていて、柄をにぎってつきさす武器です。ただし、弥生時代の銅剣は全体が短く本来の剣(英語の sword)ではなく、短剣(dagger)にあたります。鉄剣には長いものもあります。刀は先がとがり、身の片側に刃がついて、柄をにぎって切る武器です。青銅で作っているころは剣が、鉄になると刀がふるうのは、鉄だからこそよく切れるからでしょう。町田章さん(奈良文化財研究所)によると、中国では漢代で剣から刀に移り変わります。日本では古墳時代の中ごろ(四、五世紀)に大勢として剣から刀へと変わりました。『古事記』『日本書紀』では、刀と剣を同意語としても使いますし、埼玉県行田市の稲荷山《いなりやま》古墳の鉄剣には刀という銘文があります。奈良県天理市の石上《いそのかみ》神宮につたわる七支刀は、刀ではなく剣です。このような両者の混同を今おくとして、また、同義語として使っている記載を除くと、『記紀』の古い時代の記述では剣が優勢で、新しくなると刀が優勢になる事実があります。剣から刀への移り変わりが反映している、とみてよいと思います。

置き盾か手盾か

矛・戈・矢の攻撃を避ける薄い板が盾です。木や革で作ります。矛盾の語源でもわかるように、魏志倭人伝に矛と並んで、盾がでているのは、矛を防ぐ盾のつもりでしょうか。『記紀』以来、日本では、盾は矢を防ぐものです。私も、そのつもりでいました。しかし、先にあげた奈良県清水風の弥生土器の絵では戈をもつ男が盾をもっていますから、戈を防ぐこともあったのです。中国では戦うことを干《かん》(盾のこと)戈《か》を交える、ともいいました。あとであげる「狩猟紋鏡」では、刀か槍と盾とをもっています。盾と武器との組み合わせはいろいろなのです。

問題は、この盾が立て並べて置く置《お》き盾《だて》か、つねに持ち運びする手盾《てだて》かです。中世の軍記物では、「持ち盾」とは置き盾を運ぶときに使う表現だそうです。しかし、現在では多くの研究者が、手盾の意味で持ち盾の語を使っています。(4) 私もそうよびましょう。中世の絵巻物をみても、持ち盾(『法然上人絵伝』夜討ちの場面、一四世紀)はめったに出て来ません。大阪府美園《みその》古墳の立派な埴輪には、二階の隣り合せの窓と窓の間に盾をとりつけてあります。これも置き盾です。上がまっすぐのものと、中高で毛の飾りをつけたものとがあります。奈良平城宮でみつかった隼人の盾について、一〇世紀初めの法律解釈書『延喜式』が馬のたてがみを飾った、と書いていることに対応します。

古く考古学の後藤守一《しゅいち》さんは、古い文献を調べた上で、日本の盾は置き盾であること、ただし、神社で神に奉納する踊りに限っては、手盾つまり持ち盾であることを論じました。そして、群馬県高崎市でみつかった「狩猟紋鏡」とよぶ四世紀の日本製の鏡に盾と刀をもつ戦士を数人表しているのも、祭りの踊りの場面を表しているのだ、と解釈しました。(5)

九四年に、大阪府柏原市の平野でみつかった弥生土器の破片(前一世紀)では、盾をもつ戦士を線で描いてあります。そばに粘土をはりつけた犬がいます。右手にもつ武器が矛、剣、戈のどちらか、頭にかぶとをかぶっているかは、われてしまっているためにわからないのが残念です。男がもつ盾は立派で長く、置き盾でも不思議ではないほどです。

そして先に戈のところであげた田原本町清水風の弥生土器の盾をもつ二人が登場しました。さらに奈良県唐古鍵、佐賀県瀬ノ尾などでも盾をもつ姿の絵を描いた弥生土器がみつかっています。

これらの絵の戦士たちも祭りの踊りで盾を手にしているのでしょうか。それとも、「持ち盾は祭り」説はいまや成り立たず、弥生時代には、実用品としての手盾があったのでしょうか。

『記紀』を見直すと、「楯を並べて射る」(神武記久米歌)、「楯を植《た》てて」(神武即位前紀戊午年条)、「楯を作って街毎《ちまたごと》に竪《た》つ」(天武紀元年七月条)、「大楯を樹《た》つ」(持統紀四年正月条)など置き盾とみられる表現があります。射《い》など、イにかかる枕詞に「楯並《たてな》めて」という表現がある(『万葉集』巻一七―三九〇八、神武記の久米歌)のは、置き盾を並べて射ることからきているのだそうです。ただし「盾を執《と》りて」(雄略紀一八年八月条)、「皮盾を執りて」(用明紀二年四月条)など手盾をさすらしい表現もあり、手盾という解釈もあります。(6)

弥生時代以来、置き盾と手盾があり、平安時代以来はもっぱら置き盾だけになった、ということでしょうか。手盾・置き盾を論じた佐伯有清《さえきありきよ》さんは、手盾から置き盾へと発展した、と考えています。(7)

弥生時代の盾の実際をのぞきみましょう。

いまのところ、最も古い盾の出土例は、長崎県壱岐、原《はる》の辻《つじ》のもので、前三世紀にさかのぼります。あと、北部九州や近畿で出土例が続いています。断片的なものもある一方で全体の形がわかるものもあるので、遺物そのものの大きさ、形から置き盾、手盾のどちらかをきめるてだてがつく日も遠くはないでしょう。

盾について追加を少々。奈良市北部にウワナベ・コナベ古墳や磐之《いわの》媛《ひめ》(仁徳の妻)陵古墳など数多く並んでいる古墳は、佐紀盾列《たてなみ》古墳群とよばれます。盾が並んでいるようだ、という命名だそうです(8)。

古い盾については上原《うえはら》真人《まひと》さんのすぐれた研究があります(9)。弥生遺跡から盾の出土例が増しています。密に小孔が並んでいるものが多いのは、革で綴じ、打撃によって分解するのを防ぐためです。なお、岡山市南方で石の矢尻の先が折れて突き刺さったままの盾(前二世紀)がみつかっています。

武器の歴史の研究家宇田川武久さん(歴博)によると、日本では鉄砲を使い始めてもそれを防ぐのに置き盾を使ったそうです。手盾・置き盾について木村幾多郎さん(大分市歴史資料館)と語り合っているとき、彼はいいました。「そういえば、日本の機動隊は置き盾しか使ってませんけど、韓国の機動隊は手盾ももっていますよ」。

10
弓

木の弓は下を短く上を長くす(39行)

大きな弓の下寄りをもつ

弓は弥生時代の遺跡から数多くみつかっています。木そのものをまるのまま使った丸木弓です。長いものも短いものもあります。大小の弓は、祭りのカネ、銅鐸の狩人の絵にも表しています。そして邪馬台国の時代に弓について、魏志倭人伝は、「木の弓は下を短くし上を長くす」と書いています。

古代の中国では、東方に住む「野蛮人」を東夷とよびました。その「夷」は「大」と「弓」を組み合わせて作った字だ、という説もあるほど弥生・古墳時代の弓を代表するのは大きな弓でした。大弓を縦にして、中央ではなく、やや下寄りに矢をつがえ、さらにその下寄りをもって射たのです。ただし魏志倭人伝は、倭が魏に「短弓」を贈った(95行)とも書いています。中国のために特別に作ったのでしょうか。

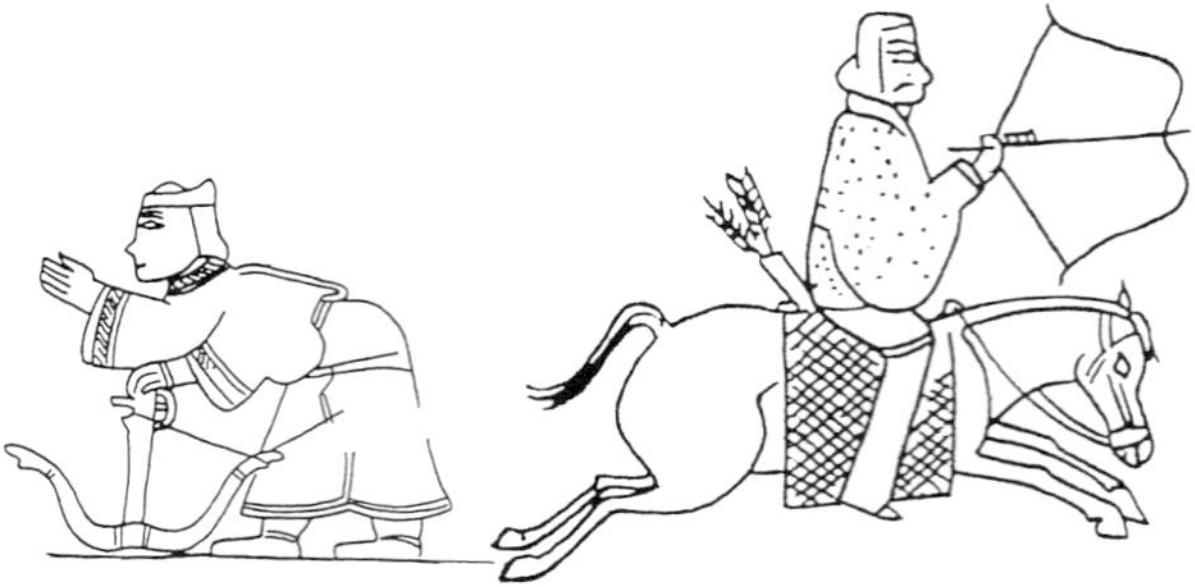

中国漢代の弩と弓矢(林巳奈夫編『漢代の文物』より)

古代中国では、小さな弓の中央に矢をつがえました。弓を横にして射ることもあったとすればおもしろいと思います。中央で水平射ちをすれば、弓の本体と十字に交差する長い台とをそなえて、強くひきしぼる構造の弩《ど》(十字弓《クロスボウ》)を思いつきやすいだろうからです。魏志倭人伝がお手本にしたとみられている『漢書』の儋耳珠崖郡の条には木弓につづいて弩をあげています。

島根県出雲市の姫原西《ひめはらにし》で弥生時代末(二世紀末〜三世紀)で、弩の形を真似たような形の木製品がみつかりました。クワ製です。中国の弩が長さ五、六十センチメートルなのに対してこれは九〇センチメートルを越え、細身で華奢《きゃしゃ》なので実用というよりは祭り用のようです。ところが宍道《しんじ》正年《まさとし》さん(島根県埋蔵文化財調査センター)は、カシでこれの模型を使って実験し、三〇メートルも飛ばしてみせました。(1)

長崎県壱岐島の原《はる》の辻《つじ》でみつかった横断面が正三角形になる青銅の矢尻は、鉄の芯が通っていて弩の矢の可能性が高いものです。しかし、弩は弥生時代の日本では本格的な武器として普及しませんでした。日本の弩は、高句麗からの献上品として登場し(推古紀二六年=六一八年八月条)、奈良・平安時代から武器として使うようになった、というのが今までの知識でした。(2)

小さな弓の中央に矢をつがえて射る中国から日本へやってきた人は、縦にした大きな弓の下半をにぎって射っているのがおもしろくて、記録にとどめたのでしょう。

縦にした弓の下寄りを握って射る方法は、中国古代、現代の中国西南部、台湾にもあり、日本でも鹿児島県南部の島々にもあって、いずれも魚を射ていました。「前下方をねらう射魚の場合、その弓を前に傾けるのに、有利なにぎり方である」と、形質人類学者の金関丈夫さんは、下寄りをにぎる弓と魚とりとの関係を考えています。(3)

ところが平安・鎌倉〜江戸時代の武器を研究する近藤好和さんから意外なことを教わりました。日本の木の弓は長く、梢の側を上に根の側を下にして使う、ところが長いために上寄りと下寄りとで弾性(弾力)が違うため、中央に矢をつがえても真直ぐに飛ばない。下寄りに矢をつがえて初めて上・下の弾性がつりあい真直ぐ飛ぶのだ、と。(4)

七〇年以上も前から考古学研究者が指摘しているように、魏志倭人伝のいう「短下長

伝香川県出土の銅鐸の絵(高井悌三郎さん拓本)

上」は、弥生時代の祭りのカネ、銅鐸の絵の狩人が弓をもつさまと一致します。そして銅鐸の絵の狩人をみると、多くは大弓をもち(神戸市桜ヶ丘神岡《かみか》四・五号銅鐸、伝香川県出土銅鐸、江戸時代の文人・谷文《たにぶん》晁《ちょう》が持っていた銅鐸)、小弓をもつ例(神戸市神岡一号銅鐸、大弓を表す他の銅鐸よりも一〇〇年以上は古い)をしのいでいます。弥生遺跡からみつかる弓には、大・小あるけれども、大弓こそが弓を代表していた、とみておきたいと思います。

奈良正倉院の宝物(中倉169)に、弾弓《だんきゅう》とよぶ弓[5]があります。弦《つる》(弓に張る糸)に取りつけるための小さく円い、いわば発射台にのせて、弧(弓の本体)をふりしぼり、弾《たま》、つまり円いはじきだまを飛ばしたのです。正倉院の弾弓は、弧の幅広い背にさまざまな軽業師《かるわざし》・曲芸師たちを描いてあるのがおもしろくて有名です。弾の反射台を弦の下寄りに取りつけてあることは、あまり注意されていません。弾弓という弓は、唐から伝わったものに違いないのだけれども、「短下長上」の日本式に作ってあるところが興味をひきます。

中世の絵巻物をみても、現代の日本弓道の弓をみても「短下長上」です。青森県韮窪《にらくぼ》などおよそ四〇〇〇年前(炭素14年代)の縄紋土器には、粘土をはりつけて弓矢や獲物を表したもの(狩猟紋)があり、その矢は弓の中央につがえています。ということは、およそ前一、二世紀(神岡一号銅鐸)には、おそくとも「短下長上」が始まり、紀元三世紀には魏志倭人伝がそれを記録し、それ以来、変わることなく今日に伝わっていることになるのです。実に二〇〇〇年をこえる伝統です。なお、アイヌの人びとの弓は短く、その中央に矢をつがえました。だからこそ、やはり弓の中央に矢をつがえてクマ、シカなどを倒すための仕掛け弓も発達したのだと思います。

弓の構造についていうと、日本の弓は縄紋時代以来木弓で、弦を張らない状況だと、弧は真直ぐになります(直弓)。だから、書物に写真をのせる場合も、展示する場合も、出土した弓のあつかいの始末の悪さに考古学研究者は悩みます。ただの長い棒にしか見えず、なんの感激もないからです。

大陸には、弦を張らない状況の時、弦を張ったとは逆の方向に弧がそりかえる弓、つまり彎弓《わんきゅう》があります。それを逆にそらせて弦を張るからこそ、すごい力が生じるのです。これは日本には伝わりませんでした。また、大陸では石器時代(シベリアのイサコヴォ文化)以来、何種類かの異なる材料を張り合わせて、弾性の違いを利用した強力な合わせ弓もありました。これが古代日本で発達しなかったのは、湿度の高さと係わるのかもしれません。

「弓」という文字は、弦を張った時、弧が単純な弧線を描くのではなく、逆方向のくびれをもつ弓の形にもとづいています。佐賀県唐津市の菜畑《なばたけ》からは、くびれをもつ小さな弓がみつかっており、このような形の弓も日本に入っていたことがわかります。古墳時代に下ると、栃木県塚山古墳の埴輪に描いた絵(六世紀)にこの形の弓をみます。しかし、日本の弓の歴史のなかでこれらはあくまでも例外的な存在です。

弥生(時代の)弓の本質にせまったのは、学生時代に修練した洋弓《アーチェリー》の経験を生かした松木武彦さん(岡山大学)です。(6)

弓は、使わないときは、なるべく弦《つる》を外《はず》して休ませます。張りっぱなしのままでおくと、反発力が鈍ってしまうからです。

(弓道の弓は、二、三人で張るようですけれど)ひとりで(洋弓に)「弦を張る」には、弦の一端を弓の一端に固定してから片手で弓をたわめながら持ち、残った手ですばやく弦のもう一方の端を弓の他端に固定しなければなりません。矢を射るだけではなく、弦の張り外しのくりかえしもまた、弓とのつきあいで大切なのです。

弓の端を弭《ゆはず》とよびます。木弓の弭をそのまま使うほかに、とがらせた弭に別作りの部品(角製の弭、弭状角製品)をはめることもあります。

弦を張り外す場合、そのたびごとに結びつける、結びをほどくをくりかえす手間は決して小さくはありません。何度もくりかえすうちに弦は切れやすくなります。さらに弦を弭に結びつけておくと、矢を射た時の反動の衝撃をまともに受けるため、結びの部分で弦は傷《いた》みやすく切れやすくなります。

ところが弦の端を輪(弦輪《つるわ》)にしておくと弦の張り外しが簡単になります。また結んだのとは違って輪は動くこともできるため、矢を射たときの衝撃をまともには受けず、傷みもなく切れにくいそうです。現代日本弓道の弓も洋弓の弓も弦は弦輪で張り外ししていることから、進んだ方法といえます。

縄紋(時代の)弓と弥生弓の弭の形をくわしく観察し分類した上で松木さんは、縄紋弓は弦を結んで張っていたこと、そして弥生時代の初め(人によっては縄紋時代末)の佐賀県唐津市菜畑に弦輪で弦を張る弓が出現したこと、そしてそれ以来、この方法が弥生・古墳時代を経て現代に至っていることを指摘しました。これが松木さんのいう弥生弓の第一の画期です。

菜畑には、磨いて仕上げた石の矢尻も朝鮮半島から入っているので、弓矢の新しい技術大系が大陸からもたらされたのだ、と松木さんはいいます。中国ではすでに戦国時代に、弦輪を採用している事実を踏まえての発言です。

現在、世界の各民族で狩りの矢の射方をみると、弦を顔の前あたりまでしか引かない「短い引き込み」の射方が大多数をしめます。これだと、目・矢・目標物が一直線上に並ぶので狙いやすく一発的中に適しています。

ところが香川県内出土と伝える銅鐸の猪狩りの絵をみて、松木さんは指摘します。射手が右利きとしての説明です。

「弦を放した後の右手ははるか頭の後方にあるが、この右手の位置は発射前に弦を耳の後方まで大きく引き込んでいてこそ初めて実現する。顔の前付近までの短い引き込みだと、弦を放しても右手は決してこんなに後方まではね上がらない。銅鐸に描かれたこの絵は、当時の射技が弦を耳の後方まで長く引き込むものであったことを示している」と。

およそ二〇〇〇年前、畿内を中心として矢尻だけでなく他の石の武器が発達し、同時に高地性集落が急増し、本格的に集団間の戦闘が開始されたこの時期に「弓もまたその主な役割が狩猟具から武器へと転じたと考えられている。弥生中期における弓力増強をもたらす射技の変化は、こうした変質の条件であったと考えられる」、これが松木さんのいう弥生弓第二の画期です。

「長い引き込み」で射ると目・矢・目標物は一直線上には並びません。だから目標物にあてることでは「短い引き込み」に劣ります。

しかし、弥生時代の中ごろ、弓が本格的な武器になると飛距離が重要視されるようになった、と松木さんは判断します。集団戦では、少しでも早く敵陣に矢を浴びせる方が有利です。貫徹力に勝る重い矢を少しでも遠くへ飛ばすために「長い引き込み」を始めた、と松木さんは書いています。

その後、神野恵さんが弦輪法の大切さをくりかえしあげています(7)。ただし彼女は、畿内を中心とした地方で矢尻が重くなったのは北部九州に長く重い朝鮮式の磨製石器が出現したことからの影響だとみます。狩りの弓矢から武器の弓矢へとは考えませんし、矢尻が重くなったことと丘の上の弥生村の急増との関連も認めてくれていません。松木武彦さんと私は、武器として矢尻が重くなったこと、それが重く大量化したことと、丘の上の村の急増とは密接に関係している、と今も思いつづけています。

11　矢尻と矢柄

或は鉄の鏃、或は骨の鏃を竹の箭につける（39～40行）

魏志倭人伝は、矢尻（鏃《ぞく》）の材料として鉄と骨をあげています。ここでいう骨の矢尻には、鹿角で作った角の矢尻（角鏃）を含みこむ可能性が大きい、とみます。『漢書』地理志の儋耳珠崖郡の条では、「竹矢、或鉄鏃」とあり、矢尻まで竹で出来た矢の存在をしめしています。日本でも正倉院宝物に竹の矢があります。竹・骨・角の矢尻をつけた矢の矢柄《やがら》は篠《しの》竹《だけ》ではなく、葦《あし》で出来ていることから東北地方の矢だとのことです[1]。ですから竹の矢を使った可能性は弥生時代の九州にあったでしょう。そのころの九州には矢竹があったことは確かだからです。

さて、邪馬台国の時代、石の矢尻（石鏃）は消えさっていたかもしれません。しかし、青銅製の矢尻（銅鏃）は確実に在りました。

鉄の矢尻

弥生時代には、石・骨角と青銅・鉄の矢尻がありました。このうち、石の矢尻と鉄の矢尻とが関係深いことが、大村直さんと高田浩司さんの研究ではっきりしてきました。(2) 同じ金属で作ってはいても、青銅の矢尻(銅鏃)は熱してとかしたドロドロの銅や錫を鋳型に流しこんで作ります。福岡県春日市須玖《すぐ》坂本《さかもと》遺跡からみつかった鋳型には七個ずつ七列、計四九個をいちどに作れるものもあって、量産できるのです。(3) ところが鉄鏃は熱して叩いてひとつずつ作ります。ひとつずつ作る、という点では、石の矢尻・骨の矢尻と共通します。

ここで矢尻の形のよび方をおぼえてください。まず、矢柄に固定するため、矢尻の根もとに細い棒(茎《なかで》)をとりつけた矢尻を有茎《ゆうけい》式、この細棒をつけていないものを無茎《むけい》式とよびわけています。次に、先がとがることは絶対的多数の矢尻に共通しますけれど、根もとがくぼんだものを凹基《おうき》式、平らなものを平基《へいき》式、円く突出するものを円基《えんき》式、とがったものを尖基《せんき》式とよびわけ、円基式・尖基式を合せて凸基《とつき》式ともよびます。学生時代の私が名づけたよびわけ方です。(4)

さて、北部九州の鉄の矢尻は、打製の石の矢尻と同様、凹基無茎式が大多数を占めています。石の矢尻には、くぼみの度合が深いものと、あまり深くないものとがありますけれど、鉄の矢尻にもこの二種類があります。鉄の矢尻は石の矢尻の形をならったもの、といえるのです。

岡山の石の矢尻は、三角形の凹基・平基式や木葉形で茎をもつ有茎凸基式です。鉄の矢尻も同じ形です。島根・鳥取では、無茎凹基式の石の矢尻が多数を占め、鉄の矢尻もまた無茎凹基式を主とします(5)。

畿内では、木の葉形などの有茎凸基式の石の矢尻が多くを占め、鉄の矢尻も同様です(6)。なかには、鉄の矢尻の形を石にうつしたともみられる石の矢尻もあります(7)。

このように石と鉄の矢尻とが互いに影響をあたえるなど、両者の関連は深いのです。名古屋付近の東海では、鉄の矢尻の実例が少なく、石の矢尻との関連をみるには、資料の増加をまたなければなりません。

いま、東海をおくとして、北部九州から畿内にいたる各地で、二世紀ごろ鉄の矢尻は基本的に石の矢尻の形にならって作り、そして石の矢尻に代わって矢尻の主流に移り変わっていったのでした。

十何世紀までも骨の矢尻は残った

私は魏志倭人伝が鉄と骨の矢尻だけをとりあげていることを非常に面白い、と思っています。なぜならば、古墳時代から奈良時代いえ、中世に下っても鉄の矢尻と並んで骨の矢尻を使い続けているからです。

面高哲郎《おもだかてつろう》さん(宮崎県教委)に宮崎県の地下式横穴では、鉄の矢尻のほか骨の矢尻が数多く出ることを教わり、私もえびの市の島内地下式横穴を訪ねたさいに実物を手にとることができました。

桑原滋郎《くわはらしげお》さん(東北歴史資料館)と岡村道雄さん(奈文研)から、東北地方で古墳時代だけでなく多賀城《たがじょう》の時期まで骨の矢尻が残る可能性を教わりました。

すでにあげたように、正倉院宝物には、竹の矢尻の矢があるのと並んで、骨の矢尻の矢があります。

アイヌの人びとはながらく骨の矢尻を使っていました。注目されるのは北海道上ノ国町《かみのくにちょう》の本土からの人びとの館あとで骨の矢尻がみつかっている事実です。中世史の網野善彦さんは、館のなかでアイヌの人びとも、戦士のなかに含まれていた可能性を論じています。(8)

南の島、沖縄では一二世紀後半ころから一五世紀ころにかけて丘の上に砦《とりで》が出現しました。城と書いてグスクとよみます。グスクあとを発掘すると、本土製のよろい・かぶと、刀剣・鉄の矢尻とともにジュゴンの骨などで作った骨の矢尻がみつかります。

要するに、弥生時代をもって石の矢尻は消え去ったのに、骨の矢尻は鉄の矢尻と並んで十何世紀という新しい時代にまで生き続けてきた、ということなのです。

骨の矢尻は革よろいを貫く

アメリカ北西海岸は、二、三千年もの昔から食料採集民たちが戦争をくりかえしていたことが知られています。N＝S＝ローリイさんは、北西海岸の民族例で、各種のよろい、弓矢、矢尻を研究しました。(9) そしていろいろな材料で四角形を作ってよろいのそのままの強度を再現しました。そして一種の弩を作り、引きしぼる力も機械的に調節できるようにして実験をくりかえしました。矢尻は、打製の石の矢尻、粘板岩製の磨製の矢尻、骨の矢尻です。

その結果、打製・磨製の矢尻は、大多数が革のよろいを射とおす前にこわれてしまったのに対して、骨の矢尻は革よろいを貫いたのです。

革よろいは硬い

中世の武器を研究する近藤好和さんに五ミリメートルくらいの厚さの革よろいの断片をみせてもらったときは驚きました。その硬いこと。牛革だそうです。弥生・古墳時代ではまだ鹿革だったでしょうから、これほど硬くはなかったのかもしれません。しかし、奈良の政府は七八〇(宝亀一一)年八月一八日に、鉄のよろいの重さと手入れ修繕の難しさから革のよろいを採用するように指示しました。[10]

古墳時代には立派な鉄の板をはりあわせた剣道の胴のようなよろい(短甲《たんこう》)や小さな鉄板を綴りあわせて体全体を覆ったよろい(挂甲《けいこう》)があります。だから私は、よろいは古墳時代以来、鉄だったと誤解していました。奈良時代以来、革よろいがふつうになっていたのです。鉄砲を使い始めると、それに立ちむかえる初めての実質的な鉄のよろいもできた、ということなのです。

これについては、中世考古学、特にお城の考古学を学ぶ千田嘉博さんに面白い指摘があります。[11]

鉄砲を城攻めに使い始めた頃、一五六三年出雲の白鹿要塞を攻めた時、鉄砲による戦傷者は三三人(七四%)、矢を受けたのは六人(一三%)、礫《つぶて》、つまり投げた石に当たった人が五人(一一%)、刀でやられたのが一人(二%)でした。

ところが一六〇〇年、伊勢津城合戦では、鉄砲九七人(五六%)、鑓(槍)五三人(三一%)、矢二二人(一三%)、同じ年の同じ場所での別のデータでは、鉄砲三五人(五一%)、礫二二人(三二%)、矢一〇人(一五%)、刀一人(一%)となっています。

三七年の時代差が、よろいを鉄砲に立ちむかえるよう改良したことをしめしています。

このようにみると、革よろいがごくあたりまえだったからこそ、骨の矢尻の生命も長く続いた、ということのようです。

私は今、日本とアメリカ北西部だけではなく世界に共通して、骨の矢尻の生命が長かったことを予想して、調べてみたいと思っています。

残りにくい骨の矢尻

骨や角は有機質ですから、酸素を断たれた水分を含む土層など、条件のよいところには残ります。しかし、丘の上などの遺跡ではくさって消え去ってしまいます。ということはです。たとえば南関東の弥生の村には守りの壁や壕《ほり》をめぐらすなど防禦の姿勢がみえるのに、石の矢尻がみつからない、武器はない、と今まで思ってきたけれど、実は骨の矢尻を使った可能性を考えなければならなくなりました。

しかし残るところには残っています。三浦半島の洞窟の弥生遺跡からも、逗子市の池子の弥生〜古墳時代の村あとからも、古墳時代の骨の矢尻がみつかっているからです。

重い矢尻＝武器説への批判について

松木武彦さんや私は、近畿を中心とする地域で弥生時代中ごろに石の矢尻が大きく重くなり他の石の武器も盛んになる事実と、高地性集落の発達とを戦いと結びつけて解釈しています。これについては弓のところで少し述べたように、神野恵さんの批判があります。[12]

北部九州に長手の重い磨製の矢尻が到来したことが打製の矢尻が重くなった動機だった、と彼女は想像します。そして「打製石鏃の大型化が朝鮮半島からの先進的技術(長手の磨製の矢尻をさす　佐原)の導入にともなう現象であるならば、社会的背景に必ずしも抗争や社会的緊張を想定する必要はないことを示唆します。つまり従来考えられてきたような重い打製石鏃の出現↓殺傷力の増大↓狩猟具から武器へ↓抗争の激化といった単純な図式では理解が不十分であることがわかる」といいます。

神野さんは、①福岡の人骨に刺さっていた矢尻が小さい事実を「大型の打製石鏃＝戦闘用石鏃」とする機能分化の反証としてあげます。しかし軽い矢尻が刺さっている実例が、重い矢尻を武器とみる解釈を否定するとは思えません。

②重い矢尻は「甲などを貫くことが出来る」と私が書いたことをとりあげて「甲などを貫いた」という歴史的事実を示さないといいます。しかし、よろいの有無はともかくとして、重い矢尻が軽い矢尻よりも大きな破壊力をもつことは確実です。

③高地性集落の発達と矢尻の重量化の同時性をかかげたのについて、小野忠凞《ただひろ》さん編『高地性集落跡の研究』資料編をあげて、[13]「もはや同時に説明すべき現象であるとはしがたい」と否定します。しかしこの本のどこに否定の根拠があるのでしょうか。この本では、

石の武器とかかわらない新しい高地性集落もあげていると同時に、それとかかわるⅢ・Ⅳ期の高地性集落もあげており、私が「武器としての打製石鏃」を書いています。小野さんはその後『高地性集落論』(14)を書いて高地性集落と石製武器がⅢ・Ⅳ期に発達したと書いています。瀬戸内・大阪湾沿岸の弥生中ごろの高地性集落の発達と石の武器の発達とが有機的に結びついていることは動きません。

朝鮮半島製の長手の磨製の矢尻の影響によって、弥生文化の打製の矢尻が重くなったという想像があたっているかどうかはわかりません。松木さんも私も、九州とは無縁に「内的発展」として近畿を中心とした地方で打製の矢尻の形を変え、厚く大きく重くした、と考えています。

世界の矢尻

西アジアの先土器新石器文化では、小さな矢尻が大きな槍先へと変化したけれど、これは、追い込み猟の発達が遠距離狩猟具(弓矢)を近距離狩猟具(槍・棍棒)に置きかえた結果で、戦争とは無縁といいます。(15)

北極圏・北太平洋沿岸では、陸獣はクマしかおらず、これは槍で倒しました。海獣用の銛《もり》・投槍の先は丈夫な作りで重く、投槍器で投げます。石の矢尻は小さく軽く、もろい玄武岩製でこわれやすい、これを武器とみています。狩りとは違って殺さなくても傷つければよく、矢は重くなくてよいのです。矢尻はこわれやすいので命中すると面倒をひきおこします。

ベルギー東部の新石器時代初め、七〇〇〇年前の矢尻は、とくに大きくはありません。しかし、中石器文化の領域に接して住み、村が守りを固めており、しかも獣骨は家畜(牛・豚)のみで野獣がいないことから、矢尻を武器とみる解釈があります。しかし、ドイツの線帯紋土器文化《リニアーバンドケラーミク》の村では野獣骨も少なくなく、矢尻武器説はかかげていません。

青銅器時代初めのギリシア・イタリア・スペインでは大きく重い矢尻が発達しており、スペインでは犠牲者の骨に突き刺さったものが注目をひいています。

というように、世界的に、矢尻は軽くても武器とみなされることがあるし、重くなっても武器の矢ではなく狩りの槍とみなされることもあります。しかし、大きく重くなって量が多くなるという現象が初期金属器時代にみられるギリシア・イタリア・スペインとわが弥生文化の畿内を中心とした地域に共通してみられるのは、武器としての矢の発達を示すものと私は思います。

竹の矢柄

矢尻をつける細長い棒を矢柄《やがら》とよびます。魏志倭人伝には、「竹箭」とあります。日本の古代では「御刈(狩)の金箭」(『播磨国風土記』揖保郡条)とか「箭を研ぐ」(『出雲国風土記』の条)というように、箭は矢尻をさすこともありますし、そう解釈する人もいます。[16] また、矢そのものをさしました(綏靖即位前紀、景行紀四〇年七月一六日条、安康前紀の穴穂括箭・軽括箭)。しかし、魏志倭人伝の箭は矢柄をさすとみられ、矢柄が竹でできていたことをしめしています。矢竹のことは魏志倭人伝の植物の記載(**50**行)のところにも出てきます。矢柄の考古資料はどうでしょうか。

大阪府東大阪市の鬼虎川の二つの別の地点から、石の矢尻(石鏃)がくっついたままの矢柄がみつかっています。二本とも矢竹ではなく、カシの若い枝でできています。カシの若い枝は、真直ぐのびるので、矢柄にふさわしいのだそうです。畿内で竹の矢柄が確実に登場するのは、古墳時代も中ごろになってからです。大阪府高槻市の土保山古墳(五世紀半ば)では木の棺の中に、竹の矢柄に取りつけたままで青銅の矢尻(銅鏃)が残っていました。

一方、九州ではどうかというと、弥生時代の矢柄そのものはまだみつかっていませんけれど、矢柄の先に固定して矢尻をはさむ根挟《ねばさ》みとよぶ部品がみつかっているのです。

長崎県壱岐の原の辻で副島和明さん(長崎県教委)に、木製・鹿角製の根挟み(前一世紀)

を見せてもらいました。両方とも円筒形で、その上端に、矢尻の根もとを挟む切りこみがあります。矢尻そのものは残っていませんけれども、木製の根挟みには、矢尻を固定するための樺(桜)の皮がまきつけてありました。円筒形の根もとから細い軸がのびます。副島さんは、この軸こそ竹の矢柄にさしこむ部分だ、と考えました。原の辻では、それにちょうどはめることのできるメダケも出土しているそうです。

長崎県壱岐原の辻の根挟み(長さ 5.2cm)
(長崎県教育庁原の辻遺跡調査事務所提供)

福岡市雀居《ささい》からも根挟みがみつかっていることを、下村智さん(別府大学)から教わりました。この根挟みの上半は紡錘形にふくらんでいて、その上端に矢尻をはさむ切りこみがあります。下半は円筒形で、その下端から細い軸がのびます。下村さんもまた、この軸を竹製の矢柄の先につきさしたもの、とみています。矢柄を作るのにも適当な細さ(直径五、六ミリメートル)の竹がその遺跡から出ていることも考えにいれた上での解釈です。

なお、一九九四年に韓国を訪ねた際、金海市大成洞(慶星大学校調査)の遺物の中に原の辻のと生きうつしの根挟みがあるのを知りました。時期的には九州のものよりおくれますけれど、九州の根挟みはきっと韓国から入ったのでしょう、今に弥生時代相当の資料がみつかると思います。

現状から判断する限りでは、魏志倭人伝の竹箭の説明は北部九州に合い、畿内には合いません。畿内でカシから竹にいつ変わったのか、資料の充実をまちたいと思います。いまのところでは古墳時代の古いころも竹でなく木の矢柄を使っていたらしく、滋賀県雪野山、京都府椿《つばい》井大塚《おおつか》山、群馬県白石稲荷山古墳(四世紀)などの銅の矢尻には「木質が残っていた」という表現をみます。

矢羽

弥生時代・古墳時代の矢羽の実物は残っていません。しかし弥生土器・銅鐸・埴輪に描いてある絵をみると、矢羽の先が、私たちの知るM形ではなく円いか尖りぎみです。まるで鳥の羽をそのまま用いたかのようですけれど、一枚の羽でこんなに大きいものがあるでしょうか。二枚の羽でこの形に整えたのでしょうか。私たちになじみのM形の矢羽は正倉院宝物(中倉6)からです。

12　生　菜

倭地《わのち》は温暖にして冬も夏も生菜を食べる(40～41行)

生菜は生野菜

魏志倭人伝には、食物についておもしろい記載があります。倭《わ》の地は温暖で、冬も夏も「生菜」を食べている、という文です。

生菜とは何でしょうか。魏志倭人伝を読んだ研究者の考えをざっとみたところ、みな生《なま》野菜と解釈しています。

諸橋《もろはし》漢和辞典(1)で「生菜」をひいてみました。

一、野菜をいふ。(魏志、東夷、倭人伝)倭地温暖、冬夏食㆓生菜㆒。(杜甫、陪㆓鄭広文㆒遊㆓何将軍山林㆒詩)脆添㆓生菜美㆒、陰益㆓食簞涼㆒。二、草の名。白苣《しろぢさ》の異名。(以下略)

諸橋さんは、「生菜」が野菜だ、と書いています。それなら、生野菜は「生生菜」になるのでしょうか。「花的花紋」という中国考古学用語を私は思い出していました。中国語で紋様のことを「花紋」と書きます。だから花をあらわした紋様は「花的花紋」となるのです。生菜は、生野菜なのか、野菜なのか、不安になってきました。

そこで、困った時の福永頼みで、中国思想史の福永光司さんに質問の手紙をだし、ていねいなお答をいただきました。お許しを頂いて、左にかかげます。

魏志倭人伝の「倭地温暖冬夏食生菜」の「生菜」は、「生の野菜」と解して間違いではありません。儒教の古典『爾雅《じが》』の『疏《そ》』(注釈)に「又有渣芹《かわせり》。可為生菜亦可生噉」とあり、「生で噉《たべ》られる」とあります。

野菜を生《なま》で食べるのは、唐の杜甫の「立春」の詩にも「春日、春盤、細生菜」(立春の日、節句用の大きな平皿に細かく刻んだ生の野菜・韮《にら》が盛られている)とあり、この詩は中国の古詩の「蘆菔、白玉縷、生菜、青糸盤」に基づきますから野菜を生で食べるのは、中国でも古代の辺境の地(杜甫の詩の場合は揚子江の上流地域、蜀＝四川省)では、「倭地」と同じく行われていたと解されます。中原(黄河流域)の漢民族がこの辺境地域に進出してゆきますと、野菜を油で揚げたり煮沸するようになりますが、もともと「船」の文化の人びと(広義の「倭人」＝一世紀の王充『論衡』で「倭人」と呼ばれている東シナ海域の「船」の文化の人びと)は、現在の浙江省紹興市で鱸《すずき》の刺身を食べているといわれるように野菜も生で食べる風習があったと考えられます。中国古代の趯歌《ちようか》（古代日本の歌垣《かがい》＝『万葉集』『常陸《ひたち》国風土記』）と同じく「生菜」を食べる風習も日本独自のものではなく中国古代の呉越、蜀の地方（私のいわゆる「船」の文化の地帯）と共通していたと考えられます。

魏志倭人伝に「倭地」の風習として特記されているのは倭人伝の記述者が儒教文化圏の知識人（私のいわゆる「馬」の文化の地帯の人びと）だったからだと考えられます。というもので、生菜を生野菜と理解してよい、というお墨付きをいただくことができました。

その後、「菜」は食物一般をさす、中華菜館という名の料理店もあるのではないか、という意見が耳に入りました。そういえば、中華料理の店で出すメニューは「菜単」と書いてありますし、「中国家常菜」は中国の家庭料理のことです。早速、福永さんにぶつけてみました。「現在の中国語ではそうです。しかし、『三国志』のころの中国語では違います」、と言下に否定されてしまいました。

金関恕《ひろし》さんと共に、福永光司さんの魏志倭人伝の講義を受けたさいに、この字は、三世紀当時ではこういう意味です、という解釈が何回かありました。古代から現代まで、中国語は変化してきています。字の意味も変わってきています。だから、古典をよく読み、よく通じていなければ、中国の人が魏志倭人伝を読んでも誤解する危険があります。日本人の場合だととくに、ということになります。コワイ、コワイ。

奈良時代の生食

森浩一さん(元・同志社大学)が、『食の体験文化史』(2)を贈ってくれました。森さんといっしょに食事をすると、いつも、何を食べたかを、しきりにメモします。この本は、森さんの博識にこのメモを香辛料《スパイス》とした独創的な食の文化史です。この本の「倭人伝の生菜」で、奈良時代に「生果菜」という表現があったことを初めて知りました。

八世紀半ば天然痘が流行したとき政府は、食事と療養の心得を百姓(国民)に知らせました(『類聚符宣抄』第三、疾疫、天平九年六月廿六日条)。この中に、鮮魚《なまのさかな》、完《にく》(完＝宍＝肉)、雑《さまざま》の生 果 菜《なまのくだものやさい》を食べてはいけない、とあり、病がなおって二〇日たっても、これらを食べてはいけない、とあります。そして、さらに鯖《さば》や阿遅《あじ》は、干物でもいけない、年魚《あゆ》は火であぶってもいけない、とあります。森さんは、「生野菜が健康保持によいようには、八世紀の大和の上層の人びとは、考えていなかった」、「それが三世紀の北部九州の状況」(魏志倭人伝の生菜をさす　佐原)と「違っている点」に関心をしめしています。

しかし、一方では、七、八世紀の藤原京・平城京に住む人びとが、盛んに生食していた事実が、トイレ考古学の躍進で明らかになっています。

たとえば、藤原京のトイレでは、最も多い場合、一立方センチメートルの「土」に五〇〇〇個を超える寄生虫の卵をふくんでいました。回虫・鞭虫・肝吸虫・横川吸虫の卵がその九九パーセント以上を占めています。回虫・鞭虫は、生の野菜・野草を食べると人の体に入ります。肝吸虫は、マメタニシについた幼虫がコイ・フナに入ることによって、横川吸虫は、カワニナについた幼虫がアユに入ることによって、これら淡水魚を食べた人の体に入ります。藤原京・平城京のトイレの寄生虫卵は、奈良の人びとの生食愛好を実証しています。[3]

それだけではありません。金原正明《かねはらまさあき》さん（奈良教育大学）によると、右の四種類の卵は、奈良県下の数カ所の弥生遺跡の壕《ほり》・井戸・穴にもよくみられるのだそうです。生食愛好が

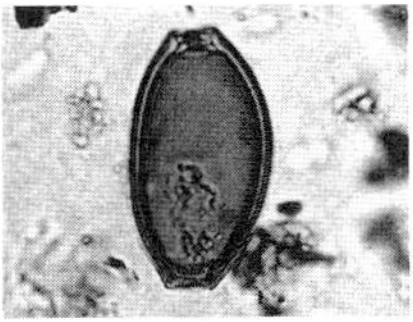

鞭虫の卵（全長 51μm）

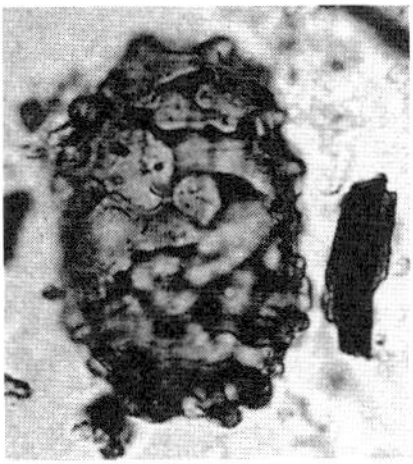

回虫の卵（全長 80μm）

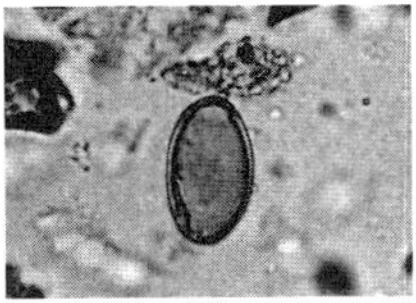

横川吸虫の卵（全長 28μm）

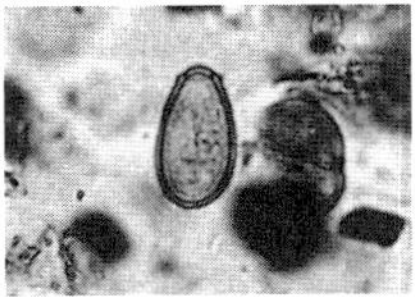

肝吸虫の卵（全長 28μm）
（金原正明さん提供）

魏志倭人伝の時代にさかのぼることは確実です。

もうひとつ、あげておきたいのは、奈良時代の文献にでてくる膾《なます》・鱠《なます》です。ナマスといえば、今ではお節料理の一種で、大根・人参を細かく刻んで魚や貝を加えた酢の物をさします。しかし、本来は、生の細切り肉や魚・貝の刺身をさしました。ナマスはなま宍《しし》(肉)が転化したのだそうです。

羹《あつもの》に懲《こ》りて膾《なます》を吹く、という格言もあるように、中国古代の文献にもよくでてきます。それは今おくとして、日本の例をあげましょう。白蛤《うむき》の膾(雄略記二年一〇月)、禽獣《ししとり》の鮮《なます》(景行紀五三年一〇月)、魚に代えて鹿の膾(『播磨国風土記』讃容郡《さよのこおり》)、鹿の肉《しし》・肝《きも》の膾(『万葉集』六―三八八五、乞食者《ほかいびと》の詠《うた》)などがあります。魚貝や肉を生で食べることは、当然、二、三世紀に、いや縄文時代までもさかのぼるでしょう。倭を訪れた中国人は、倭の人びとが、肉や魚を生で食べることをみても、自分たちと同じなので特に関心はひきませんでした。ところが、生で野菜を食べる、という自分たちにはない習慣が目にとまりました。そこで、これを記録にとどめたのでしょう。

魏志倭人伝には、近親者が死ぬと肉を食べない(**43**行)、持衰《じさい》という役割の人は肉を食べない(**46**行)と二回も肉食を許されないことが出てきます。これは、中国の人の多くが、私のいう畜産農民ゆえに食べられる状況のもとでは毎日でも肉を食べたい、ということから出てくる肉食のこだわりゆえだと思います。

二二〇〇〜二一〇〇年前、戦国時代から漢代にかけての中国の礼についての書、『礼記《らいき》』には、「五十歳になると衰え始めるので、日常の食物は壮年の者と異にし、六十歳では常に肉類を備え……」とあります。貝原益軒《かいばらえきけん》の『養生訓《ようじようくん》』が高齢者の健康法として肉をあまり食べない方がよいと書いているのと対照的です。(4)

なお、中国では、その後、肉や魚を生で食べる風習をほとんど捨ててしまいました。陳舜臣さんによると、宋代の詩人梅尭臣《ばいぎようしん》が、鯉《こい》を刺身につくって大根をつまにするさまを詩に作り、刺身の切り身を雲葉《うんよう》とよんでいます。中国で刺身を食べなくなったのは、ひどい中毒などがおきたので生食をやめたからだろう、と書いています。(5) 周達生さんは明代に李時珍が『本草綱目』で「魚膾、肉生」を食べた結果の病状をあげて害をしるべきだ、との べていることから、清代に膾を食べる風習がおとろえたと説明しています。(6) 現代の中国語で料理をさす言葉は「烹飪《ほうじん》」で、二つの文字とも火を使う調理法をさしています。英語のcook、ドイツ語のkochenも、火を使っての調理を意味しています。しかし日本では、奈良時代以来の「料理」、江戸時代以来の「調理」の二語とも火の気はありません。(7)

13 裸足

皆《みな》、跣《はだし》で徒《うつ》る(41行)

魏志倭人伝は、「皆徒跣《みなとせん》」、つまり人びとが皆裸足《はだし》でいる、と書いています。これも考古学的に事実、と認めてよいでしょう。

奈良県田原本町清水風《しみずかぜ》でみつかった弥生土器には、大小二人の戦士の姿が描いてあります。その大きい方の戦士の足が三叉に分かれているのは、指をあらわしたものに違いありません。弥生の戦士は裸足だったのです。群馬県高崎市で出土した古墳時代四世紀といわれる「狩猟紋鏡」に表した刀と盾をもつ戦士たちも、やはり三本指の裸足です。

鹿児島県から青森県にいたる各地からみつかっている弥生時代以来の水田のあとには、足あとが残っていることがあります。

蹄耕のあと

水田の足あとには二種類あります。人が歩いたことが明らかなものと、めちゃくちゃについていてわけのわからない(方向性のない)ものとです。

南アジアでは、田植できるように水田を仕上げるのに水牛に水田を踏ませて、よく土をかきまぜていて、これを蹄耕《ていこう》とよんでいます。大阪府立弥生文化博物館に、民族学の佐々木高明さんの指導で作った初夏の水田、秋の水田の模型があります。その初夏の水田では、人びとが水田を踏んでととのえている状況もしめしてあります。

地域農学の藤原宏志《ひろし》さん(宮崎大学)もこの方向性のない足あとを、踏み耕のあとではないかと解釈して、次のような実験を進めています。

水田の土は、作土層(厚さ一〇センチメートルほど)とその下の水を通さない心土層(鋤《す》き床《どこ》)とに分かれます。イネの根の九〇%は作土層にあります。

冬になると乾きと寒さで水田に亀裂が入ります。この状態で春がすぎ夏が近づいて田植の準備をする季節がやってきます。不透水層の心土層がひびわれしたままだと、水がもれて水田は成りたちません。そこで、水がもれる以上に水を田に入れて作土層をかきまぜてドロドロにします。一リットルのうち三〇〇～四〇〇グラムが土という泥水にしてしまうのです。こうなると、人が田に入り心土層の上を歩くと足あとがつきます。

作土層を泥水に仕上げると、これが心土層のひびわれを埋めて、水もれがとまります。

水田を田植のために仕上げる作業を代掻《しろか》きとよび、現在では耕耘機《こううんき》やトラクターを使っての作業をおこなっています。かきまぜて泥水を仕上げることこそ代掻き作業の目的だ、と藤原さんはとらえ、四×四メートル(一六平方メートル)の水田作りに六人が入って一〇〜二〇分も踏んでから一昼夜おくと、作土層が心土層の上に沈澱して一〇センチメートルはたまり、トラクターで耕した結果にひけをとらない代掻きができる、という弥生水田の実験を試みました。

弥生時代の履物

弥生時代には木で作った履物もすでに出現していました。なかなか立派です。倭の有力者たちがはいたのでしょうか。一般の人びとも普段は何かをはいていて、水田に入るときだけ裸足になったのではないか、と思われるかもしれません。しかし、日ごろも裸足だったことは確かです。それはなぜでしょう。

何年も前に書いた私の文を引きます。「私が強調したいのは、足あとの親指が外に大きく開いている事実だ。たくましく大地を踏まえた足、すこやかな農民の足である。いま、私自身の足を見ると、親指は前方に向き、小指は内側の薬指にくっついている。靴のなかに閉じ込められて変形した、かわいそうなわが足よ……(1)」。

右の文章で、親指が外に大きく開いていると表現したのは誤りで内に、と訂正すべきことを知りました。指は、体の中心側、つまり親指の側が内側で、小指の側が外側なのだそうです。女の人の足が窮屈な靴に閉じ込められた結果、外反拇趾《がいはんぼし》になる、という表現もあります。しかし、内だといわれても、実はなにかすっきりしません。じっと足をみる。専門外の言葉はむずかしいものですね。胴長短足、といったら、人類学者に胴長短脚でしょうといわれました。その通りですけどね。それはともかくとして、日ごろ裸足だったからこそ、たくましい足あとを弥生人は残しているのです。

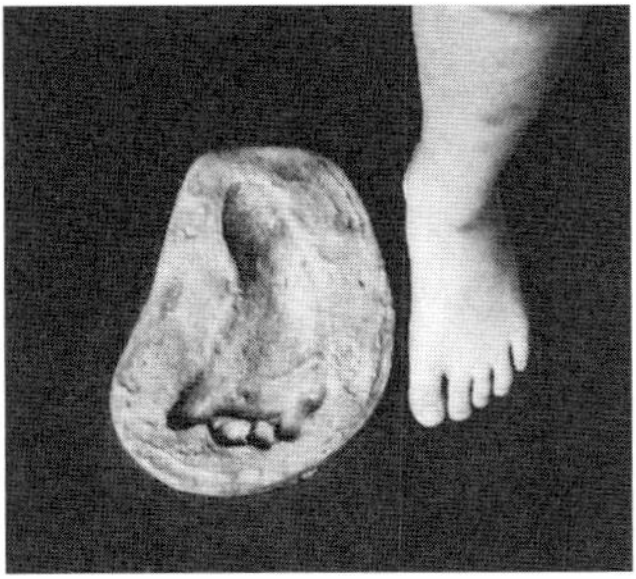

弥生農民の足跡と現代っ子の足
（福岡市板付，佐原『日本人の誕生』より）

私が小学生のころは、運動場で裸足のこともあった、と記憶しています。金関恕さんは、一九四四～四五年、台湾で軍隊に入ったけれど軍靴なく、裸足で歩かされたそうです。それを続けると足の裏が厚くなって、小さいガラスくらい踏んでも平気になるのだ、とききました。今の小学生の足はきれいに華奢にできていて、道を裸足で歩こうものならたちまち傷だらけになるでしょう。たくましい足は過去のものになりました。

百歳を超える姉妹として有名人になった名古屋のきんさんがなくなり、ぎんさんもなくなりました。長命の理由の説明のひとつに、裸足で田畑を大地を踏みしめていたことがあったとききました。足の裏のツボの多くが大地と直接触れることが、内臓器官や神経の健康にも大きくあずかるのだそうです。

ときくと、履物をはいて歩くことが文明だ、と人はみなしてきていましたけれど、危ないものを踏んで足が怪我しなくてすむようになった＋《プラス》面の影で、足の裏を刺戟して健康を保つという人本来の健康法を失うという一《マイナス》面もあった、ということですね。

なんば歩きのこと

考古学での実証が、難しいとは承知のうえで、とても気になっていることがあります。江戸時代の絵をみると、多くの人は、右足を出すときに右手を、左足を出すときに左手を出して歩いているのです。歴博にある絵でも、盗人が右手を前、右足を前で逃げてゆき、その追手もまた、右手を前、右足を前で追っています。

右足を前に出したとき右手も前に出す姿だと、その人の前面の姿がよく描けます。右足を前で左手が前だと、左手が隠して前面はよくみえません。そのため、絵空事として右足前、右手前にして描いたのだ、というのが一つの解釈です。洛中洛外図をみると、店の間口を広く奥行きを狭く描いてあります。そうしないと店の様子が描けないからで、実際には、間口の広さで課税していたため、京の町は狭い間口、長い奥行きの家でした。

いや、実際に右足前・右手前、左足前・左手前という歩き方、なんば歩きをやっていたのだ、というのがもう一つの解釈です。

14　寝所

屋室《おくしつ》有り、父母兄弟臥息処《がそくところ》を異《こと》にす(41行)

ひとつの建物のなかで親子が別々に寝ているとみる解釈(1)と、「世帯をもった子や兄弟が別の住居に住む(2)」「父母の世帯、兄の世帯、弟の世帯のそれぞれが別の棟に別れて寝起きする(3)」など親子が別の建物で寝ているとする解釈とにわかれて議論のある文章です。

福永光司さんの解釈では、ひとつの建物のなかで、父母と子供の世代では寝転ぶ場所が違うというものです。兄弟ができてきて姉妹はでてきません。福永光司さんにうかがうと、男尊女卑の中国古代のことですから、姉妹とは書かずに、それを含めて兄弟と書いているのだそうです。

ひとつの建物のなかで親子寝るところが違うという解釈をとるとき、思い浮かぶのは、九州など西日本の新しい弥生時代の縦穴住居にみる「ベッド状遺構」です。これについては、建築史の宮本長二郎さん(東北芸術工科大学)の詳しい研究があります(4)。

九州ではまず福岡県に前一、二世紀、弥生時代中ごろの縦穴住居にベッド状遺構とよぶものが出現し、以後、二、三世紀、つまり弥生時代の終わりにかけて九州全体にそして西日本から東日本にこれがひろがります。

これは、縦穴住居の底より一〇センチメートルほど高い床を周りに一つから五つ六つと作りつけたもので、幅一メートル足らず、長さは縦穴住居の長さいっぱいとかで、寝台とみられます。鹿児島や宮崎では、全周に五つとか七つとか設け、しかもベッドとベッドの間を壁で隔てて各人の自由《プライバシー》を尊重した構造のものがあり、縦穴住居の平面形はまるで花びらのようです。

ベッド状遺構は、それが一番盛んな九州においても、縦穴住居全体の三〇％ほどにしかありません。寝るときには網代《アンペラ》その他の敷物を敷くのですから、必ずしも段として高める必要はなかったからだろう、と宮本さんはいいます。いずれにせよ、ベッド状遺構の存在は、魏志倭人伝にいう父母兄弟臥息処を異にし、という記事を素直に受けとらせてくれるのです。

15　朱

朱丹《しゅたん》を以《もっ》て其《そ》の身体に塗《ぬ》る(41〜42行)

最近私は、人が赤い色を求めた歴史がひじょうに古いことを学んで驚きました(1)。

アフリカ・ヨーロッパ・インドでは、二、三十万年前の原人《ホモ・エレクタス》が赤(ないしは茶か黄)に関心をもち、岩を打ち割って赤鉄鉱を入手していました。英語ではochre《オーカー》(ocher)、日本語でいえば、ベンガラです。二五万年前、チェコではベンガラを粉にしていました。

世界各地の民族がベンガラを使っていて、呪術・信仰に使い、身体装飾《ボディペインティング》や化粧に衣服に塗り、日焼け止め、虫よけ、消毒、止血に使っているので、大昔にも実用に使った可能性はあります。

下って一〇〜数万年前の旧人、ネアンデルタール人は、赤だけでなく黒い石も粉にしましたし、墓にもベンガラをまきました。木の実や穀物を磨り潰すよりもずっと古く、人は顔料としてのベンガラを粉にしていたのです。平らな大きい石(石皿)を下石《したいし》、拳大《こぶし》の石を使《うす》ってです。

もっと驚くことは、鉱石を山で採掘する採鉱の起源と今までいわれてきた石器作りのための燧石《フリント》の採石に先がけて、三、四万年前、新人たちはハンガリーのロヴァ近くで赤鉄鉱を採鉱していました。しかもこれを火で熱していたのです。

二六〇〜二八〇度に熱すると赤鉄鉱だけでなく茶色黄色の他の鉄化合物が良質になり真赤になるのです。化学変化の応用は土器作りから、と久しくいわれてきたのです。しかし、それよりずっと前に、人は良い赤い色を得るために、化学変化を応用していたのでした。

〝白地に赤く日の丸染めて〟と私たちは赤で太陽の色を連想します。しかし、ゴッホが太陽を黄色に塗っているように、世界には太陽を黄色に見る人たちもたくさんいます。アメリカのCNNテレビの天気予報の太陽も黄色です。曇りをあらわすのに、白い雲の上に黄色い太陽がのっている状景はまるで目玉焼きにみえます。〝手のひらを太陽に透かしてみれば、真赤に流れる僕の血潮〟——大昔の人が赤を神聖視したのは、血の色だからこそですね。

古代の朱といえば、市毛勲さん(早稲田実業)です。市毛さんの研究成果を学びながら書きます。(2)

広い意味での朱は、赤い顔料すべてをさすこともあります。これには、水銀朱、ベンガラ、鉛丹の三種類があります。

水銀朱(HgS)には、辰砂《しんしゃ》つまり天然の水銀朱と、水銀と硫黄とを化合させた人工の水銀朱(製造辰砂)とがあります。

ベンガラ(Fe_2O_3)にも天然と人工の両方があります。赤鉄鉱が主な材料でこれを粉にして使いました。

鉛丹(Pb_3O_4)は鉛の酸化物で、鉛をとかして空気を通して加熱すると出来上がります。

日本で人が赤を使った歴史も古いのです。北海道知内《しりうち》町湯の里4では、一万四〇〇〇年前(旧石器時代後期)の墓とみられる穴にベンガラが残っていました。また二万二〇〇〇〜一万五〇〇〇年前の帯広市南町2や千歳市柏台1などで赤い石(鉄石英)や黒い石を磨り潰していたこともわかっています。ドングリなどの堅果を磨り潰すより早く、人は色を求めて磨り臼の上石《うわいし》・下石《したいし》を使ったのです。市毛さんは、これら岩宿(旧石器)時代の赤い色をシベリアなど北方起源で、それが縄紋時代から続縄紋時代にかけての東北日本の赤色使用につながる、と説明しています。

なお、最近、宮崎県塚原《つかばる》、鹿児島県稲荷原《いなりばる》でベンガラを塗ってから焼き上げた土器がみつかっています。一万年前(縄紋早期初め)の世界最古の赤彩土器です。

西日本で、福岡県芦屋町山鹿《やまが》貝塚の三五〇〇年前(縄紋時代後期)の墓以来、弥生・古墳

時代を通じて盛んにベンガラや朱を使う風習を市毛さんは、西方(中国・朝鮮半島)起源と説明します。

三世紀、弥生時代終わり近く、岡山県倉敷市の楯築《たてつき》丘墓(墳丘墓)では三二、三キログラム、島根県出雲市の西谷三号丘墓では一〇キログラムを越える辰砂が入っていました。古墳時代に入ると四世紀の京都府山城町椿井《つばい》大塚《おおつか》山古墳一〇キログラム強、奈良県天理市大和天神山古墳で四一キログラムなどが目立ちます。赤い色を古墳に使う風習は古墳文化のひろがりと共にひろがります。それが、六世紀前半に急激におとろえて、六世紀半ばには消え去るのです。これについての市毛勲さんの説明が面白いのです。

青銅製品を金鍍金《メッキ》すると金色に輝くすばらしい製品(金銅製品)が出来上がります。これには自然の水銀や辰砂から精練した水銀に金を加えます。常温でも金がとけて金アマルガムが出来ます。これを加熱すると水銀が蒸発して金の薄い膜が青銅製品を覆うのです。「鮮やかな朱色の辰砂が鉄地銅張りの地金を黄金色に変えた。黄金は不変というアマルガム技法を目の辺りにした古墳時代人にとって、朱の呪術・朱への畏怖の念は少しずつ消え始め、やがてアマルガム鍍金の全国展開が辰砂受容を増大させて、ついに施朱の風習を途絶させてしまった。それは金環(環の耳飾り)の大流行した六世紀半ばのことであった」という明快な説明です(3)。

魏志倭人伝は、丹を体に塗った、と書いていています。死者の体にベンガラをかけることは北部九州のかめ棺にしばしば見ますけれど、生きた人が体を赤く塗ったことは、考古学的に証明は難しいです。

「其山有丹」(49行)、山から丹が出る、というのは、弥生・古墳時代の西日本であれだけベンガラ・辰砂を使っているのですから不思議ではありません。

ところで、卑弥呼の魏の皇帝からの授かりもののなかに、銅鏡百枚に続いて「真珠鉛丹各五十斤」(88行)とある真珠は真朱の誤りだ、と市毛さんは指摘します。これが真珠ならば「白珠五千孔」のようにかぞえるはずだし、真珠は日本から中国へ贈るべき品だ。鉛(鉛)丹は橙色の絵具で、これを並べて五十斤と重さで示しているのだから真朱と解釈しないとおかしい、というもっともな主張です。(4)

福岡県前原市三雲《みくも》で、三世紀(弥生時代末〜古墳時代初め)の二一号住居あとからは大陸からの純粋な辰砂(三・三五グラム)がみつかっており、(5)また三雲の南小路一号かめ棺の鏡(四乳雷紋鏡)の縁には水銀粒が付いていたとのことです。

16 食　器

食べ飲むのには籩豆《たかつき》を用い、手で食べる(42行)

銘々器の始まり

「食飲は籩豆《へんとう》を用い、手をもって食う」、つまり飲み食いには高杯《たかつき》(高坏)を使い、箸はもたずに手づかみで食べる、と魏志倭人伝は書いています。

高杯というのは、フルーツ皿のように、高い台の上に皿や鉢をのせた形の器《うつわ》です。籩《へん》は竹製、豆は木製の高杯です。しかし、漢代の土器の高杯には「豆」と墨書きしたものもあります。古くから土器の高杯も豆とよんだらしく、中国考古学では土器の高杯をやはり豆とよんでいます。「豆」という字の形は、高杯の形をうつしたもので、象形文字の典型です。この字は、初め高杯の意味で使っていたのが、のちになって音が共通なためマメの意味を合わせもつようになったそうです。

数年前、私は栃木県足利市の足利学校にまねかれて釈奠《せきてん》に出席しました。江戸時代から

古曾部＝芝谷の縦穴住居からみつかった45個の土器（高槻市教育委員会提供）

高杯　古曾部＝芝谷
（口径18.2cm，器高15.5cm）

伝統をうけつぐ儒教の大切なお祭りです。ここで私は初めて竹を編んで作った籩をみることができました。それをちゃんと籩として、木製の豆とよびわけていることをよろこびました。

それはそれとして、籩豆《へんとう》をまとめて高杯と理解すればよい、とは福永光司さんの言葉です。東の夷《えびす》でありながら、高杯は使っている、結構やるじゃないか、と前段ではあげておいて、しかし箸は知らんのだなァと下段で下げる、そういう意味《ニュアンス》あいもあるそうです。

ここで話題をかえて、現在の私たちの食卓を考えてみましょう。複数の人が食事をとる場合、何人分ものご馳走を盛りつけた大皿や大鉢、そして醤油さしなどのように、皆で「共(に)用(いる食)器」と、ご飯茶碗、汁碗、取り皿、湯呑み茶碗、コップ、お箸などのように、「銘々《めいめい》

(が使う食)器」が食卓に並びます。

食器をこのように大別した私は、その起源と現状を世界的に見渡したことがあります。[1] しかし、日本の食器の起源についてはつっこみが不十分でした。西日本では二、三世紀から、東日本では三、四世紀から「個人別食器」、私のいう銘々器が始まった、と初めておさえたのは、都出比呂志さん(大阪大学)です。[2] 個人という表現はひとりひとり(individual)という意味にも特定の誰か(personal)という意味にもどちらにもとれるので私は避けて銘々を使っています。

火事にあった縦穴住居、つまり半地下式の家のうち、あと片づけしないままの焼けあとこそが絶好の材料です。形・大きさ・容量が似かよった高杯や鉢が五つ六つあれば、これは銘々器だ、という指摘はするどいと思います。

高槻市古曾部=芝谷12号住居の弥生土器

口が大きく広がるツボ	13
くびの長いツボ	4
くびの短いツボ	1
くびの無いツボ	2
大きなカメ	4
小さなカメ	5
鉢	2
大きな高杯	3
小ぶりの高杯	**5**
小さな高杯	2
土器をのせる台	4

大阪府高槻市の古曾部《こそべ》=芝谷《しばたに》の一二号住居あと(一辺五メートルの隅円方形)の場合、火事にあって捨てたままの土器が四五個残っていました。一軒にしては多すぎるようにもみえます。しかし、やはり火事にあった大阪府城山《じょうやま》の一一〇一号住居あとでも四五個、大阪市長原の一号

住居では五六個の土器が残っていました。こんなもののようです。

四五個のうち、貯えのツボ(壺)、煮炊きのカメ(甕)を除く、鉢・高杯が盛りつけ用です。おそらくは、大きな高杯は共用器か、祭り用でしょうか。そして、手ごろな小ぶりの高杯五つが銘々器です。この家には五人が住み、銘々が高杯を使って食べていたことがわかるのです。

共食の始まり

大切なのは、それだけではありません。家族がそろっていっしょに食べた、つまり共食したこともわかります。

人は共食をするもの、と思う人も多いです。しかし、本多勝一さんの『カナダ・エスキモー』(3)では、イヌイットの人びとは、個々別々に食べています。吉田集而《しゅうじ》さん(国立民族学博物館)によるとパプアニューギニアでも、そうだそうです。縄紋人だっていっしょに食べていたとは限りません。西日本では、二世紀に銘々器が出現したこと、おそくもその時期には共食も始まっていたことが、考古学的にいえます。銘々器と共食の両方が一組で伝わって始まった可能性もあります。

比田井克人《ひたいかつと》さん(中野区立歴史民俗資料館)は、神奈川・東京・千葉では、銘々器の普及はさかのぼっても五世紀初めから、とみています。さきの「東日本では三、四世紀から」は、五世紀初めからと書き改めるべきかもしれません(4)。

ここで一言。新しくとも二、三世紀以来卑弥呼の時代以来ずっと続けてきた家族いっしょの食事が二〇世紀末以来、家族皆ばらばらで食べるようになり始めています。語らいの場がきえてきました。

銘々器成立の背景

小山田宏一さん(大阪府教委)は、畿内(とのちによぶ地方)の弥生時代から古墳時代にかけての多くの遺跡の土器の用途別の器《うつわ》(器種)の割合の変遷を追いました(5)。高杯と鉢との割合を調べて、木製の高杯も視野に入れて銘々器を追究しています。「それらの容量がわれわれの食器(の容量)に近い」と小山田さんは書いて、心をほのぼのとさせてくれます。「新たな首長層権力の成立」こそが、弥生時代後期に入って、「高杯型銘々食器群」を成立させた、と彼は書いて、心をはりつめさせます。

中国では、おそくも漢代から銘々器があり、朝鮮半島に伝わっています。西日本には、大陸から到来した人びとが銘々器を持ち込んだ、とみるのが自然です。社会の仕組みとかかわって到来し、東日本までひろまったのか、大いに関心をひきます。そのためにも、中国周辺部や朝鮮半島で、そして日本各地でいつどのように銘々器が出現し普及したかの様子をもっとくわしく知りたいものです。それはただ食器の成り立ちが変わったというだけではなく、社会の仕組み、家族の仕組みが変わったことと結びつくのかもしれません。

手食から箸を使うまで

中国の殷《いん》の紂王《ちゅうおう》は、酒池肉林に遊び、象牙の箸を使うなど贅沢の限りを尽くして殷の滅亡を招いたそうです。しかし、実際には、殷代(前一六～前一一世紀)だけでなく、春秋(前七七〇～前四〇三年)戦国時代(前四〇三～前二二一年)になっても、箸はまだなく、手づかみで食べていました。

手で食べるとき、中心になる指は人差し指です。だからこそ手づかみで食べていた時代に名づけたまま、中国語では、今も人差し指のことを「食指」とよんでいます。御馳走がでてくると、よだれがでてきて、目はらんらん、鼻はくんくん、そして指はピクピクと動きだします。「食指が動く」のです。

中国では、戦国から漢にかけて箸が普及しました。実物も残っていますし、絵にも描いてあります。朝鮮半島では百済の武寧王陵(五二五年)に銅箸が入っていました。

日本ではどうでしょうか。二本箸に先行して、ピンセット式(火鋏式《ひばさみしき》)の箸(鉗《かなはし》、挟子《きょうす》)

を使っていたという考え[6]もかつてはありました。これは正倉院宝物(南倉166)にも残っています[7]。しかし、考古学的には、そうはいえません。神話では、出雲《いずも》の簸川《ひのかわ》にお箸が流れてくるのを見て、上流に人家があると知ってスサノオがその家を訪ねるのが、八岐大蛇《やまたのおろち》を退治するきっかけとなります。オキナガタラシ媛《ひめ》(神功)は、朝鮮半島侵攻にあたって、鉢とお箸を浮かべて海を鎮めます。ヤマトトモモソ媛は、自らの陰《ほと》をお箸で突いて死にます。

これらの逸話があるのに、古墳時代には箸を使った証拠はありません。考古学的には七世紀の箸はひじょうにまれです。八世紀、奈良平城宮の役所ではお箸を使いました。しかし京(都《みやこ》)ではまだそうは使わなかったらしく、あまりみつかりません。ところが、八世紀末の長岡京、平安京以来、大いに普及しています[8]。

最近、金子裕之さんは、これは上の口でなく下の口用、つまり、トイレの後始末用の板きれ(籌《ちゅう》、籌木《ちゅうぎ》、クソベラ)ではないか、と疑問を呈しました[9]。しかし、これが箸であることは、私だけでなく、奈文研(奈良国立文化財研究所)の公式見解なのです[10]。箸だと思いますよ。

天皇家では、飛鳥時代あるいはそれより古く、古墳時代からお箸を使っていた可能性もあります。しかし、お箸が八世紀以来普及したことは動かないでしょう。箸の逸話《エピソード》を日本神話に加えたのは、ギリギリ七世紀末〜八世紀というところでしょうか。

女王の卑弥呼さんもまた、手づかみでご飯を食べたことでしょう。

中国文化のおよばないところでは、数百年前まで手食はごく一般でした。だから一六世紀のフランスの文人モンテーニュは、「私は急いで食べるために、しばしば舌を嚙み、ときには指を嚙むこともある」(11)と書いています。卑弥呼さんにもそんなことがあったかもしれません。

司馬遼太郎さんの『韓《から》のくに紀行』に、植民地時代の朝鮮半島の家庭で話されていた逸話《エピソード》が出てきます。

日本では「大昔は物を手でつかんで食ってたのさ。それでなんとか方法を教えてくださいと頼んできたので、じゃこれを使えといって箸を教えてやったのさ。その時も匙《さじ》は教えてやらなかったよ。あいつらには匙は分不相応だからね」という話です(12)。

しかし正倉院宝物(南倉43・44)には新羅・百済系の銀の匙が残っていますし、古代日本の天皇家や貴族たちは、箸と並んで匙を食事に使いました。それより前、弥生時代・古墳時代に匙とみるべきものはあるにはありますけれど、実例は多くありません。ふつうの弥生人が日常の食事に匙を使うことはなかったとみるべきでしょう。卑弥呼さんは匙を使ったでしょうか。

17
喪

始《はじ》め死するや喪《も》を停《とど》むること十余日…喪主は哭泣《こくりゅう》し他人は就きて歌舞飲酒す。已《すで》に葬《ほうむ》れば家を挙げて水中に詣《いた》りて澡浴《そうよく》す(43〜45行)

人が死ぬと十余日喪に服し、喪主は声を出して泣き……他人は歌い舞い酒を飲むという魏志倭人伝の記載は、考古学的に追えるでしょうか。泣いたというのは追跡しようがありません。しかし、お墓で飲食したのはわかります。

岡山県倉敷市の二世紀の楯築《たてつき》丘墓(墳丘墓)には、つぼ(壺)とそれをのせる高い台(器台)とが捧げてあり、近藤義郎さんは、死者とともに食べ飲む「共食共飲」の儀礼があった、と考えました。(1)

さらに具体的に皆で飲んだり食べたりがわかったのは、島根県出雲市の西谷三号四隅突《よすみとつ》出《しゅつ》方丘墓(四隅突出墳丘墓)の場合です。

遺体を埋めた墓穴の真上からつぼや器台がいくつも出てくると、よく「供献土器《きょうけんどき》」などとよびます。しかし、土器を捧げることに意味があったのではなく、何らかの祭りに使っ

た土器を祭りのあとでそこに置いたのだ、と渡辺貞幸さん(島根大学)は考えます。(2)

　西谷三号墓には、いくつも墓穴がありました。その一番大きな墓穴(第四主体)の場合、底に棺を置いてから土を埋め戻し、そして、その上に太い柱を四本たてて屋根をかけました。そしてその中央、つまり棺の上にあたるところには、朱のついた円い川原石(長径一一・六センチメートル)がまるでご神体のように置いてありました。そして、柱が囲む範囲と、柱が腐ったあとにできた柱穴の中に落ちこんだ状況で、二〇〇個以上の土器がみつかったのです。中央の赤い川原石の上にも土器がありました。

　この状態を渡辺さんはこう解釈します。

　棺を埋めた後、四本柱の施設を建て、中央に赤い石(死んで墓に眠る首長の依代《よりしろ》、つまり霊が宿っている)が見える状況にあって、墓丘の上でたくさんの人が参加して亡き首長の霊と共飲共食する儀礼をおこなった。この祭りが終わると、使った土器を中央に集め、あい前後して四本柱の施設もすて去ったのだ、と。そして、被葬者、つまり墓の主の地位によってこの儀礼への参加者の数はきまり、「西谷三号墓クラスの場合は、故人の一族と配下の諸集団の主要構成員、および誼《よしみ》を通じていた集団の代表などが参列していたであろう」と分析しています。(3)

「古代出雲文化展」(一九九七年)で渡辺さんは素晴しい模型で墓上の祭りを再現してくれ

喪の様子を復原した模型（島根県古代文化センター提供）

ました。考古学研究者は事実にこだわって想像力がない、とよくいわれます。そんな批評をふっとばす、想像力を遺憾なく発揮させた素晴しい模型です。いまこれは島根県立博物館にならんでいます。

さて、魏志倭人伝の記載とこの西谷三号墓上の祭りとを関連づける、とすれば、喪主はここにはおらず、別のところで涙涸《か》れるまで声をあげて泣き、他人がここに参集して飲食した、とみればどうでしょう。踊り歌う人形を加えてもよかったかも、と私は思います。

死者を葬って一段落すると、一家そろって水を浴びるという(4)魏志倭人伝の記事は、早くに指摘があるように、イザナギが筑紫の橘《たちばな》の檍原《あわきはら》で「だから吾が身のけがらわしいものを滌《あら》い去ろう」と「祓《みそ》ぎ除《はら》」ったように、水を使って身を清める古代日本の禊《みそぎ》の習俗につながります。お葬式から帰ると「戸口の盥《たらい》の中に足を入れて洗う」という最近まであった習俗とくらべた人もいます。(5)

今では神社へ行くと杓子《しゃくし》で水を飲んでいる人もみかけます。しかしあれは本来、身を清めるために口をすすいで神前に出るための水です。大切な誓いや約束ごとの時、畜産民は、犠牲を捧げたり血を使ったりした(6)のに対して、非畜産民の古代日本人は水で口をすすぎました。犠牲の生血をすすって誓う古代中国人や北方民族(騎馬民族)とくらべて、栗原朋信さんが古代日本の実例をあげています(7)。

1 蝦夷《えみし》のかしら、綾糟らが川水で漱《すす》ぎ穢《けがれ》を去り、神かけて朝廷に服従を誓った(敏達紀一〇年春閏二月条)。

2 山背国《やましろのくに》の秦《はたの》大津父が、二匹の狼の争うのをみて、馬から降りて口と手を漱ぎ、神かけて相闘をやめるように命じたらやめた(欽明紀即位前紀)。

3 常陸の国へ入る旅人は、まず榎の浦の津で口手を洗い、香島大神を拝さなければならない(『常陸国風土記』信太郡条)。

4 塩焼《しおやき》王と橘奈良麿がクーデターを計画した時の三回目の会合で、「夜中に天地四方を拝し、共に塩汁を呑んで誓った」(『続日本紀』孝謙紀天平宝字元年条)。

5　神に塩を供え、神事に塩湯をもちいる（『伊勢神宮儀式帳』）。

このように水か塩を使って清め、そして誓うのです。禊《みそぎ》は、身滌《みそそぎ》からきたか、ともいわれます。『記紀』の神話にみえる禊は、身の罪や穢れを払うために、川や海で身を洗い清め、あるいは、水で浄めて神前に出れば、神意に通じるという習俗です。

弥生時代の祭りや儀式に神聖な水を使ったことは大阪府池上曾根の東西方向の大きな建物の中央の南にクスノキの一本をくり抜いた大井戸（直径二メートル）があることから想像できます。この井戸の周りには柱穴が四つあったことから屋根がかかっていて大切な井戸だったこともわかっています。今「和泉の高殿」の名で復原してあるこの立派な建物の南は広くあいていて、神聖な祭り・儀式の場にふさわしく、大井戸の役割の重要性を想像させます。

この池上曾根でみつかっている別の井戸のひとつには、一二個もの土器が投げこんであり、そのひとつには竜が、もうひとつには鹿が描いてありました。竜は水の神です。土器を投げこんだのは水の神を祭るため、とみられています[8]。「水田で稲を作る社会では、水の不足や洪水は死活問題です」[9]。縄紋時代とは違った意味で、弥生時代では、水と生活が大きく結びつき、祭りや儀式に水を必要とし始めたのでした。このように弥生時代の祭りや儀式と水の係わりに注目したいのは、次の古墳時代に、流れる水を使った祭り・儀式が大切だったことがわかってきたからです。その起源が弥生時代にさかのぼる可能性を、魏志倭人伝の記事との関連を考えたいのです。

奈良県桜井市の纒向《まきむく》(三世紀)や、御所《ごせ》市の南郷大東《なんごうおおひがし》では、浄い水の祭り・儀式のために水を導いた施設がみつかっています。

そしてこの導水施設を埴輪で表したものが、最近みつかり始めました。

大阪府羽曳野市の狼塚古墳(五世紀前半)の場合は、上をギザギザで縁どった垣根をあらわす八個の囲形《かこみがた》埴輪で周りをかこんだ範囲に玉砂利を敷いて、その中央に導水施設を表していました。大阪府八尾市の心合寺山《しおんじやま》古墳の場合は、ギザギザで縁どった垣根と、その中の建物とを一体に作った埴輪です。建物の底とその外には導水施設を作り、垣根の両側には水の取入れ孔と排水孔とを作ってありました。三重県松阪市の宝塚一号墳の場合も、囲形埴輪の入口のところはギザギザで縁どった垣になっていて、それで囲む建物埴輪の中には導水施設がありました。このほかにもうひとつ、別の囲形埴輪で囲む建物の中には井戸がありました。

埴輪として導水施設というか浄水施設を作ったのは、古墳に葬られた人(被葬者)が秘密におこなう祭り・儀式(祭祀《さいし》)だったからだ、各地の有力者(首長)たちが、水の祭祀をおこなう司祭でもあったからだ、と白石太一郎さんは指摘します。そして、さらに奈良県明日香村の酒船石の丘の北からみつかった亀の形の石槽をともなう七世紀の導水施設もまた大王(天皇)が伝統的な水の祭祀の司祭にほかならなかったことをしめす、と白石さんは書いています。(10)

魏志倭人伝の水浴の記事は、日本古代の水を用いる祭り儀式と連なる可能性もあります。

18 占い

輒《すなわ》ち骨《ほね》を灼《や》きて卜《ぼく》し以《もっ》て吉凶を占う…其《そ》の辞《じ》は令亀《れいき》の法《ほう》の如《ごと》くす(51～52行)

魏志倭人伝は、行事や旅行にあたっては、骨を灼《や》いて吉凶を占う、と骨卜《こつぼく》のことを書いています。中国の亀卜《きぼく》、つまり亀の甲羅――といっても背ではなく腹の――を灼いた占いと倭の骨卜とを比べて、ひびの入り方で占うことをあげています。占うことを卜《ぼく》する、といいます。この「卜」は灼いたひびわれの形をうつした文字だそうです。骨・甲を使う占いを骨卜《こつぼく》・甲卜《こうぼく》(亀卜《きぼく》)、その骨・甲を卜骨《ぼっこつ》・卜甲《ぼっこう》とよびます。

おもしろいのは、弥生時代の占いには、鹿の骨など卜骨を使っている事実です。古墳時代に入ると卜骨に加えて卜甲も使い始めているのです。卜甲の良い例は、長崎県壱岐島のミルメ浦からみつかっているなど、中国からの客人の視野に入る北部九州にもあります。

魏志倭人伝が骨卜だけをとりあげて中国の亀卜とくらべている事実は、甲卜を始める前の倭の占いのことを書いているのです。弥生時代には骨卜のみ、古墳時代から亀卜が加わるという考古学的事実と対応します。

日本の骨占い

この節は、私の『騎馬民族は来なかった』の文章をもとに、その後の資料を加えます。日本では、弥生時代から骨占い、つまり骨卜《こつぼく》がはじまり、古墳時代に亀の甲羅を使う亀《き》卜《ぼく》が加わりました。(1)これは、魏志倭人伝が倭の骨卜にふれていることと話が合うのです。倭人伝には、日本で骨を焼いて占っているのは、中国の令亀の法、つまり亀卜と同じだ、と書いているからです。五世紀後半に亀卜がはじまる前の日本の状況をつかんでいることになります。

『記紀』によると、イザナギ・イザナミが子供を作るとき、イザナミのほうからイザナギに声をかけると、体の不自由な子が生まれます。天つ神が「太占《ふとまに》」で判ずると、女のほうから声をかけたのが悪い、という答が出るので、今度はイザナギがイザナミに声をかけると、首尾よく良い子が生まれた、というのですから、女性差別の思想かもしれません。

この「太占」がどういうものかは、アマテラスが天岩屋《あまのいわや》に隠れたときの『古事記』の記述でわかります。天香久山《あまのかぐやま》の牡のシカの肩の骨を抜き、波波迦《ははか》(ウワミズザクラの古名)のおそらくは枝の先を燃やして骨に熱を加えて占ったようです。『万葉集』の東歌《あずまうた》にも、「武蔵野に占へ肩焼き……」とシカの肩甲骨を焼くことが出てきます(巻一四 - 三三七四)。シカの肩甲骨を使った占いは、群馬県富岡市の貫前《ぬきさき》神社や、東京都青梅市御嶽《みたけ》神社に伝わっています。貫前神社の卜骨は、私も見せていただいたことがあります。火事の有無を占う、火の用心をいましめるものとなっています。(2)

次は亀卜です。「命神亀へて……卜問ふ」(崇神紀七年春二月条)とあるのは亀卜かもしれません。『万葉集』には、「卜部《うらべ》坐ませ亀もな焼きそ」(巻一六 - 三八一一)とあります。そして新嘗《にいなめ》、つまり、新穀を天皇が天地の神に捧げる祭りに、東の祭場——斎忌《ゆき》(悠紀)——には尾張国山田郡、西の祭場——須伎《すき》(主基)——には丹波国訶沙郡からの新穀をさし出すよう占いの結果が出た、とのことです(天武紀五年九月条)。続いて天皇が倉梯《くらはし》というところにあった斎宮《いつきのみや》に行こうとして占ったところ、七日に行くのがよいという占いの結果が出たのだそうです(天武紀七年四月条)。斎宮といえば、伊勢神宮に仕える斎王の宮殿をよぶのが普通です。しかし、ここでいう斎宮は、天皇みずからが神事をおこなうためにこもる場所だそうです。

以上、見てきた天武紀の二回の占いも亀卜の可能性が高いでしょう。とくに斎忌・須伎、東西の祭場の決定を亀卜でおこなうことはすぐのちに天皇家のしきたりになるのですから。

確実に亀卜といえる記録で最も古いのは、『万葉集』の「卜部《うらべ》坐ませ亀もな焼きそ」です。

奈良時代の行政法、養老令(七五七年)の注釈書である『令義解《りょうのぎげ》』(八三四年)によると、天の神、地の神の祭りをおこない、全国の公の神社の総もとじめでもある役所――神祇官《しんぎかん》――(『令義解』一職員)も、神社(二神祇)も、寺院の僧尼(二僧尼)も、亀卜をやっています。

律令――刑法・行政法――の施行細則『延喜式《えんぎしき》』(一〇世紀初め)には、亀卜のための亀の甲羅の調達、火で熱する部分にくぼみ(鑽)を作るための卜鑿《ぼくさく》についての記載があり、亀卜をおこなう卜部――世襲でした――を対馬・壱岐・伊豆から集めたことが書いてあります。

円仁さんの『入唐求法巡礼記』には、八三九(承和六)年、遣唐船が船出するとき、亀卜をおこなったことが出てきます。航海についての亀卜の秘伝は、近世にいたるまで対馬に伝えられ、対馬の雷神社(長崎県下県《しもあがた》郡厳原町豆酘)では、亀卜そのものが伝わっています[3]。骨卜・亀卜の記録・研究は、非常に多く、古いものは『古事類苑』(神祇部四二太占《ふとまに》・亀卜《きぼく》の項)に集めてあります。

天皇が即位した最初の新嘗が大嘗祭《だいじょうさい》です。岡田精司さんによると、七世紀、持統天皇以来おこなっているとのことです[4]。悠紀・主基にどこの新米をえらぶかは、亀卜で久しく決定してきたようです。

九世紀末、醍醐天皇の時以来、悠紀は近江、主基は丹波か備中に固定されました。何郡にするかを亀卜で決めることになったのです(5)。

そして、この習慣はじつに二〇世紀まで伝えられました。あまり広く知られていないので、昭和天皇の大嘗祭の悠紀・主基決定についての記載を引用しておきます。波波迦《ははか》の木を使うところまで「神代」以来です。

昭和三年二月五日東京宮城内に行はれたる亀卜の儀式、即ち大嘗祭に新穀を供納すべき悠紀と主基の国郡を決定する行事に就て新聞紙の報ずる処によると、五日午前十時に九条掌典長が神殿の御扉を開いて祝詞を奏し、浅黄地の斑幔を張り廻らしたる斎舎には灼手の菅野掌典、卜者の八束掌典が此儀式を奉仕する。先づ檜の円錐を檜台に強く摩擦して神火を発し、これを日光御料林から取つたウハミゾザクラ即ち波波迦木に移し、炎々たる火焔の上に、小笠原島産の青海亀の甲羅を削り、長さ八寸、幅五寸、厚さ一分としたる亀の甲を焔にかざすと、忽ち亀裂が生ずる。此亀裂を八束掌典が見て、吉田流の伝法によつて之を判じ、密封した卜串(斎田候補地)の上に悠紀・主基両斎田の卜合を書して再び柳筥に納めた。この亀卜の秘法には一時間十五分を要した。柳筥は九条掌典長から近衛大礼使長官に進め、長官は之を開封し勅定を仰いで悠紀を滋賀県、主基を福岡県と発表した。亀卜の秘法に奉仕した掌典八束清貫氏の談によると、此卜占は吉田家三十四代の祖先から伝はつたもので、明治天皇御大礼まで奉仕して来たのが、大正天皇の大礼から登極令によつて掌典部で行ふ様になつたものなる由である。(6)

滋賀県野洲郡三上村大字三上の久米川春治さんの田が悠紀斎田に決定した状況についても詳しい記録がありますし、いま、野洲町三上に属するこの水田には、記念碑が立っています。(7)

もっと新しくは一九四〇(昭和一五)年、橿原《かしはら》神宮の紀元二千六百年祭で、亀卜をやった、と猪熊兼勝《いのくまかねかつ》さん(京都橘女子大学)に教わりました。お父さんの有職故実家猪熊兼繁《かねしげ》さんがおこなったのですけれど、わからないので適当にやったのだそうです。

さて、問題は、弥生時代の骨卜と古墳時代にはじまる亀卜、そして天皇家の亀卜の起源とお互いの関係です。「蒙古・ツングース系に属する鹿卜の法がまず列島に伝わり、中国系の亀卜の法は、それよりかなり遅れて流入したもの」(8)とみる説、鹿卜も中国起源とする説がありました。(9)大林太良さんは、広い視野から骨占いをみたうえで、「北方起源説に魅力を感」じています。(10)

天皇家の亀卜が、どのようにしてはじまったか。天皇家の風習のなかで、最も畜産民的、遊牧民的、騎馬民族的な風習なだけに気にかかります。

江上波夫さんは、崇神は、騎馬民族の王として朝鮮半島南部から北部九州に渡った、といいます。その崇神の業績を記す崇神紀に、亀卜ともよみとれる記載があります。亀卜は、騎馬民族征服王朝とともに到来し、天皇家の占いとして採用されたのだ、と、私が江上さんならいうところです。しかし、私は江上さんではありませんので、神話の記載をすぐ事実とはうけとりません。

考古資料としての卜甲は、神奈川県三浦市間口《まぐち》洞窟の三例(11)で、アカウミガメの腹甲《はらのこう》です。古墳時代後期、およそ六、七世紀です。長崎県上県《かみあがた》郡志多留《したる》の一例(12)は、やはりアカウミガメの腹甲を用い、古墳時代後期〜奈良時代とされていますから、七、八世紀でしょうか。

このようにして、現状では亀卜の考古資料は、五世紀後半ないし六、七世紀以降、つまり、天武紀の記載(六七七〜六七九年)と見合うものです。とても崇神さんまではさかのぼりません。しかし、亀卜の考古資料は、三浦半島と壱岐でしかみつかっていません。畿内地方での発見例を期待しています。

大林太良さんの壮大な卜骨についての解釈を、さきにもちょっとふれましたけれど、もうすこしとりあげておきましょう。

大林さんは、短下長上の弓(**39**行)、倭人の暦(**53**〜**54**行、『魏略』からの引用箇所)、持衰(**47**行)これら魏志倭人伝にみるものを南方的要素としてとらえ、それに対して骨占いは北方

的要素か、とみるのです。(13)

世界の骨占い

世界の骨占いについては、ドイツのアイゼンベルガーの研究などにもとづいて、新田栄治さん(鹿児島大学)が詳しくまとめてくれています。(14)

モンゴルでは、ヒツジの肩甲骨を火の中で焼き、亀裂で占う。一三世紀にまでさかのぼり、近年まで行なった。

中央アジアでは、ヒツジ・シカ・ハクチョウの肩甲骨(カルミュック)、ヒツジの肩甲骨(キルギス・トルキスタン・タタール、ウラル・アルタイ)、シカなどの肩甲骨(カラガス)を焼いて亀裂で占う。

チベットとその周辺でもヒツジの肩甲骨(東チベット、カンバ、四川省南部のロロ族)を焼いて亀裂で占う。

北アジアでは、ヒツジの肩甲骨(ツングース)、アザラシの肩甲骨(コリャーク、海岸地帯のチュクチ、ラムート)、トナカイの肩甲骨(トナカイを飼うチュクチ、サハリン)、ヒツジ・ノロジカ・トナカイなどの肩甲骨(ブリヤート)、トナカイやアザラシの肩甲骨(ユカギール)を焼いて亀裂で占う。トナカイの肩甲骨や山鳥の胸骨を焼いて占う(サハリンのオロッコ)。

ヨーロッパでは文献で骨占いは七世紀までさかのぼる。ヒツジ・ヤギの肩甲骨(一一世紀のビザンツ)を焼かずに骨の色で占う。肩甲骨を焼いて色・斑点・亀裂で占う(一四〜一六世紀の教会スラブ語資料)、ヒツジや去勢ウシの肩甲骨(マケドニア)を焼かずに色と形で占う、動物(種名不明)の肩甲骨やニワトリの胸骨で占う(アルバニア)、ヒツジ・シカ・ウサギ・ハクチョウの肩甲骨、ガチョウ・ニワトリの胸骨で占う(セルブクロアート人)、ヒツジ・ウサギの肩甲骨(ダルマチア)、ブタ・ヤギの肩甲骨、ニワトリの胸骨(ブルガリア)で占う。

ガチョウの胸骨(中高ドイツで一五世紀から現在まで)を見て占う。ヒツジの肩甲骨で占う(一四世紀のフランス)、ヒツジ・ヤギの肩甲骨で占う(一九世紀のコルシカ島)、動物(種名不明)の肩甲骨を見て占う(スコットランド一八世紀まで、アイルランド)。これらヨーロッパの占いは、骨を焼かずに見る。ただし、ハンガリーではガチョウの胸骨を、北ヨーロッパではラップ人がヤギの肩甲骨を焼いて亀裂の有無で占う。

西アジアでは、ヒツジの肩甲骨を焼かずに占う(コーカサスのチェルクセ族)、ラクダ・ヒツジ(トルコ)あるいはヤギ(カザク)の肩甲骨を現在でも焼くかヒツジの肩甲骨を焼かずに占う。子ヒツジ・ヤギの肩甲骨を焼かずに色などで占う(シンド・バルチスタン)、焼いた肩甲骨で占う(オーマン半島)。

アフリカでは、肩甲骨占いが九世紀までさかのぼり、骨は焼かない(北アフリカのアラブ圏)。

スプリングボック（カモシカの一種）の肩甲骨を用いる（ジュホアンシ＝旧称でブッシュマン）例もある。

北アメリカではラブラドル半島を中心とするカナダ東部に主に分布し、骨を焼いて占う。カリブーの肩甲骨を焼いて骨に現われる黒点で獲物の見つかる方向を知る（アタパスク族）。カリブーやヒツジの肩甲骨（ナスカピ族）、カリブー・オオシカ・シカ・ウサギの肩甲骨、ビーバーの骨盤、ヤマウズラの胸骨などを焼いて狩りを占う（モンタニェ族）。ウサギその他の肩甲骨を焼いて亀裂で占う（アルゴンキン族）。ウサギ・オオシカ・カリブーの肩甲骨を焼き、色と焼痕で占う（クリ族）。ジャコウネズミの肩甲骨に付いた血痕で占い、焼かない（ペノブスコット族）。

世界の骨占いを見渡すと、骨を焼かずに色や形で占う方法（無灼法）が、ヨーロッパ中・西部、アフリカに、骨全体を焼いて占う方法（全面有灼法）が北・中央アジア、ヨーロッパ東・北部、北アメリカに分布し、お灸のように点状に焼いて占う方法（点状有灼法）が、中国、朝鮮半島、日本だけに分布しているのです。

骨占いの系統

島根県鹿島町古浦で鹿の骨（中足骨）の卜骨をみいだした人類学の金関丈夫さんは、日本の骨卜は中国起源で、朝鮮半島経由で到来した、と考えました。[15] 弥生・古墳時代の卜骨・卜甲を総括的に研究した神沢勇一さんも、中国起源論でした。[16]

一方、三品彰英さんは蒙古・ツングース系の鹿の骨卜が入ったあと、中国系の亀卜が入ったとし、[17] 大林太良さんはツングース系とみたいのですけれども弥生時代にツングース系民族が骨占いを日本に導入したとはいいきれない、とためらっています。そして中国起源で朝鮮半島から来た、とするには、朝鮮半島の南端、韓国慶尚南道の熊川《ウンチヨン》貝塚の実例だけでは頼りなく、「私は北方系(ツングース系)により多くの魅力を感ずるものの、最終的な結論はまだ控えておくのがよいのではないかと考えている」のでした。[18] 新田栄治さんは、中国東北地方、朝鮮半島北部(咸鏡北道茂山邑虎谷)などの卜骨をあげ、朝鮮半島中・南部の資料不足をみとめながらも、中国東北地方から朝鮮半島を経由して骨卜が日本へ来た可能性をもっとも強い、としています。[19]

研究の進展

時が過ぎ、朝鮮半島南部の卜骨資料が充実してきました。今や、卜骨の北方起源説は成り立たず、朝鮮半島南部から直接伝来したことはあやまりない、といえる段階にいたっています。それを決定的にしたのが、韓国全羅南道松旨面の郡谷里貝塚(国立木浦大学校博物館調査)の卜骨二三点を詳細に検討した渡辺誠さん(元・名古屋大学)の研究です。[20]
ここでは、イノシシとシカの肩甲骨を使っていて、Ⅱ期(前二世紀後半〜後一世紀前半)、Ⅲ期(一世紀後半)、Ⅳ期(二世紀初め〜後半)、Ⅴ期(三世紀前半)の時期区分のうち、Ⅱ期ではイノシシ三・シカ一、Ⅲ期ではシカ七・イノシシ四、Ⅳ期ではシカ四、Ⅴ期ではシカ二と、新しくなるとシカだけを使っています。渡辺さんの詳細な観察結果は割愛して先へ進みます。

朝鮮半島南端部での卜骨出土例は六カ所になりました(慶尚南道釜山市朝島貝塚一点、金海市鳳凰洞貝塚三点、三千浦市勒島貝塚一点以上、全羅南道宝城郡金坪貝塚二点、郡谷里貝塚二三点)。すべて二一五〇年前〜一七五〇年前の初期鉄器時代(原三国時代)です。朝鮮半島北部の咸鏡北道虎谷の実例だけが青銅器時代にさかのぼる可能性をもっています。

弥生時代の卜骨にシカが多く(七六%)イノシシが少ない[21](一四%)のは、弥生人がシカを特別視したからだ、という見方もありえます。しかし渡辺誠さんは、郡谷里貝塚のⅡ〜Ⅲ期につまり朝鮮半島南部でシカの卜骨が多数を占めるようになった傾向がそのまま日本に入った結果だとみ、「弥生人のシカに対する特別な観念による選択なのではな」い、と断じています。

次に実際に骨を焼く方法を比べます。

これには、薄い骨の表面を磨き小さく円く焼く(神沢勇一さんの第I型式)、骨の表面をわずかに磨き、ときに一部を薄く削いで点状に焼く(第II型式)、骨の表面を大きく剔《えぐ》るように削って、ナイフの先で粗雑な円いくぼみを作って焼く(第III型式)、整った円いくぼみ(径五ミリメートル前後)を作って焼く(第IV型式)、長方形(四×六ミリメートル)のくぼみの底を十字形に焼く(第V型式)の五つの方法に分けたとき、第II→III→V型式の移り変わりは明らかだそうです。

郡谷里貝塚をはじめとして朝鮮半島の卜骨の大多数は第II型式で、弥生時代の卜骨はすべて第II型式です。第III型式は古墳時代の初めだけにあり、第V型式は古墳時代後期に卜甲とともに伝播したものです。この事実は、弥生の卜骨は、朝鮮半島南部のそれと直結します。さらに朝鮮半島でも日本でも、占ったあと卜骨を打ち砕いて捨てている点が、シカを主に使うことと並んで共通します。

こうして渡辺さんは、「わが国の卜骨は弥生時代中期に朝鮮半島より、おそらく直接的には朝鮮半島東南部の慶尚南道から伝えられたものであろう。このような点状焼灼の骨卜の方法が中国で発達して周辺に伝播したものであることは、考古学的に明らかなことである」と結んでいます。

次は卜甲です。長崎県壱岐の勝本町ミルメ浦で一五例、神奈川県三浦市間口洞窟で三例、

六、七(古墳時代後期)世紀の卜甲がみつかっていて、長方形のくぼみに十字のこげあと(第V型式)が残っています。朝鮮半島で実例がなく、起源を考古学的につかむことはできません。これについての渡辺誠さんの解釈をよんで思わず私はうなりました。

魏志倭人伝で倭の骨卜を説明して、「其の辞は令亀の法の如くす、火坼《かせき》を視て兆を占う」と書いていています。これは帯方郡では亀卜をおこない、それに対して倭人は骨卜をおこなっている、と両方を対比していると解釈できる、とし、いま、朝鮮半島の中央に卜骨・卜甲未発見の空白部分が残っているけれども、「この地域は前漢の武帝によってBC一〇八年に楽浪・真蕃・臨屯・玄菟の四郡が設置された地域に相当し、本国と同様に亀卜が行われていた可能性が高く、今後の発掘に期待される」というのです。

最後は卜占の内容についての批判です。私をふくむ弥生時代の研究者が卜占を農業の祭りにだけ関係づけているのは片寄っている、と渡辺さんはいいます。でも、魏志倭人伝には、何かをするときには骨を焼いて占うと書いてあるのですから、骨占いが農耕の祭りにだけ係わる、とみるのはいきすぎです。私自身は骨占いについて、東アジア季節風《モンスーン》地帯の降雨の不安定さゆえに「農事・天候にかかわるものが多いのだろう」と書いています。[22]

畜産民の占い

私のいう畜産民、つまり畜産農民と遊牧民の生活は、家畜といつも一緒ですから、食用などの家畜を持たない非畜産農民とは違う特有の文化をもっています。そのひとつが、神や祖先に犠牲を捧げ、誓いに血を用いたこと、もうひとつが、内臓や骨についての豊かな知識であり、内臓占い・骨占いをやったことでした。

内臓占いの一例をあげると、古代バビロニアでは、仔ヒツジの肝臓の形の差があまりにも多いのでおぼえきれず、粘土で肝臓の形を作って楔形文字でそれに前兆を書きこんだほどです。現在でもアフリカには、戦いにあたって敵がどこから攻めてくるかを牛の腸を見て判断している部族があります。

中国に内臓占いがあった証拠は知りません。しかし、最古の漢字、甲骨文では、「肺」「心」など内臓の形は、内臓そのものの形をかたどったものですし、「鶏胆色」「羊腸の小径」など、内臓の解剖学的知識がなくては生まれない表現をみます。「美玉に紫凝血、白截肪のごときがあり、硯石には魚脳凍、胭脂暈あり、盆石に羊肚、漿脳あり、印材としては誰も知る雞血石を貴ぶ。(略)これらは中国人が臓物や血の色や脂の質等によく馴染み、それが深く趣味の世界にまで滲み込んでいる実情を示すに他ならない」(23)。

日本では、東北地方の山の民《またぎ》が、倒した獲物の心臓を使って次の獲物のいる方向を占ったことが知られていますけれど、本格的な内臓占いはありませんでした。一般に内臓の知識浅く、『和名抄』(『和名類聚抄』一〇世紀)をみると、心臓に相当する大和言葉がないほどでした。[24] だから柳田国男さんがお供え餅やお握りの形を心臓の形だ、とした説明[25]も間違いだ、と思っています。[26]

畜産民のあいだで骨占いが生まれたことも自然のなりゆきでした。世界のなかで日本をみると、畜産民の風習が弥生時代にまかりまちがって非畜産民の弥生人のあいだに入ってきてしまった、という感想を私はもつのです。

19　坐り方

其の会同坐起し、父子男女別無し（**53**行）

会合の時の立居振舞いが親子男女で区別がない。大人が尊敬している人にあうと、ひざまずいて拝するのではなく、拍手を打つ。下戸《かこ》が大人《たいじん》に出あうと……うずくまったり、ひざまずいたりして両手を地につけて敬う、と魏志倭人伝は書いています。

大阪府和泉市にある弥生博（大阪府立弥生文化博物館）には、縦穴住居のなかで食事をとる弥生一家のとてもよい模型があります。人類学の永井昌文さんの指導で作った人形は、渡来系弥生人の表情が生き生きとしています。子供たちも足の指を元気にひろげています。

この模型について女のひとから弥生博に二つの質問がきました。お父さんはあぐらをかき、お母さんは正坐しているけれど、学問的根拠はあるか、お母さんがお父さんの御飯をお給仕しているけれど、学問的根拠はあるか、というきつい質問です。お給仕の方は根拠はまったくありません。なんともいえません。お母さんが御飯を炊き、家族の皆にお給仕

弥生の家族の模型(大阪府立弥生文化博物館提供)

してくれただろう、というまったくの想像です。

あぐらと正坐ですけれど、人類学の馬場悠《ひさ》男《お》さん(国立科学博物館)にたずねてみました。男がしょっちゅうあぐらをかき女がいつも正坐だったとしたら、骨にそれがあらわれる可能性はないか、と。しかし少数の骨を調べた範囲では、差は認められなかった、という答でした。将来を待ちましょう。

時代は下って六世紀、古墳時代の関東地方では、男があぐら、女が正坐していたことはわかっています。埴輪の男女の坐り方からです。時代もへだたるし所も違うけれど、弥生の男女の坐り方もそうだったと想像したいところです。

埴輪といえば、正面で両手のひらを合掌し

ている姿があって魏志倭人伝の拍手を打つ記事を想い出しますし、また、ひざまずいている姿があって、身分の低い下戸が身分の高い大人に出あった時の姿もこうだったのか、と想像させてくれます。

ここで、埴輪の坐り方についての塚田良道さん(埼玉県行田市博物館)のすぐれた研究を紹介しましょう。(1)

関東地方の六世紀の埴輪の男女には、腰掛けに坐って両脚をそろえ、腰掛けの台に足をのせる姿(塚田さんの椅坐《いざ》)があります。また地面や床(の敷物の上)に、直接お尻や膝をつけて腰をおろす姿があります。直接腰をおろす坐り方は男女で違っていて、男に多いのはあぐら(胡坐《こざ》)です。琴を弾く男だけは、足の裏を向かい合わせる特殊な坐り方(楽坐《がくざ》)になります。両膝を地面や床につけてひざまずく(跪坐《きざ》)男は、必ず両手をつき、足先まで揃っている実例では爪先を立てています。一方、女は、両膝を地面や床につけてひざまずいています(正坐)。だから、普通の坐り方では、男はあぐら、女は正坐なのです。

次に男女の坐り方をもう少しくわしく比べると、ひとつの古墳では、腰掛ける男女一対(群馬県群馬町保渡田八幡塚古墳、太田市塚廻り三号墳)、直接腰をおろしてあぐら・正坐の男女一対(群馬県前橋市綿貫観音山古墳)になっています。このうち、綿貫観音山のあぐらの男は、鈴付きの幅広い帯をつけています。ところが実物の青銅製で金メッキした(金銅製の)鈴付きの帯が墓の中にそえてあったことから、この埴輪の男こそ、この墓の主(被葬者)とみることができるのです。こうして、身分の高い人たちの坐り方として、椅子に坐るのとあぐら・正坐との間には身分の差はなく、どちらとも身分の高い人びとの坐り方だった、と塚田さんはみます。

ここで文献をみると、「胡床《あぐら》(腰掛)に踞坐《ましま》す」、つまり、脚を垂らして坐る(継体紀元年正月条)、「胡床に踞坐す」(敏達紀一四年三月条、用明紀元年五月条)と腰掛ける表現があり、両膝を地面や床につける坐り方は「両脚はひざまずき、梱《とじきみ》(敷居)を越え則ち立ちて行け」(推古紀一二年九月条)に出てきます。しかし、「今より以後、跪礼《きれいほ》匍匐礼《ふくれい》、並《とも》に止めよ」(天武紀一一年九月条)や「始めて百官跪伏の礼を停止す」(『続紀』慶雲元年正月条)によって律令制の導入で立礼、つまり立った姿での儀礼にかわったことがわかります。

塚田さんは、粘土で作って焼き上げた縄紋時代の人形(土偶《どぐう》)に腰掛けた姿勢のものがあることから、縄紋時代以来、男女が腰掛け、魏志倭人伝にあるとおり、坐起に父子男女の別がなかったのだろう、と考えます。続いて埴輪の腰掛けの種類をくわしく検討していますけれど、ここでは割愛します。そして東アジアに目を向けます。これがまた面白いのです。

北方では遊牧の生活なので、古くから腰掛けに坐る風習がありました。しかし、中国の中では、漢代の身分高い人びとは男女ともに正坐するのが正式の坐り方でした。朝鮮半島の出先機関、今の平壌《ピョンヤン》付近にあった楽浪古墳の絵画資料でもそうなっています。

ところが北方の風習が中国に入り、西晋以後、男を中心に腰掛けて坐るふうがひろまり、文献では女は隋になって、考古資料では八世紀(西安王家村九〇号唐墓女坐俑三例)になって腰掛けるのが正式の坐り方になりました。

朝鮮半島から中国東北地方にかけての高句麗では五世紀の舞踊塚《ぶようづか》の壁画で墓主とみられる男が腰掛けに坐り、角抵塚《かくていづか》の壁画では男が腰掛け、女は正坐です。平壌付近の四世紀半ばの安岳三号墳、五世紀初めの徳興里古墳、五世紀末の双楹塚《そうえいづか》古墳では、男女とも正坐です。

こうして、東アジア、中国・朝鮮半島では、隋唐にいたるまでは、男は腰掛けても女は正坐する、という男女の坐り方の別があったのです。

塚田さんが注目するのは、同時代の中国・朝鮮半島に例のない、女が腰掛ける姿です。中国では六世紀末以後の隋唐になって女が腰掛け始めるのですから、女が腰掛けに坐るのは、中国から入ったのではなく、日本独自のものです。

日本に胡牀《こしょう》とよぶ腰掛けが入ったのは、三世紀ころ、と塚田さんはみます。そして、『倭人伝』の「男女の別なし」とする記載は、わが国独自の坐の特質を伝えている。坐り方の差は性差より、倚坐に対する跪坐のように、基本的に身分差のほうが大きかったといえる。（略）おそらく女性にも胡牀形の腰掛が普及したのは、伝来したときの倭国において、上層階級の女性も男性と同じように倚坐の風習をもっていたことが深く関係している。坐の共通性にうかがえる上層階級での社会的性差のなかったことが、同時代の東アジアに例をみない卑弥呼や壱与といった女王を成立させた歴史的要因の一つだったのではないかと思われる」。これが塚田さんの導いた重要な結論です。

なお、魏志倭人伝にみる下戸のうずくまる、ひざまずく姿勢について塚田さんは、「弥生時代における身分形成の過程で成立した可能性」と中国・朝鮮半島からの影響の可能性を考えており、また女のひとの正坐も日本独自で系譜を追えないので、同様に中国・朝鮮半島から伝わった可能性を考えています。

弥生文化博物館のあぐらと正坐は、人類学的に弥生の男女の脚の骨で将来解明できるまでは、埴輪からの想像です、と説明しておくことにしましょう。

20 お酒

人性酒を嗜《たしな》む（53行）

この本のなかでいちばん短い節です。しかしお酒をとりあげることなしに魏志倭人伝の風俗を語ることはできないではありませんか。なんて書くと、私の親しい人びとは笑うでしょう。私は実は不幸にもお酒がまったく飲めないからです。

弥生時代はお米の時代ですからお酒があっても不思議ではありません。その容れ物やそれをついで飲む盃にあたる土器もあります。しかし、実証的研究は難しく、お酒については、奈良時代の文献までさがるほかはありません。

縄紋時代にはお酒がなかった、という説がかつては有力でした。中国に果実酒がない、というのが篠田統《おさむ》さんのあげた大きな理由でした(1)。梅酒とかカリン酒とかは焼酎に果実の香りを加えたもので、葡萄酒のような本格的な果実酒に入りません。その上、エスキモーの人びとやアメリカ原住民、オーストラリアなどの食料採集民はお酒をもっていなかったという事実もありました。

考古学研究者のなかにも、江坂輝弥さんのように古くから縄紋人にお酒を飲まそうとした人もありましたし、縄紋時代の中ごろの一種の土器(有孔鍔付土器《ゆうこうつばつきどき》)を醸造用とみる藤森栄一さんの意見もありました。(2)(3)

最近になって縄紋酒があったという積極的な意見が出始めました。三内丸山《さんないまるやま》など東北地方の縄紋の村あとから、ニワトコなどの実をしぼってすてた状態とみられるものがみつかったからです。辻誠一郎さん(歴博)は熱心にその再現につとめています。(4)

縄紋酒に対する弥生酒は、当然、お米を材料としたお酒です。考古学的には実証が難しいけれども、日本酒の起源は弥生酒になるでしょう。

21 倭国の乱

住まること七八十年、倭国乱る(65行)

新しい文献ほど詳しい

魏志倭人伝は、その国(倭国か邪馬台国か)は、もと男が王であった。七、八十年たって倭国が乱れた、と記しています。『後漢書』では、後漢の桓帝(在位一四六~一六七年)、霊帝(一六八~一八九年)の期間に倭国が大いに乱れた、と書いています。『隋書』は、桓帝霊帝の間にその国が大いに乱れた、『梁書』は、後漢の霊帝の光和年間(一七八~一八四年)に倭国が乱れた、そして卑弥呼の死後、男の王が立って国が乱れた後、壱与《いよ》(あるいは台与《とよ》)が立ったこと、さらに彼女の後、また男の王が立ったことを記します。『北史』も霊帝の光和年間にその国が乱れた、と書いています。

時代の新しい文献ほど年代を詳しくしめすようになることに危険を感じます。しかし、多くの研究者は、倭国が乱れたのは、二世紀後半ないしは末だととらえています。最近では、「壬申の乱」「平将門の乱」などになぞらえて「倭国の乱」とよぶようにもなりました。最初に戦いの歴史について簡単にみていきましょう。(1)

サルの争い、猿人・原人の争い

人類は、初めから争い殺しあっていた、という見方と、農耕社会のなかで数千年前から戦い始めた、という見方が対立しています。しかし、人類の歴史とともに戦いがある、という立場にたつ人も、農耕社会になって本格的な戦いが始まったことはみとめています。いま、四五〇万年という人類悠久の歴史を仮に四、五メートルに置きなおすと、数千年は数ミリにすぎません。

動物生態学やサルの研究からは、初めから人は争っていた可能性も論じられています。武器を使った集団の争いは旧石器時代からという意見もあります。(2)しかし、人を傷つけ殺す目的で作り使う専用の道具を武器とよぶ限りは、その出現は数千年前からにすぎません。

人に殺しの本能《キリング・インスティンクト》がある、という説の根拠として、猿人・原人の食人説がかつてありました。それらはいまでは否定されています。これは、戦いの歴史を新しく見る立場に好意的です。そして、人の殺しの本能を説くために、遠い私たちの祖先をひきあいに出すことは、もう許されません。

食料採集民の争い

現代の食料採集民の争いについて民族学の山田隆治さんは書いています。殺人・女さらい、そして狩りや採集の場を侵されることが彼らの争いのおもな動機となります。「経済的動機が原因になるほど、富は蓄積されていない。呪術・宗教も動機となるほど発展していない。オーストラリアのムルンギ族では、二〇年間の七〇の戦いのうち五〇は殺人への報復、一〇が女盗みにまつわるものだ」。彼らは戦っても徹底的に殺すことはなく、死者が出ると戦いを中止するなど、形式的なことが多いといいます(3)。

北アメリカ北西海岸の食料採集民は、サケを保存食として富とし、奴隷をかかえました。それを獲得するために戦い、徹底的に殺すこともありました。富の存在が戦いの大きなもとになることがわかります。

北アフリカのジャベル＝サハバでは、一万年以前とされる墓地で、五九人の遺体のうち二四人が殺傷されていました(4)。墓地がある、ということは定住していた農民の可能性もあります。食料採集民の墓ならば、ずばぬけて古い。このようにして、民族例・考古例に食料採集民の戦いの証拠はあります。

豊かなる縄紋人には盛大に戦った証拠はないし、彼らは専用の武器を持たなかったのです。

考古資料のしめすところ、食料採集民の戦いはひじょうに珍しいということになります。食料採集民が乱暴で粗野で好戦的だ、というのは偏見です。

農民の戦い

イギリスの考古学者チャイルドは、旧石器時代の食料採集民はほとんど戦わず、新石器時代の農民は確かに戦った、と一九四一年に書きました(5)。これは基本的に正しいでしょう。ではなぜ農耕社会からなのでしょうか。

農耕を基礎とする暮らしが始まると、生活は安定し、人口はふえます。そして社会の仕組みは複雑になっていきます。他の集団との接触も多くなり、呪術・宗教も発達します。さらに進むと、社会的分業、富の蓄積と分配組織、集団を統制する政治権力が生まれ、職業的な戦士集団や軍隊組織が生まれ、経済的な性質・動機の戦いへ、そしてついには、征服した人や物を奪う形の戦いへ向かう、と山田隆治さんはいいます。

では、本格的な戦いは、農耕社会と共にあるのでしょうか。農耕社会に入ると戦いの動機がいよいよ芽生え、農耕社会の成熟の過程でこそ本格化するらしいのです。

西アジアでは、五〇〇〇年前に城塞都市が出現し、たがいに競い合う、中国でも五〇〇〇年前以降、戦いは本格化するというように、「土地の領有と階層関係を基礎に都市が形成される時代(6)」にこそ、戦いは本格化します。

日本列島における戦いの歴史をさかのぼると、本土(九州・四国・本州)では二三〇〇年前の弥生時代から、沖縄・北海道では、五、六百年前からです。このうち本土の戦いは、都市形成にいたらなかったとはいえ、やはり農耕社会の成熟する過程でおきました。

戦争の定義と考古学的事実

弥生時代は、日本で初めて戦争が起きた時代でした。その説明には、戦争をどう定義し、どのような証拠があれば戦争をおこなった社会、戦争を知っていた社会と認めるか、をまずあげなければなりません。

「考古学的事実によって認めることの出来る多数の殺傷をともないうる集団間の武力衝突」を考古学の戦争の定義としてかかげたいと思います。

戦争を認識するための考古学的事実は以下の通りです。ただし、古代以降の本格的な戦争にかかわる事実、たとえば城・城塞、軍事組織、軍備等々はとりあげません。

A　守りの村＝防禦集落(町・都市)

高地性集落、環壕集落、守りの壁＝防壁(土塁)、守りの壕《ほり》(濠)、守りの柵＝防禦柵、逆《さか》

茂木《もぎ》、のろし、出入口の防禦的構造、出入口付近の戦いのあと、村の破壊・火事

B　武器
遠距離武器（弓矢・投弾・投石用の石＝礫《つぶて》）と近距離武器（剣・刀・矛・戈）、武器の破損と再生、守りの武器＝武具（盾・よろい・かぶと）

C　殺傷されたあとを留める人骨

D　武器の副葬＝遺体に副《そ》えて武器を葬《ほうむ》る

E　武器形祭器＝武器の形を模した祭り・儀式の道具

F　戦士・戦争場面の造形

以下、それぞれについて主として弥生時代にかかわることを簡単にふれましょう。時期の表記について、絶対年代を与えることは難しいですけど、弥生時代先Ⅰ期＝前五〜四世紀、Ⅰ期＝前四〜三世紀、Ⅱ期＝前二世紀、Ⅲ期＝前二〜一世紀、Ⅳ期＝前一世紀、Ⅴ期＝後一〜二世紀、Ⅵ期＝三世紀の見当と思ってください。

守りの村

〈高地性集落〉　弥生人の暮らしは水田で稲を作ることに基礎をおいていますから、弥生の村は平地や低い台地上に立地するのが自然かつ普通です。ところが高い山や丘の頂上や

斜面上の村があります。絶対的な高さだけが大切なのではなく、低くても見通しがきけばよいのです。環壕をともなう場合も多いです。のろしを焚いたあとをともなうものがあります。壕をめぐらす高地性集落はすでに弥生時代Ⅰ期(京都府峰山町扇谷)にみられます。しかし、高地性集落が数多くみられるのはⅢ・Ⅳ期、そしてⅤ期です。

〈環壕集落・守りの壕(濠)〉　水を満したホリが濠、空《から》ボリが壕です。中国考古学は両者をともに濠で表しています。弥生の村では台地や丘の上では壕、低地の村では濠をめぐらしています。起源の上では、中国から朝鮮半島をへてまず壕が入ってきています。

壕はところどころを掘り残して出入口とします。佐賀県吉野ケ里の外壕は一キロメートルへだたった北端と南端で底の標高の差が一〇メートルもあります。湛水しないのだからこれでよいのです。低地の濠は掘り残しの出入口は作らず橋をかけて出入りします。水の取入口と排水口とを用意し、濠の底の標高も排水口側を低く作ります。

環壕は、弥生先Ⅰ期(早期)の北部九州に登場します。近畿では、三〜一〇重と何重にも壕を重ねるものがあり(多重環壕)、敵の矢をとどかせないためと松木武彦さんがいうのは正解でしょう[7]。

〈守りの壁〉　弥生村では壕を掘った土を壕の外に盛り上げて守りの壁とすることが多い、外壁内壕です。守りの壁そのものが遺存することはまれであるけれど、壕に埋っている土の横断面を観察してその埋め土の性質と、一方から大きく斜めに流れこんでいる状況をつかむことによって守りの壁がどちらにあったかがわかる、という原口正三さんの解釈でよく理解できるようになりました。(8) 世界的には外壕内壁が多いけれど、外壁内壕の実例も世界各地にあります。

〈守りの柵〉　間隔を置いて、あるいは密着させて材を立て、横材で組んで出入りを防ぐのが柵です。福岡県小郡市一ノ口の高地集落(Ⅱ〜Ⅲ期)では、等高線に沿う柵、建物を囲む柵のあとがみごとに残っていました。

盛り土で築いた守りの壁を中国では「城」とあらわします。この上に柵をめぐらせば、魏志倭人伝の卑弥呼の居館の記事にある「城柵」となります。

〈逆茂木《さかもぎ》〉　愛知県清洲町の朝日の弥生村では、枝つきの木を数多く集め、溝を掘ってこへ植えて土で固め、とがった細枝が行く手をさえぎるようにしてありました。有刺鉄線の先祖のような障害物で、この種の障害施設を中世の戦記ものに出てくる逆茂木の名を借りてよんでいます。

〈のろし〉　佐賀県唐津市湊中野は、壱岐・唐津湾・糸島半島を眺望できる台地(標高一三二〜一二七メートル)上の高地集落で、壁の焼けた穴が二五もみつかり、のろし穴とみられます。

〈出入り口の防禦的構造〉　佐賀県吉野ケ里の北内郭は、二重の壕をめぐらせています。壕を掘り残した出入口は、二つの壕で位置をずらしてあり、直進できないようになっています。また、出入口の二重の壕の間に柵を立てて、壕と壕との間の空地に直接入れないようにしてあります。柵で囲んだ広場は防戦の拠点になり得ます。漢の城塞の出入口との比較もあり、(9)さらにヨーロッパの前二〜一世紀ころの守りの村や日本の中世の城館の出入口と比べてもひけをとらない守りだといいます。

〈出入口付近の戦いのあと〉　滋賀県守山市下之郷《しものごう》では、三重の環壕のうち、いちばん外の壕の入口付近に、銅剣一、磨製石剣二、磨製一・打製六の石の矢尻、木の弓三などが集中的に残っていて、戦闘のあととみられます。

〈村の破壊・火災のあと〉　日本には、戦いで破壊された村あとは知られていません。しかし、複数の縦穴住居が焼けている場合、火矢や焼き打ちによる焼失の可能性が指摘されています。

武器

〈武器〉　若き日の私は、近畿地方と香川県紫雲出山《しうでやま》のⅢ・Ⅳ期の大きく重い矢尻を武器とみ、打製石剣(当時は石槍とみた)や環状石斧など、石製武器の発達と高地集落の発達とから弥生時代の戦争を提言しました。

松木武彦さんは、畿内・瀬戸内中部・伊勢湾沿岸の各地での矢尻の発達をみとめ、その各地での抗争の結果としました。(10)

さらに松木さんは、縄紋弓が弦を弭《ゆはず》に結びつけたり外したりしていたのに対して、弥生弓は、弦の端に輪を作り、これを弭に掛け外すようになったこと、(11)古くは弦を顔の前あたりまでしか引かない「短い引き込み」で、目・矢・目標物が一直線上に並び、狙いやすく一発的中に適していたのに対して、弥生時代中ごろには、伝香川県内出土銅鐸の猪狩りの絵から明らかなように、弦を耳の後方まで長く引き込む「長い引き込み」に変えることによって大きく重い矢尻を遠く飛ばせるようになったと説明しています。

魏志倭人伝は、倭の矢について、竹の矢柄に鉄か骨の矢尻をつけた、と記述します。たしかに日本では、石の打製・磨製の矢尻が消えたのちも古墳時代の東北・南九州に骨(骨か角)の矢尻が残り、正倉院には八世紀の骨の矢尻が、北海道・沖縄ではチャシ・グスクの時代、つまり十何世紀まで骨の矢尻が残っています。北アメリカの北西海岸の民族例から弓矢とよろいの実験的研究を果たしたローリイさんは、石の矢尻は革よろいを貫かず、骨の矢尻はそれを貫くという結果を出しています。(12)七八〇(宝亀一一)年に奈良政府は鉄よろいに代って革よろいを採用する方針を出しており、骨の矢尻が残った事実と関連づけることもできます。

石の矢尻のない地帯、たとえば弥生時代の南関東なども、逗子市池子や三浦半島など残りがよいところでは骨の矢尻が残っています。丘の上の村あとでは、骨の矢尻は遺存する可能性は少ないです。消え去った武器として骨の矢尻の可能性を視野にいれておきたいものです。

革かきれの細帯の中央に紡錘体の石・土製の弾をのせて、帯の両端を手につかんでぐるぐる回し、その一端を放すと弾がとんでいく、これが投弾です。その起源は、旧石器時代の石球(ボーラ＝ストン)までさかのぼるといわれています。西日本の弥生の村に限って見出されます。

投石用の石は、中世に礫《つぶて》とよびました。中世の城の発掘調査では、岐阜県鶴尾山城、三重県上津部田城などで地面に手ごろな川原石を積み上げた状況をしばしば見出しています。弥生の高地集落においても、鳥取県米子市尾高浅山(V期)、淀江町妻木晩田《むきばんだ》の洞ノ原《どうのはら》地区、島根県松江市田和山、大分県玖珠町白岩(V期)などで集石がみつかっています。地面に石を集めた状況であれば、人の意志で集めたとわかります。ばらばらでみつかった石でも、その山の石でないことが明らかであれば、人がそこへ持ち運んだ、と判定できます。

弥生時代のV期に入ると石器が消えていき村あとに武器らしい武器がないことも多いけ

れど、礫があれば武器と判断できます。

〈武器の破損と再生〉　佐賀県吉野ケ里など北部九州では、先の折れた銅剣を副葬した墓があり、戦いで使って折れた名誉の剣とみなしています。橋口達也さんは、剣の部分の比例関係から、銅剣・石剣を研ぎなおして再生したことを論証し、武器の破損を追究しています。中川和哉さんは、京都市東土川の木棺墓出土の磨製石剣七、八本分と打製の矢尻一二本のうち、先端がこわれたものを実験的研究ともてらした上で「衝撃痕」とみなしています。(13)

〈守りの武器＝武具〉　武具のうち盾はすでにⅠ期(長崎県壱岐原《はる》の辻《つじ》)に出現しており、各地で実例を増しています。木のよろいには実用品以外に祭儀用とみられるものもあります。かぶとは未確認です。

殺傷人骨

殺傷人骨は、世界的にかつては簡単に戦争と結びつけられました。しかし今では家庭内暴力・集団内暴力、作業やスポーツによる事故など、きめこまかくみられるようになってきています。弥生の殺傷人骨は北部九州のⅢ・Ⅳ期の例がたくさんみつかっています。

鳥取県青谷町青谷《あおや》上寺池《かみじち》でみつかった殺傷人骨は、Ｖ期に属しており、時期的に倭国乱に対応する時期の初めての実例として注目をひいています。

武器の副葬

北部九州で圧倒的に多くみつかっています。しかし、弥生時代終わりごろには、鉄剣・鉄刀・鉄槍を副葬した墓は、九州から関東までひろがっています。死者たちは、来世でも戦わなければならない、という思想がひろまったのでしょうか。

武器形祭器

朝鮮半島からもたらされた銅剣《どうけん》・銅戈《どうか》・銅矛《どうほこ》、そしてはじめ日本で作ったこれら三種は武器でした。しかし、やがて、形は大きく、刃は研ぎわけて矢羽紋様をつけるなど装飾化し、ついには大型になって柄もつけない刃も研がない、一見武器にみえても祭り・儀式用の武器形祭器に変わりはてました。武器形祭器は石でも作り、木でも作りました。武力が敵対関係を解決する最大の手段となったとき、豊作を、安らかな暮らしを、安全航海を邪魔する悪を寄せつけないため、武器形祭器は大きな役割を果たすことになったのです。

集団と集団のもめごとを武力をもって解決する世になると、武器は、力をしめすための道具ともなります。武器形祭器の登場は、神がそれをもって戦うことを願ってのことだった、という新しい見方[14]もあります。

戦士・戦争場面の造形

日本では集団の戦争場面の造形は知られていません。奈良県田原本町清水風の弥生土器は、盾と戈をもつ武人を描いています。佐賀県川寄吉原の鐸形土製品や奈良県石上1号銅鐸にみる絵の人は戈と盾をもつとされています。戈はともかく盾なるものは直線にすぎず盾を横からみたとしなくてはなりません。これが盾かどうかは私にはわかりません。

戦争のあった地域となかった地域

以上のような考古資料からみるとき、北部九州から伊勢湾沿岸までの範囲では、環壕集落・高地集落、矢尻の発達[15]、殺傷人骨[16]、武器と破損と再生[17]をはじめとして、戦争にかかわる可能性をもつ考古学的事実が数多くそろっており、戦争があった社会を認めてよいでしょう。

南九州・長野・北陸・新潟・東海・南関東は、考古学的事実が多くはなく、戦争を知ってはいたけれど、実際に戦ったかどうかはわからない社会ととらえておきたいと思います。

戦いの影響は東日本にもおよびました。ただし、駿河地方は、静岡市登呂遺跡をふくむ大きな村あとも環壕をもたず戦争をしめす事実が稀薄です。北関東・東北地方には戦いの証拠はありません。

なお、鈴木尚さんは三浦半島の洞窟遺跡からみつかったバラバラの状態の弥生人骨を殺傷人骨と考えました。[18]それに対して春成秀爾さんは再葬のために遺体を解体した結果だと解釈しました。[19]しかし最近、私は岡本孝之さんから殺傷説を再検討すべきだ、と聞きました。南関東には石の矢尻はないけれど骨や角の矢尻を用いた可能性は残り、礫を武器とした可能性もありえます。

北関東の大部分と東北には戦争とかかわる考古学的事実はほとんどありません。[20]戦争とは無縁とみたいと思います。秋田市地蔵田Bの守りの村は、かけはなれた例外です。[21]

縄紋時代に戦争が始まっていた、という見方もあります。しかし、戦争を定義せず、戦争を認めるための考古学的事実をかかげることのない議論のため、私の見方とは嚙み合いません。

世界の研究に照らすと、アメリカのファーガソンさんの指摘するとおり定住生活の始まりが戦争を招く動機になったことを知ります。だから縄紋時代には戦争が始まっていた可能性はあります。しかし、現状では、それを認めるための事実はそろっていません。

戦争と倭国乱

弥生時代が始まると間もなく北部九州では戦争の証拠があらわれます。朝鮮半島製の磨製の長手の矢尻で射殺された人が、福岡県志摩町新町でみつかっています。村のまわりに壕を掘り、その土をつみあげて守りの壁を築くことも始めました。福岡市の板付や那珂は、その代表的な例です。弥生時代の戦いは、朝鮮半島の戦いを学び、環壕集落や武器を文化要素として受けいれて出発したものでした。先進地、九州における戦いの証拠は鮮明です。春成秀爾さんがいうように、本格的な水田稲作の技術などとともに戦争の知識・技術が到来したのでしょう。(22)

多くの研究者は、倭国乱が二世紀後半ないし末だった、ととらえています。一九六四年、私が弥生時代に戦争があったことを指摘した香川県紫雲出山の報告書では、弥生時代中ごろ(Ⅲ・Ⅳ期)に矢尻や石剣(当時は石槍とみていました)など石の武器が発達し、それと並んで丘の上に村が出現したことを軍事的緊張の結果ととらえました。(23)私は、これを直ちに倭国乱とは結びつけませんでした。しかし、その後、田辺昭三さんと一緒に畿内弥生文化を論じたとき、これを倭国乱と結びつけてしまいました。(24)その結果、Ⅳ期の実年代を二世紀後半〜末と推定することになりました。これは誤りでした。Ⅲ・Ⅳ期には、瀬戸内海・

大阪湾沿岸で石の武器の発達と高地集落の発達が認められ、名古屋付近でも石の武器が発達しています。たがいに個性的な石の武器を発達させているので、松木武彦さんが指摘するように、中部瀬戸内・畿内・伊勢湾沿岸のそれぞれの地方で戦争がくりひろげられる状況だったのでしょう。[25]

弥生時代の終わり、Ⅴ期の後半に高地集落の発達がみとめられ、畿内を中心としています。それを二世紀終わりころと推定し、これこそが魏志倭人伝の「倭国乱」、『後漢書』にいう「倭国大乱」にかかわる、とみられるようになりました。[26]

倭国乱に先だつ弥生時代の戦いは性質を変えていきます。弥生Ⅲ～Ⅳ期の戦いの原因については、早く春成さんが鉄や流通とのかかわりで説明しました。[27]この解釈は生き続けています。鉄などの資源や、有力者の力量をしめすに格好な宝物――威信材――を大陸から入手して確保し、それを各地に配ることは、久しく北部九州の有力者の役割でした。その物流システムを再編成して畿内がそれを掌握するための戦いこそが倭国乱だった、という山尾幸久さんの考え[28]は、定着しつつあります。

弥生時代の戦争と題しながらその歴史的意義についてはふれないままに終わってしまいました。これについては松木武彦さんの『人はなぜ戦うのか』[29]が広い視野から論じています。

22 のろし

魏志倭人伝には、戦いや武器のことはでてきますけれど、のろしについての記事はありません。しかし、弥生時代にのろしが存在した証拠がみつかってきているので、のろしについてもふれておくことにします。(1)

紫雲出

四国の形は、中央がくびれていて、東も西も北に南に張り出しています。その東北の張り出しの西の端近くから西北方にのびる小さな半島が三崎半島です。この半島は先の方が山になっていて、その頂上からの眺望はすばらしいものです。この山——紫雲出《しうで》山(三五二・四メートル)の頂きにある弥生遺跡の報告書の(2)「遺物」と「後論」とを一九六四年に書いた私は、石の矢尻や剣先(当時は槍先と考えた)が豊富な事実と矢尻の重さとから、弥生時代に戦いがあったと考えました。

当時の学界では、弥生時代に戦いがあった、とは考えていませんでした。たとえば、一九六二年に近藤義郎さんが著した「弥生文化論」(3)は、魏志倭人伝の倭国乱の記事にふれてはいても、考古学の立場から戦いをとりあげてはいません。だから、弥生時代に戦いがあった、と書くには、勇気が必要だったことをおぼえています。

この報告書の後論で、紫雲出が「防砦・見張台・烽台《のろし》」の役割を果たした可能性を考えた私は、また、それだけによって「なりたっている特殊な遺跡ではなく、軍事的・防禦的性格をおびた集落遺跡」だ、と書いています。

のろしがここにあった可能性を考えてはいます。しかし、紫雲出では、のろしの痕跡どころか、家や倉のあとなどの遺構すら何ひとつ見つからずじまいでした。

私は、遺物の種類が平地の村のそれと変わらないこと、土器が連続する時代にわたっていて、一時的な短期間の住まいとは考えにくいことを根拠として、かなりの期間引き続いて人びとが暮らしていた軍事的・防禦的な村あと、とみたのでした。一九八八年、丹羽佑一さん(香川大学)は、紫雲出で家・倉のあとを発掘調査でみいだしました。

兵庫県会下山《えげのやま》(4)、岡山県貝殻山(5)では、家のあとが確かめられて、高地性遺跡が高地性集落であることが証明されました。こうして、弥生時代Ⅲ・Ⅳ期の高地性集落を軍事的緊張と

結びつける解釈、弥生時代に戦いがあったという解釈は、しだいに学界共有のものとなりました。(6)

また、高地性集落はV期にもあり、もし魏志倭人伝にいう倭国乱とかかわる考古学的証拠との関連を求めるならば、Ⅲ・Ⅳ期ではなく、V期の遺跡をあげるべきこと(7)も明らかになっていきました。

高さと見通しの利くことと

都出比呂志さん(大阪大学)は、淀川水系の高地性集落をA・B二つに分けました。

Aは、「急峻な山頂あるいは尾根上に立地していて、水稲栽培に不便な場所にあるもの」、「小規模なものが多く、同時に併存する住居は数棟ていど」とみられるものです。

Bは、「標高六〇メートル前後、比高三〇メートル前後の丘陵上に立地して平地への距離もさほど遠くないもの」です。ただし、「標高こそ特別に高くはないけれども、平地に向かって強く張り出した丘陵尾根の先端の最高所にあり、山丘を除く三方あるいは四方すべてを見通せる高みに立地する(天神山《てんじんやま》、小谷、飯岡《いいのおか》、城山、北山、芝谷、鷹塚山《たかつかやま》、堂山)、あるいは、西に淀川、東に木津川を見通せる高み(幣原《しではら》)、にあるなど、洪水を避けて丘の上に村をかまえたとはいえない」。

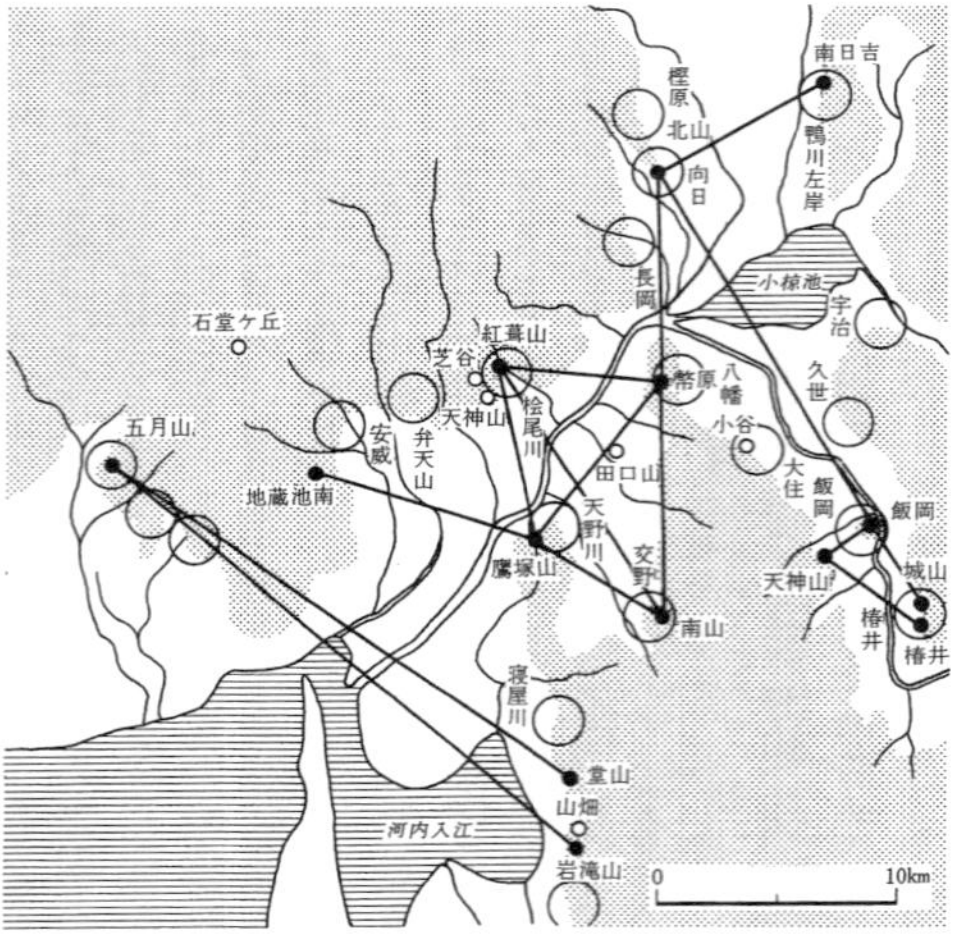

高地性集落の分布と前期古墳のグループ
(都出比呂志さん原図．黒丸と白丸が高地性集落．円圏は古墳のグループ)

都出さんは、「烽がこれらの高地性集落で挙げられたことを仮定し、それを互いに見通せる関係にある遺跡を直線で結ん」で図示しました(8)。

若き日の都出さんは、バイクに乗っていました。それを駆使して京阪神の弥生の高地性集落あとを二〇カ所以上も訪ね登っては、遠近の弥生村あとが互いに見えるかどうかを望遠鏡で確かめ歩きました。いや登り走ったのです。

高さだけでなく見通しが利くことこそが大切だ、低くてもいいこともある、という指摘は、聞けば当然のことだけれども、都出さんのバイクと望遠鏡がみちびいた結果には重みがあります。

朝鮮考古学の有光教一さんから意外な事実を教わったことがあります。京都府乙訓《おとくに》郡大山崎町の円明寺西法寺にある有光さんのお宅から二八キロメートルも離れた奈良春日山の山焼き(一月一五日)を遠望できるというのです。この話と都出さんの仕事とが重なって、現場を踏むことの大切さを、あらためて知ったのでした。

新幹線とのろしの競争

一九八八年三月一三日、JR山陽新幹線の新尾道駅の開業を記念して、尾道市の若手経済人が中心となり、広島経済同友会尾道支部・尾道青年会議所のメンバーが、新幹線とのろしの競争を試みました。「見通しのいい山頂をつないで大阪から尾道までの約二五〇キロをほぼ一〇キロ間隔で結んだ。第二電電のアンテナ設置場所と共通な地点も二カ所あった」「途中までは「のろし」がリードしていたが、最後のところでモヤってきて「のろし」の確認に手間どり、結局は約一〇分遅れたが、ちょうど二時間で到着した(9)」。

マイクロ無線の中継局が中世の城あとと重なることは、一九六〇年代中ごろに地理学の渡辺久雄さんが気がついたことだそうです。右の記事を書いた森本英之さんはそのことから、第二電電の中継アンテナを何カ所もたずねて、弥生時代の遺跡と重なることも知り、私のところへも情報収集に来ました。「大阪〜山口間の中継アンテナの設置場所一四カ所のうち、弥生中期遺跡が三ヵ所、中世の山城跡が七ヵ所はありそうだ」「「歴史は繰り返す」というが、二千年を経て何度も同じところが通信に使われてきたことに感心させられる」といいます。(10)

のろし実験のテレビ放映

一九八九年五月、日本放送協会は、ＮＨＫスペシャル「よみがえる邪馬台国」一〜三回を放映しました。この二回目を大阪・奈良局が作り、このために四月の末、のろしの実験をおこないました。

都出比呂志さんによる高地性集落の網状組織《ネットワーク》から、鷹塚山・田口山《たのくちやま》・幣原・森山・飯岡・城山・灯籠寺《とうろうじ》、そしてさらに森岡秀人さん(芦屋市教委)の意見を入れて、兵庫県の会下山・甲山と尼崎市田能とを加えて計画をたてました。しかし、都市化が進んで見通しが利かなくなっているため、結局は、鷹塚山以東、灯籠寺までの実験になりました。

何のための、のろしなのでしょう、という問いに、都出さんは「当然、軍事通信でしょうね。弥生後期のこの段階の軍事通信というのは、お互いに同盟関係にある集団同士が情報をかわして、畿内よりもほかの地方の勢力と戦争している、そういうときの軍事情報ネットワークと考えていいと思います」と答えています。(11)

弥生時代の燃料はオオカミの糞、今回は古タイヤです。違うのは、燃料だけではありません。出発点と最終点とを携帯電話で結び、点火と煙の確認を連絡しあうことができました。

鷹塚山で午前一〇時半、古タイヤの黒い煙が上りました。六キロ離れた田口山でこれを確認、すぐに点火。しかし、途中に団地があって見通し悪く、幣原での確認はおくれ、一一時に確認。森山・飯岡を経て城山で一一時二〇分に確認。六分後の一一時二六分に最終地点の灯籠寺で確認、点火。全長三二キロをのろしで伝えるのに五六分間を要しました。「靄《もや》とビル陰で確認に手間どった第二、第三地点間のロスがなければ、もっと早いのですけれども。確認・点火から次の地点での確認まで五分でいけば、三〇キロほどの距離に三〇分しかかからないことになります。奈良は盆地の中ですけれども、伝達はすぐにいくということになってきますね」というのが、宇治田和生さん(枚方市文化財調査研究会)の感想です。(12)

のろしの穴をさがす

一方、のろしをあげた穴を弥生の村あとでさがすことが始まっていました。その候補は、焼土坑《しょうどこう》とよくよばれています。しかし、私は焼け穴《やけあな》とよびたいと思います。

人が掘ったとみられる穴を土壙《どこう》とよび始めたのは、田中琢さん(元・奈良国立文化財研究所)によると考古学の榧本《かやもと》亀治郎(杜人)さんです。この用語は奈良国立文化財研究所の報告書が採用し、全国に普及しました。ところが、壙は墓穴を意味します。ごみ穴、粘土採掘穴、貯蔵穴、墓穴などさまざまな用途をもつ穴をこの字であらわすことはふさわしくないし、第一、教育漢字でないから、何の意味かわかりません。しかもなぜ土が上につくのかはわかりません。土に掘った穴を土壙とよぶのに対して、砂に掘った穴を砂壙とよぶことまで始まりました。

壙はふさわしくない、ということから、田中琢さんは「土坑《どこう》」という表現を始めました。現在、土壙に代って土坑が普及し始めています。こうして、壁が焼けている穴は、焼土壙あるいは焼土坑とよばれるようになりました。

考古学をやさしくするために、私はさらに、土壙・土坑をやめて、穴と表現したいと思います。

穴しか残っておらず、今、木棺をおさめた痕跡がみとめられない墓を土壙墓とよぶけれども墓か穴墓あるいは、穴だけの墓でもいいではないですか。

という次第で、私は、自分の文章のなかでは、焼け穴で通すことにします。

森岡秀人さんは、山や丘の上の弥生の村あとで、屋外で火を燃やしたとみられる考古学的証拠がどれだけつかめているか、を追究して、二〇ほどの遺跡を確かめています。[13] 焼け穴と焼け面とがあります。焼け面の実例が少ないのは風雨で流れやすいからだ、と森岡さんはみます。

焼け穴には、形の変化も多い。円・楕円・長方形・正方形および、その上に不整をつけて不整長方形とかよぶべきもの、隅が円いので隅円長方形とかよぶべきもの、そして、まるっきり不整形のもの。穴の壁は、斜め上から斜め下にすぼまるもの、垂直のもの、逆に底の方に向ってひろがるものといろいろです。深いもの、浅くレンズ状のもの、上、下二重の穴になっているものもあります。

壁の上の方がよく赤く焼けているのに、その下の方や底は火熱による変化がみられない穴が多い。炭や灰が堆積しているものが多い。森岡さんは、実験によっても、炭や灰が堆積した状況で火を焚けば、壁の下の方や底が焼けない、と指摘しています。

思い出すのは、縦穴住居の炉についての今村啓爾さんの論文です。[14] 今村さんは関東地方の縄紋早期、たとえば花輪台式の住居の中央のくぼみが火を受けておらず、従来、炉と判定することをひかえてきたことについて、灰を入れた状況で火をたけば、穴の壁・底が火の熱で変質することがないこと、そして渡辺直経さんが、灰が消滅することがある――木炭の主成分、炭酸カリウムは水に溶け、炭酸カルシウムは酸に溶ける――と指摘している[15]

ことをとりあげて、発掘した時、灰が残っていない穴であっても炉である可能性があることをあげています。

森岡さんは、焼け穴の焼け具合について、一回火を焚いても壁は焼け土になる。しかし赤色の度合い(酸化の程度)によってどのくらいの時間(期間)使ったかの判定は難しい、と書いています。焼け穴の堆積は、底から焼け土、炭化物、灰、埋まった土のことが多い。しかし、斜面の下側の壁をこわして、穴の中の灰や炭を清掃したとみられる場合(大師山)もある。焼け穴の中には土器、土器片を含むことがある。それゆえに焼け穴を土器を焼くための穴と推定している報告もあります。

森岡さんは、丸山竜平さんが積極的に焼け穴をのろし用として理解していること[16]を引き、さらに古代史の高橋富雄さんが、秋田県南秋田郡昭和町の羽白目で想定した秋田城外の「城外塁烽遺跡」(九世紀末)[17]や、石川県河北郡宇ノ気町の鉢伏茶臼山の縦穴住居(塚崎Ⅱ式古層)の埋め土の上で何度も火を焚いたあとを、のろしをあげたあととみる見解[18]をも視野に入れて、烽舎的建物の存否についても将来、検討すべきことをあげています。

こうして、森岡さんが、弥生の丘の上の村あとにある焼け穴を検討した結論は、「焼土壙(佐原の焼け穴)を有する高地性遺跡に烽台の存在を積極的に立証し得る遺跡はまだないと言ってよく、設備構造の面から烽を挙げたであろう施設を摘出することは不可能である」でした。そして、これらの焼け穴は「比較的単純な造作施設であり、かなり多様な在り方を示している反面、細部の観察を通じて大勢として類似性をも指摘できる。したがって、これらの資料については遺構の使用実態を多角的な側面からなお検討を深める余地は残されているのであり、類似の増加を待って観点を変えた考察を加えていかねばならない」と結んでいます。

湊中野

山や丘の上の弥生村あとの焼け穴を積極的にのろしのあととみるのは、田辺昭三さんと丸山竜平さんに始まっています。[19]

そして、中島直幸さんが調査報告した佐賀県唐津市にある山上の弥生村あと、湊中野の焼け穴こそが、のろしに違いないとみられるにいたりました。[20]

唐津湾の西の湾曲を形作る東松浦半島の先端に近い上場台地に、A丘(標高一七八〜一六八メートル)、その北にのびる尾根のB丘(一五四〜一五一メートル)、東北方で北にのびる尾根のC丘(一三二〜一二七メートル)があり、A・B・Cは、一辺ほぼ三〇〇メートルの三角形をなす位置関係にあります。

焼け穴はA丘に五、B丘に八、C丘に一一あり、隅円の台形・方形・長方形・円形など

(長さ一・三〜二・五二メートル、深さ〇・三〜〇・五メートル内外)で壁が焼けています。底は焼けていても著しい焼けあとをとどめていません。焼土・炭が入っており、炭化物が塊状に入っているものもあります。

家があるのはC丘のみで、C丘には弥生Ⅱ期(前二世紀)以来古墳時代にいたるまで家(縦穴住居)があり、平屋建物(掘立柱《ほったてばしら》建物)もいずれの時期かにあります。そして子どもの墓があり、焼け穴もあります。しかし、A・B丘には焼け穴しかありません。この事実はのろし説を積極的に支えています。

焼け穴には内面が焼け、焼け土や炭化物が厚く堆積しているものが多いうえ、二五のうち一一まで弥生土器を伴っていたという事実があります。

この焼け穴をのろしととらえる理由として中島直幸さんがあげている事項を列挙し、私の解説も加えておきます。

①高所(標高一三二〜一二七メートル)にあり、北は壱岐島(「一支国」)、東は唐津湾沿岸(「末盧国」)と福岡県糸島半島(「伊都国」)が一望できる。②長期間続くものの、断続的で、家の数すくなく、遺物包含層(ごみ捨てあと)も薄い。③子どもの墓のみで、おとなの墓はなく、「母村」は別にあることを暗示している。④稲穂を収穫する穂摘み具(石包丁)、伐採斧(太型蛤刃石斧)、大型加工斧(柱状片刃石斧)など低地のふつうの村にはある生活必需

品がない。仕上げに使う小型加工斧(扁平片刃石斧)や、同じく木工の仕事で仕上げに使う鉄製ヤリガンナはある。これらの遺物だけから想像をたくましくすると、この山上の村に住んだ人びとは低地の水田まで収穫に行くことはなく、また大規模に森林を伐採したり、荒割りして本格的な木工の作業をすることなく、すでにある材を仕上げたり細工したりの作業にとどまっていたのである。⑤鉄の矢尻(鉄鏃《てつぞく》)があり、矛などの武器の長い柄の下端にとりつける部品(石突《いしづき》)の形を写した小型の鉄器がある。武器をもっているのである。⑥石皿、凹石《くぼみいし》(拳大の石の両側にくぼみを作った石器製作用の槌《ハンマー》)、磨石《すりいし》(石皿を下石として木の実などをのせて粉砕したり磨り潰したりする上石《うわいし》)がある。粟や木の実の製粉用だろう。石錘は魚網用かもしれない。食用植物を採集したり魚とりはやったらしい。糸つむぎに必要な惰力をあたえる紡錘車があり、糸をつむいだことがわかる。ほかに若干のアクセサリー(管玉《くだだま》・小玉)がある。⑦小型の石鎌と鉄鎌とがあるのは草刈り用か。

こうして、右にあげた根拠によって、中島直幸さんは、湊中野の焼け穴の「機能としては「のろし」発射用の土壙が考えられる」としました。

のちには、こうも書いています。

「湊中野遺跡は末盧国の情報ネットワークの最先端基地として、大陸・伊都国の双方をにらむ位置に、日常的に通信的機能を荷負うために、通常のムラから小規模の集団が長期にわたり、高地に集落を形成したムラと考えられよう。おそらく、大陸・伊都国の情報をいち早く末盧国の中枢部へと瞬時に通信していたことであろう」(21)と。のろしの跡と考えて間違いないでしょう。

実際の焼け穴をみてはいないけれど、田中琢さんは現地を訪ねて書いています。「湊中野遺跡に立つ。壱岐《いき》島、糸島半島、唐津湾、二〇〇度以上の視界を玄界灘《げんかいなだ》につながる海が占める。陸地をのぞむ視界でも、二〇キロほどかなたの脊振《せふり》山地西端の作礼《さくれい》山や佐賀県伊万里市の北の大野岳が遠くにあるのみで、台地と天空のあいだをさえぎるものはない」(22)。私もまた焼け穴そのものはみていません。しかし、中島さんの案内でこの丘の上に立ち、視界の広さに感動し、中島さんの解釈にうなずいたのでした。

森岡秀人さんは一九九六年、「弥生時代抗争の東方波及」のなかで、湊中野の成果を評価し、福岡市苫永浦、北九州市黒ケ畑などとともに「奴国連合体の高地性集落網」としてとらえる武末純一さん(福岡大学)の考えを紹介しています(23)。

そして、Ⅴ期後半(二世紀ころ)の高地性集落については、「ノロシ台など通報施設に力点が置かれた連絡機能型の物見の遺跡が目立っており、瀬戸内を中心とした沿海の海上交通より、九州でも近畿でも内陸のルート的要衝がその舞台になっている」事実を指摘しました。しかし、「その一方で、畿内中枢の前面に横たわる大阪湾、その防備のための明石海峡を管掌する高地性集落が淡路島最北端につくられている」こともあげて、兵庫県津名郡淡路町塩壺西遺跡の名を紹介しています。

愛媛県で、兵庫・奈良県で、弥生の丘・山上の村の焼け穴の実例は加わっており、それらはのろし用と理解されています。かつて森岡さんがかかげた焼け穴のなかにものろし穴が含まれているのでしょう。

今後、研究を前進させるためには、高地・低地を問わず、遺跡間の見通しを考えにいれた上で焼け穴の実例をつかみ、その穴の中に堆積する焼け土や炭・炭化物に、通常の煮炊き用の炉とは違った性格を自然科学的につかむ可能性を追うことが必要です。大陸や律令国家で使ったというオオカミの糞の脂肪酸分析の成果まで期待することは難しいだろうけれど、自然科学的にも、なにかのろしのにおいを感じとりたいものです。

最後ののろし

和歌山の幕末ののろしについては、岩田栄之さん・小賀直樹さんを経て私が入手できた資料と、林泰治さん(清水町誌編纂室)からいただいた資料によって、一五〇年近く前にあげていたオオカミの糞を燃やしたのろしについて知ることができました。また、猟犬の糞の写真を見ると、イノシシの毛から成り立っていて毛糞の名にふさわしく、これからオオカミの毛糞をじゅうぶんに想像することができ、のろし用の燃料としてふさわしかったことがうなずけます。

岩田さんは、中川道郎さん(大阪の天王寺動物園長)に、中国のオオカミの糞利用について問い合わせを依頼し、上海動物園長さんからの答えがきました。その返答によって、オオカミの糞の利用が伝説とはいえ東周の時代すなわち春秋戦国時代(前七七〇〜前二二一年)までさかのぼるといわれていることがわかりました。

嘉永の紀州ののろしが最後ののろし、だと思っていたところ、たまたま直木賞作家高橋治さんの『流域』[24]を読みました。土佐の四万十《しまんと》川を舞台としてノンフィクションとフィクションとを交互に書き、最後にそれを合するという巧みな構成です。その作品の終わり近くで、一一月、鮎の再解禁の話になんと、のろしが出てくるのです。今、現在は、煙火とよんでいるとのことだけれど、高橋治さんが取材した「殿下」こと柳町渉さんがいうように、かつてはのろしとよんでいたのでしょう。

一五〇年近く前に紀州であげたのろし、それと共に、絶え果てたのではなく、その燃やし方、打ち上げ方は変わったにせよ、現代にまでのろしの名は息づいてきた、ということに感慨ひとしおです。

23 卑弥呼

共に一女子を立て王と為《な》す、名を卑弥呼《ひみこ》と曰《い》う…
弟有《あ》り佐《たす》けて国を治む(66〜67行)

元始、女は実に太陽であった

日露戦争のさなか、反戦の詩、「君死に給ふことなかれ」を詠《よ》んだ与謝野晶子さんは、第一次大戦のとき、「女より智慧《ちえ》ありといふ男たち、この戦ひを歇《や》めぬ賢こさ」(一九一八年)、と皮肉っています。(1)

ギリシアの昔、男たちが戦いにうつつをぬかしているのにあきれ果てた女たちは、セックス＝ストライキでこれに対しました。(2)

何千年かの昔、世界最古の戦さ以来、もっぱら男が戦ってきたに違いない、と思います。世界の戦争考古学の状況をみても、(3)日本の弥生時代の死傷人骨をみても(4)圧倒的に男が死んでいます。

一七〇〇年前を前後とする時代、西日本の小さな国ぐにの間で戦いがおこりました。これまた男がおこしたのでしょう。しかも、小さな国ぐにから成りたっていた大きな国、倭国を率いていた男の王は、この戦いをしずめることはとてもできませんでした。

そこに登場したのが卑弥呼です。

彼女を倭国の王にえらぶと、戦いはおさまりました。すくなくとも前任の男の王よりも彼女は知恵があって賢く国際性に長《た》け、神と語りあう力にも長けていて、指導力《リーダーシップ》を発揮し、人望もあったのでしょう。

それだけではありません。魏志倭人伝は、卑弥呼の死後、男の王が立つと、倭国はまた乱れ、卑弥呼の一族の女、壱与《いよ》(あるいは台与《とよ》)が王になると、またも戦いはおさまった、と書いています。まこと、女ならではは日のあがらぬ国だったのです。平塚らいてうの「元始、女は実に太陽であった」という言葉を想い出します。ちなみに私にとっては今も女のひとは太陽です。

漫画家の里中満智子さんは、卑弥呼は、世界に名前を知られた最初の日本人で、それが女だったことは嬉しい、といいます。

紀元一〇七年に「倭国王」の帥升《すいしょう》が中国に朝貢したという記事は、五世紀の『後漢書』に出てくるのですから、三世紀の魏志倭人伝に登場する卑弥呼こそが、文献の上で最初に知られた日本人、という里中さんの言葉に誤りはありません。「日本」は七世紀に始まっ

たのだから、それより前には日本も日本人もないという網野善彦さんの主張を認めない上のことです。(5)

さて、私には、卑弥呼について半分冗談、半分案外真面目《まじめ》な持論があるのです。何年間も戦い続けてきた「国ぐに」の王や有力者たちは、卑弥呼の魅力にとりつかれていました。クレオパトラに魅せられたシーザーとアントニウスを思い出せばよいのです。ところが、卑弥呼が偉かったのは、どの王にも色よい返事をせず、独身を守ったことです。誰かに寄りそえば、たちまち倭が乱れるに違いない宿命を彼女は予感していたのです。そして初めは誘いを避けて、後には老醜をさらすことを嫌って、彼女は人前に姿をさらすことはありませんでした。小津安二郎監督の映画に出演したある高名な女優さんが引退した後、人前に姿をみせないままでいる事実と重ね合せての私の想像です。

歴史研究者がみた卑弥呼

さて、魏志倭人伝を追究した謹厳実直な研究者たちも、卑弥呼がどんな女性だったかを話題にしたことがあります。(6)片や、民俗学・神話学を究めた三品彰英《みしなあきひで》さんは、極《き》めつけています。源頼朝の奥さんだった北条政子や、足利義政夫人の日野富子など、日本史上の名だたる女傑と同じように、卑弥呼も遣《や》り手の女だった、ととらえて「有名な巫女《みこ》の容貌は一種のすごみをおびて気持が悪いもんですよ。美女とはおよそ縁が遠い」と。この本の三品さん自身の本文では「あまり美人ではなかったであろう。ただし可愛い顔付きであったろうが」とも書いています。(7)

こなた、法制史、とお固い牧健二さんは、卑弥呼のために弁じたい、と三品さんに反論します。「たいへん聡明な方」、と敬語を使い、「すばらしい美人」だった、とたたえています。多くの侍女をしたがえて、皆から尊敬されていた、ということは、ただ単に神がかりの達人だけではなく、非常にすぐれた容貌の持ち主だったに違いない、というのです。

せっかく話の花が咲いているのに同席した古代史の重鎮、井上光貞さんは乗ってきません。「ちょっと考古学上のことをおうかがいしたいんですが……」と、折角の話の腰を折ってしまいます。

この井上さんは、歴博(国立歴史民俗博物館)の初代館長です。井上さんの心境を、彼を識る白石太一郎さん(歴博考古研究部)に分析してもらったところ、井上さんの学問的な潔癖《けっぺき》さの表れだ、という答がかえってきました。おそらくそれが正しいのでしょう。

考古学研究者で卑弥呼の容貌をとりあげた例もひいておきます。「だいぶ前のことになるが、「蜘蛛《くも》ノ巣城」という映画があった。そのなかで女優浪花千栄子さんの演じた老婆のすがたが忘れられない。今、私が想像する晩年の卑弥呼像には、あの老婆のすがたが重なってくるのである」[8]。

人類学研究者がみた卑弥呼の顔

卑弥呼の容貌を人類学の研究者はどうみるのでしょうか。

「丸顔で、鼻のつけ根が低くて鼻全体がしゃくれ、しかも頬骨が突出しているので、おそらく顔が扁平にみえ」「少くとも余り美人とは云えなかった」という鈴木尚さんの想像は、まだ鈴木さんが渡来系の弥生人の存在を認めていなかった一九五四年のもので、縄紋人の顔として卑弥呼をとらえています[9]。

現在の人類学界では、弥生時代の初め以来、朝鮮半島から人びとが到来したことを否定する人はいません。邪馬台国が北部九州や畿内にあったとすれば、渡来系で背高く面長で由紀さおりさん、熊本・長崎・鹿児島ならば、縄紋系で薬師丸ひろ子さん、という松下孝幸さん(土井ヶ浜人類学ミュージアム)の説明[10]は、いま人類学研究者に共有のものでしょう。

畿内では、近年知られた弥生人骨として、奈良県唐古鍵の頭骨と天理市長寺《おさでら》の頭骨が渡来系であるということです[11]。これは、福岡県や山口県日本海岸、佐賀平野の弥生人骨と共通する特徴をそなえているのです。

だから、邪馬台国が北部九州・畿内のどちらにあったとしても、こと卑弥呼の風貌については、変らないことになります。

ここで、失礼ながら卑弥呼さんの体にもう少し近づくことにします。

卑弥呼さんは、渡来系弥生人ですから、面長で、顔全体は起伏少なく柳の葉のように眉細く薄く、目は一重まぶたで鼻筋とおり唇薄く、耳たぶ小さく、毛深くはなくそして、耳垢は乾き、腋の下に匂いはなかったでしょう。

比べるため私自身についていえば人類学の埴原和郎《はにはらかずろう》さんから縄紋の顔といわれたとおり、顔の上下短く、眉太く(今では薄くなりました)、二重まぶたで鼻の幅広く、唇厚く(もう少し厚い方がいいそうです)、耳たぶ大きい(いわゆる福耳)顔です。縄紋顔だと顔の起伏大きく、毛深いのですけれど、それは私にはありません。しかし、耳垢しめり腋の下に匂いをもつ点はしっかり縄紋系の性質です。

考古学からみた卑弥呼

卑弥呼の衣裳、アクセサリー、そして彼女がおこなった呪術、「鬼道」の道具だてに考古学から接近することは、容易ではありません。

まず、衣裳は、まったくわかりません。服装史の専門家らしい人が「考証」したという卑弥呼の衣裳を見たことがありますけれど、考証などはできないのです。日本の衣裳は、六世紀の埴輪からわかり始めます。(12)それより前は、空想するほかありません。私自身も二回、一回は漫画で、二回めは由紀さおりさんにモデルになっていただいて空想したことがあります。

アクセサリーはすこしはわかります。勾玉・管玉のくび飾りをつけ、冠・耳飾りはなく、腕輪をつけたくらいでしょうか。由紀さおりさんのときは、仕上った写真をみると、直径二センチメートルはあろうかという琥珀の丸い玉を連ねたくび飾りをつけているのに驚きました。(13)淋しいからつけました、とのことでしたけれど、考古学的にはありえないアクセサリーです。

二〇〇〇年に京都府峰山町赤坂今井の丘墓(墳丘墓)でみつかった頭飾りはガラス製の管玉・勾玉と実にみごとで卑弥呼の時代の、おそらく女の有力者のつけたアクセサリーとして唯一のものですから、これから卑弥呼の像を描くときは、これを使えばよい、と思います。

「鬼道を能《よ》くする」ということですから、鏡を使った可能性があります。鹿の骨の占いもしたことでしょう。彼女自身がやったのか、やらせたのかどちらでしょうか。

という次第で、残念ながら考古学的に彼女についていえることは無いに等しいのです。

現代も「呪術の時代」

卑弥呼さんは、鬼道をよくして人びとをまどわした。というから呪術の達人だったのです。呪術という言葉は、むずかしいです。しかし英語でいえばmagicです。普通にはできないことをやってのける超能力で、できないことを神霊や祖先の力を借りて実現してしまうのです。

縄紋人は、粘土で作って焼き上げた人形(土偶)や、元気の良いオチンチンをかたどった石器(石棒)をはじめとして数多くのおまじないやお守りなど呪術の道具を使いました。縄紋時代を「呪術の時代」とよんだ研究者もいます。

弥生人も、骨占い、木の鳥、分銅形土製品、銅鐸、武器形祭器等々、数々の呪術の道具を使いました。

古墳時代にも数多くの呪術の道具があります。古墳に死者をおさめてから入れた品々もまた呪術の道具立てでした。飛鳥・奈良時代以来も多くの呪術の道具があります。

こうしてみてくると、原始古代以来、人は呪術と無関係に暮らすことができなかったことがわかります。

ところが、私は、現代もまた、大いに「呪術の時代」だと思います。

二〇〇一年一月六日、日本国政府は、省庁再編成をおこないました。文部省と科学技術庁とは一緒になって文部科学省となりました。

ところで、一月六日は土曜日でした。国家公務員の休みの日です。あくる七日は日曜日、そのあくる八日は月曜日なのに成人の日という休日でした。だから三連休が終わってようやく一月九日の火曜日になって国家公務員は働き始めたのです。

ああそれなのに、それなのに、なぜ三連休の最初の土曜日を新しい政府の出発の日としたのでしょう。

この六日が「大安」で、縁起をかついだからだ、と私は思います。吉の日、凶の日を見分ける六曜というものがあって、大安は吉日、おめでたい日で、結婚、引越し、新しい仕事を始めるのに良い日となっています。仏滅は、これらにとって悪い日、友引は友を引くので、葬式に悪い日です。

面白いのは、これが太陽暦にともなう吉凶で、一八七三(明治六)年に日本が太陽暦を採用してから始まった迷信だという事実です。

一月六日は休日でした。しかし、大安でありました。科学技術立国をうたい、ITを第一に掲げる日本国政府が新しい出発を大安に始めたことは楽しいことではありませんか。(14)

情報技術・先端科学・宇宙科学に関係する機関や、あなたの会社・学校も、開設記念日は大安に違いない、と私はにらんでいます。

朝のテレビで星占いをやっています。私は双子座で、今日は悪いと出ると、テレビを切りかえます。他の局では双子座は今日いい、といっているからです。

皆さんの車には「交通安全」のお守りがついていませんか。漢字で書くと名前の字画が悪いとか、方向が悪いとか気にしませんか。四は「死」、九は「苦」に通じるから避けるとか、ハンコの相(印相)が悪いといわれると気になりませんか。現代は実に「呪術の時代」です。

卑弥呼さんが鬼道で人びとをまどわしたことを笑うことはできません。

男装の卑弥呼、男の卑弥呼

中国では王は男ときまっていました。だから倭の使いも、卑弥呼を男でとおし、女であることは隠しただろう、当然、中国は卑弥呼を男とみなして男の服をさずけたに違いないから、卑弥呼は男の王服を着ただろう、と書いて武田佐知子さんは私を驚かせました。(15)

その後、武田さんは「男装の女王・卑弥呼」と題してさらにくわしくこのことを論じました。(16)説得性があるのです。傍証として彼女があげていること、中国の『隋書』が推古天皇を男として書いている事実を私は初めて知りました。遣隋使は推古さんが女であることを隠していたらしいのです。『隋書』は、推古さんに難弥《きみ》という名の妻がいて、後宮《ハーレム》には

六、七百人の女のひとをかかえている、と記録しているのです。
東大寺の大仏さまが完成したときのお祝い、大仏開眼供養《かいげんくよう》の記録(『続日本紀』天平勝宝四＝七五二年条)から、「古代の天皇の衣服や冠は、男女の区別がなかった」「天皇は性差を超えた存在であり、たとえ女性が位につこうとも、そこへ、女という性をもちこむことはない、と意識されたのだ」と論をすすめます。

長い年月がすぎ去りました。一八七三(明治六)年、天皇家は洋装を採用します。

ここで天皇は、「ヨーロッパ的な男性的君主へと変身」し、歴史上はじめて天皇は皇后と公式の場で同席しました。古代、「性を超越していた段階では、ペアの女性(あるいは男性)の存在を必要としなかった」のでした。しかし一九世紀後半に入って、「天皇が〝男性〟になったとき、その対極の「〝女性〟としての皇后も」「王権の不可欠の構成要素となり、即位礼など公式の場にもその席を設けなければならなくなった」のだそうです。

男装の卑弥呼という衝撃的な解釈を武田佐知子さんはとりました。福永光司さんは、卑弥呼が女だと知って、蔑称の「卑」の字を使ったのかもしれない、といいます。

その後、この本をまとめるために邪馬台国についていろいろ文献を学んでいたところ、女王卑弥呼が男装した、というのではなく、卑弥呼が男だった、という解釈もあったことを初めて私は知りました。

卑弥呼(里中満智子さん図)

倭の王は、本当は男で女王ではなかったので、魏の使いに会うことなく、帳《とばり》を垂れてそれをへだてて会ったのだろう……、と解釈したのは、一七七八(安永七)年、本居宣長さんでした(『馭戎慨言』)。彼は魏の使いが卑弥呼に会ったというのです。

「おのれ姫尊なりといつはりて」

……

「おのれまことには男にて、女王にあらざるが故に、かの魏の使に、ただにはあはで、帳《とばり》などたれて、物ごしにぞあへりけん。其時にいつはりて、女王はをさをさ人に見え給ふことなし。異其人にあひ給うも、つねにかくのみこそあれ、などいはせしそらごとを、其使は誠と思ひて、国にかへりても、しか語りしなり」

横光利一さんの『日輪』(一九二三年)、手塚治虫さんの『火の鳥』黎明編(一九六七年)、奥野正男さんの『卑弥呼』(一九九一年)、三枝和子さんの『女王卑弥呼』(一九九一年)、嘉藤徹さんの『倭《やまと》の風――小説・「卑弥呼」後伝』(一九九六年)、黒岩重吾さんの『鬼道の女王卑弥呼』(一九九六年)の卑弥呼。さらに、安田靫彦画伯の「卑弥呼」(一九六八年)、「大和のヒミコ女王」(一九七二年)から里中満智子さんの卑弥呼(一九九七年)にいたるまで、多くの作家、画家が彼女の姿を書き、描いてきました。

世界に知られた最初の日本人卑弥呼、倭国乱をおさめた卑弥呼の像を、すくなくとも現在よりは少しでも具体的に考古学で描くことができるよう志したいものです。考古学は、かつては不可能と思っていたことをずいぶん明らかにしてきているのだからこそです。日はまた昇る。

卑弥呼と弟

卑弥呼には弟がいて、卑弥呼の政治を助けた、と魏志倭人伝は書いています。この卑弥呼と弟との関係についても、考古学から面白い説明ができるようになりました。歯の幅・厚さを測って数値を比較する(歯冠計測値)と血縁関係がわかる、という研究があります。(17) この研究方法が福岡県行橋市の前田山で見事な結果を出したのです。(18)

前田山でみつかった弥生時代末、つまり卑弥呼の時代(三世紀)の墓地のことです。一般の人びとのお墓とは別に、丘の先端に有力者たちの墓地がありました。

四号石棺には、男女一組の人骨が入っていました。普通、ひとつの棺に男女が入っていれば夫婦の可能性を考えます。ところがこの二人は、同世代(二〇歳代、成年)の血縁者、おそらく兄と妹、あるいは姉と弟でした。五号石棺と五号の石の蓋をかぶせた墓(石蓋墓)とは、斜めに隣り合って接近し、一組のお墓とみなすことができました。また、二号・三号の石棺墓は二つ並んでいたからこれも対です。五号石棺墓の女(四〇〜六〇歳、熟年)と、五号石蓋墓の男(四〇〜六〇歳)とはやはり血縁者で、女のひとの恥骨背面には子どもを生んだ証拠が残っていました(経産婦)。三号石棺の人(おそらく女)は、二号石棺の男(成年)と血縁関係のある可能性がじゅうぶんにあります。

歯の幅と厚さとを比べた結果、四号墓の男女が血縁者で、五号かめ棺墓の女と五号石蓋墓の男とは、四号墓の女と血縁関係にあり、二号石棺墓の男と四号石棺墓の男も血縁者になる可能性が高い、と田中良之さんはみます。子どもを生んだ女の人(五号石棺墓)も、その夫と一緒ではなく、兄弟と並んで眠っているのです。

つまり前田山のお墓は、夫婦や家族単位ではなく、兄弟姉妹単位の墓、あるいは夫婦を除く親子の墓となるのです。

この結果から、前田山の有力者たちは、直系の血縁者たちで、兄弟姉妹が権力をにぎる「ヒメ・ヒコ制的な支配体制」[19]を思わせます。ヒメ・ヒコ制とは、古代の日本で男女一対が共同で統治したというとらえ方で、「行政的男君と宗教的女官の二重王権」という定義もあるのです。(21)こうして、魏志倭人伝に出てくる「卑弥呼と男弟による邪馬台国支配の構図は決して絵空事ではなかったのである」と武末純一さんは言い切っています。(22)

沖縄の佐喜真興英《さきまこうえい》さんは、かつて、琉球の国王と最高位の神女職である聞得大君《きこえおおきみ》との関係について、「女君は第一次主権者で国王は第二次主権者」ととらえて、卑弥呼と弟との関係を考えるとき参考になる、とのべました。(23)

佐喜真さんの指摘については、上田正昭さんが「その比較は時代による祭政の変貌を見失った見解であった」「似て非なるところがある」と批判し、(24)大林太良さんが「これを女治としたことは適当とは思われない」と指摘しています。(25)しかし、数多くの研究者はこれを良しとし賛成しました。(26)井上光貞さんも「卑弥呼と聞得大君は同じ性質の女王と考えてよいであろう」と書きました。(27)

これに反対するのは沖縄の歴史家、高良倉吉《たからくらよし》さんです。(28)

聞得大君は、制度上の神女職で、その地位は何人もの女のひとが代々受け継ぐ性質のものでした。しかも、その地位は国王が任命したのです。国王をさしおいて対外的な主権者ぶりを発揮したことは一度もありませんでした。

それに、卑弥呼が古代社会の形成期の女王だったのに対して、聞得大君は、中世、一五世紀末に王国の基盤を強化する一連の政策に係わって創設された王族婦人層の地位にすぎませんでした。

こうして高良さんは、「琉球の聞得大君をとらえて女王卑弥呼をイメージする説は、まったくの誤説といわざるをえない。聞得大君配下の各神女職も、聞得大君ではなく、国王が任命したことを現存の辞令書は雄弁に物語っている」ときめつけています。名だたる研究者たちをなぎたおす胸のすくような解釈ではありませんか。

24　卑弥呼のころの建物

柱立ちと壁立ち

日本の建物は、縄紋時代以来、卑弥呼さんの時代を経て現在にいたるまで、柱が屋根を支える「柱立ち」の建物です。というと、世界中の建物がそうだろう、と思う読者もおられるかもしれません。

いいえ、壁が屋根を支える「壁立ち」の建物が、中国・インド・西アジア・ヨーロッパ・アフリカ・南北アメリカにはたくさんあるのです。厚い壁を囲めば、柱が一本もなくても建物は立つのです。(1)

ギリシアのパルテノン神殿はどうだ、といわれるかもしれません。ギリシアの建物の歴史を学ぶと、古い頃は壁立ちです。それが数多くの柱で立派にみせるための建物へと進んだのがパルテノン神殿でした。そして、あの建物も芯には、壁があるのです。

日本考古学の発掘は、「柱穴探し」考古学で、柱穴がみつかれば、その連れを探します。二つの柱穴が重なりあっていれば、どちらがどちらを切っているかで、どちらが古くどちらが新しいかを判定します。

西洋考古学の発掘は「壁探し考古学」です。二つの壁が重なりあっていると、その前後関係で古い新しいをきめます。

卑弥呼の時代の建物について語るのは、弥生・古墳時代の建物について、ということです。縦穴建物・掘立柱建物・高床建物の順で概観しましょう。

縦穴建物

ふつうは竪穴住居と書いています。初めてみたとき、その浅さにがっかりした記憶があります。縦穴・竪穴というのは、横穴という表現の対照として生まれた表現です。

埼玉県吉見町の吉見百穴は、崖に数多くの横穴があいていて、明治の考古学者坪井正五郎さんは、これを穴居、つまり家のあとだと解釈しました。(2) それに対して神風山人(白井光太郎)さんは、いや横穴は墓だ、家は縦穴だ、と反駁《はんばく》したのです。(3) この文のなかで白井さんは「縦穴」を使っています。だから竪ではなく縦を使っても白井さんは気にとめないでしょう。教育漢字の縦を使えば小学生もよむことができます。ということで私は縦穴と書き始めました。

また、最近では縦穴住居でなく縦穴建物という表現を使うようになってきています。縦穴、つまり地面を掘りさげた半地下構造の建物のすべてが住居とは限りません。家といえるものだけを住居とよぼう、という提案はもっともなので、私も縦穴建物、縦穴住居の両方を使い始めました。

地面を掘り下げた底を平らに仕上げ、ここで坐ったり寝ころんだりして暮らします。この底のことを考古学では床《ゆか》とか床面《ゆかめん》とかよんでいます。国語辞書をひくと、家の中で地面よりも一段高いところを床とよぶ、と説明しているので、私は、底を使います。

縦穴住居の本来の深さは、場所と時期で違っていて、また発掘調査でつかめないこともあります。北海道の知床半島に近い標津《しべつ》町の伊茶仁《いちゃに》カリカリウス(擦紋文化――続縄紋文化に続く食料採集文化。擦紋とは、土器の表面に割り板でこすった木目のあと、本土の弥生土器・土師器《はじき》の刷毛目《はけめ》にあたる)の縦穴住居は、縦穴の周りに盛り上げた土から底まで、今も二〜二・五メートルの深さで残っています。天井から出入りしたのでしょう。

『魏志』韓伝によると、当時の朝鮮半島の縦穴住居も底が深く、天井から出入りした、と書いてあります。

横浜市港北区の大塚では、出入り用の梯子の下半部がそなえつけた状態で残っていたため、その傾斜を延長して、本来の深さが一メートルとわかりました。

縦穴建物には、底に柱穴《はしらあな》(多くの研究者はチュウケツとよみます)が残っていて、屋根を支える構造を知ることができます。縦穴建物には、底の中央か一方に片寄って火を焚いたあと(炉)があり、底の周りには溝(周溝)をめぐらすこともあります。周りに壁を支える柱のあとがめぐっていることもあります。

縦穴建物の多くは、屋根の下端(軒《のき》)がほとんど地面近くに達していて、外からは屋根しかみえなかったでしょう。しかし、なかには、外から壁のみえるものがありました。

屋根には葦《あし》(悪しに通ずるのでよしともよびます)などの茎を覆いました。しかし、さらにその上に土をのせたものがあったことは古くから指摘されていて、最近の発掘でも実際に焼け土が残っていることから土屋根をよく使っていたこともわかっています。

夏、復原の縦穴建物に入るとヒンヤリしますし、冬は暖かいです。しかし本来、縦穴建物は、寒さと風を防ぐ北の地方の建物でした。ニュージーランドのマオリ族や台湾東方の蘭嶼《らんしょ》(旧紅頭嶼)のヤミ族も縦穴建物をもちましたけれど、縦穴建物だけで村を作るのは涼しく寒いところでした。文化人類学の渡辺仁さんは北アメリカからシベリアにかけての四五民族の縦穴住居を分類し(4)、それが旧石器時代から近年まで長く続いたのは、寒地における保温効率の優秀性、燃料の経済性にあった、と断じています(5)。その通りだ、と思います。

日本では縄紋時代に縦穴建物は沖縄にまで達しました。ただし地下水位の高いところでは、地面を掘りさげることなく、周りに土手を築いてから縦穴住居と同じ構造の建物を作りました。静岡市登呂の住居はよく「縦穴住居」とよばれます。しかし実は平地に作った住居(宮本長二郎さんの周埋式平地住居)です。広い意味での縦穴住居にふくめてもよいでしょう。

しかし、近畿では古墳時代をもって、関東では奈良・平安時代をもって縦穴建物は消え去っています。縦穴住居は消えて地表に立つ住居(地表住居、平地住居)に変わります。渡辺仁さんにいわせると、地表住居の囲炉裏やストーヴは、断熱性小さく、保温性低く、縦穴住居にくらべて燃料を多く必要とします。燃料をたくさん確保できないと地表住居へきりかえることはできないのです(6)。

掘立柱

柱を立てるとき、穴を掘って柱の下端部を穴に埋めて立てる柱を掘立柱《ほったてばしら》とよびます。これには二種類あって、柱の径より少しだけ大き目の柱穴を掘って柱を据える場合と、柱の太さよりかなり大きい柱穴を掘ってここに柱を据える場合とがあります。少し大き目の柱穴は、すき間に少し土は入れますけれど、その穴の壁自体が柱を支えます。かなり大きい柱穴を用意する場合には、大穴の中に柱を据えてから穴を埋め戻し、その埋め土で柱の根もとを支えることになります。青森市三内丸山《さんないまるやま》の有名な縄紋の六本柱の場合には、直径二メートル強、深さ二メートルの穴に、直径一メートルをこえる柱を据え、奈良平城宮の場合には、一辺一メートル、深さ一メートルの立方体の柱穴を作ったなかに径二、三十センチメートルの柱を据えていますから、かなり控えの土による固定に頼っていることになります。

あとさきになりました。縦穴建物の柱穴も掘立柱用です。柱より少し大きめの柱穴です。縄紋の縦穴建物を掘っていると、ちょうど手がとどくかとどかないかくらいまで掘りさげてあることもあり、ここに土掘り用の石器(打製土掘り具＝いわゆる打製石斧)が残っていたりします。ただし、縦穴建物を話題にするときは、その柱をなぜか掘立柱という言い方はしませんし、掘立柱建物とよぶときは、縦穴建物をふくめていません。

掘立柱建物

縦穴建物が地面を掘り下げて作るのに対して、掘立柱をもちい地面を底として立つ、平屋、二階屋などの建物を掘立柱建物とよんでいます。あとであげる高床建物もまた掘立柱建物に属しますけれど、ふつう掘立柱建物とよぶときには高床建物はいれません。

掘立柱建物には、土間のままの建物もありえます。しかし、数十センチ〜一メートル前後の高さの木の床《ゆか》を作りつける建物も多いです。床が高めだと階段が必要です。床をはれば、その上に寝ころぶことも、和式にあぐら・正坐することも自由です。日常生活向きです。

掘立柱建物は、使う柱の数によって規模がいろいろです。たいていの平面長方形建物は、長辺と棟とが平行し、短辺と棟とが直交します。

屋根の頂きの稜線を棟《むね》とか大棟《おおむね》とよびます。柱の上にのせる材のうち、棟と平行に、つまり多くの場合は長辺にくる材、垂木《たるき》を受ける材を「桁《けた》」とよび、棟と直交し、たいていは短辺にわたす横材を「梁《はり》」とよびます。これから、棟と平行する方向を「桁行方向《けたゆき》」、直交する方向を「梁間方向《はりま》」と建築の専門家はよぶのです。たいていの場合、桁行は長辺方向、梁間は短辺方向ですから、ここでは長辺・短辺でいきましょう。

さて、建物の規模を表すとき、長辺に柱五本、短辺に柱三本を並べているのを柱五本×柱三本と表すと、実は、隅の柱を二回かぞえてしまうことになります。

だから建築の専門家は、奈良時代の土地の売買の文書(売券文《ばいけんもん》)以来、建物の規模をしめすのに、柱と柱の間の数をかぞえました。柱五×三本ならば、柱の間(柱間《はしらま》)の数は四×二間《けん》となります。建築史の専門家や考古学研究者はこれを使います。この場合、間＝六尺＝一八〇センチメートルの間と混同して四×二間の建物は七・二メートル×三・六メートルの建物かと誤解してしまう人もいるかもしれません。長い説明を抜きにして「柱間《はしらま》四間×二間」という表現は難解です。そこで私はいつも、長辺に柱五本、短辺に三本という言い方をしています。

廂つきの建物

長方形に柱を並べると、建物の周りを囲むことになります。これらの柱を側柱《がわはしら》ともよびます。ところが、一方の面の側柱と平行してもう一列柱列が並ぶことがあります。いえ、二つの面、三つの面、側柱と平行して柱列が並ぶことがあります。四つの面にもそれぞれを「一・二・三・四面廂付《ひさしつき》建物」とよびます。建物のなかに廂をとりくむと、主室《もや》に壁なり扉なりでへだてた別室、控えの間、廊下に使えます。建物の外に廂を使うと、奈良唐招提寺の金堂のように、建物の前面などに柱が並ぶ構造になります。廂つきの建物は、廂をもたない建物よりは手のこんだ複雑な大切な役割をになった建物ということになります。

高床建物

掘立柱建物の多くは床をそなえています。この床がひとの背を越えるほどで、まるで二階のように高い建物を高床建物とよんでいます。階段か梯子で出入りします。倉庫の場合には、重さに耐えるように、相対する側柱を結ぶ交点すべてに柱を立てます(総柱《そうばしら》)。

逆台形の屋根と棟持柱

弥生土器や銅鐸の絵、そして古墳時代の埴輪に表した建物の屋根には、真横からみて台形のもののほかに逆台形の屋根もあります。逆台形だと屋根の頂き、つまり棟《むね》が外に大きくはり出して、建築史でいう「転びの強い」屋根になります。そこで、この棟の両端を地面から支えるために立てる柱が棟持柱《むなもちはしら》です。弥生時代の大きな建物には大阪府池上曾根の「和泉の高殿」のように、短辺に二本しか柱を立てず、この二本を結ぶ線の外に棟持柱を立てるため柱の配列の平面形が長手の六角形(亀甲形)になったものがあります。三重県伊勢神宮正殿の屋根は、逆台形でも台形でもなく長方形ですけれど、棟持柱がやはり外に立っています。建築史の宮本長二郎さんは、棟持柱を独立棟持柱、近接棟持柱、壁付棟持柱、屋内棟持柱に分けています。(7) ここでとりあげているのは、その独立棟持柱にあたります。

卑弥呼の時代の建物

いまあげた縦穴建物・掘立柱建物・高床建物は、すべて縄紋時代からあることがわかっています。しかし、特別に規模の大きな掘立柱建物や高床建物は、弥生時代に始まりました。「神殿」「祭殿」などとよばれる建物です。私は多目的の有力者の公邸と考えています。

奈良県唐古鍵では二三〇〇年前(Ⅰ期～Ⅱ期)にすでに大規模な(長辺一一・四メートル以上、長辺柱六本以上、短辺柱三本)建物が出現していました。福岡市吉武高木では二千二、三百年前に大きな(一二・六×九・六メートル、長辺・短辺ともに柱六本、一面廂付き)建物を作りました。大阪府池上曾根のいま「和泉の高殿」とよぶ建物は、二〇〇〇年以上前の大きな建物(一九・六×七メートル、柱一一×二本＋棟持柱)でした。佐賀県吉野ケ里北内部の「神殿」は三階建(一二・五×一二・五メートル、柱四×四本)に復原してあります。

長崎県壱岐原《はる》の辻《つじ》でみつかった建築部材のひとつ大引材《おおびきざい》は、本来は礎石建物の材だ、と宮本長二郎さんはみます。今のところ、基壇をそなえた建物は、奈良県河合町佐味田宝塚古墳の四世紀の「家屋紋鏡」に表した平屋が古いものです。基壇をそなえた基壇建物や礎石の上に柱を建てたりした建物が卑弥呼の時代にさかのぼるかどうか、資料待ちです。

東夷伝の国ぐにの建物

建築史の浅川滋男さんは、『三国志』の烏丸鮮卑東夷伝を始めとして唐代にいたる中国の正史(二十四史)の東北アジアの国ぐに、民族の建物の記事をとりあげて検討した上で魏志倭人伝の倭の建物を位置づけています(8)。

まず、家としては、穴居、つまり縦穴住居の住まいが出てきます。次に巣居は、樹上の住まいとみる意見もありますけれど、浅川さんは高床住居の住まいとみます。厳穴は、厳つまり崖の穴なので、縦穴住居ではなく、洞窟の住まいだ、と浅川さんは解釈します。以下、浅川さんの訳を一部私流に変えて紹介します。

挹婁《ゆうろう》の穴居――「村は山林のなかにあり、常に穴居している。大きな家では深さが梯子の九段分にもなっていて、深くなれば深くなるほどよい」「挹婁人は不潔きわまりなく、尿溜めを縦穴住居の内部中央につくり、家人はそれを囲んで暮らしている」(『三国志』魏書東夷伝)。「夏は巣居し(高床建物に住み)、冬はすなわち穴居する」(『晋書』東夷伝)。

勿吉《もっきつ》・靺鞨《まっかつ》の穴居――「土地は低く湿っぽく、土盛りの囲壁(城)を築いて穴居し、その穴居の屋根の形は塚に似ており、頂上に口を開き、そこから梯子で出入りする」(『魏書』東夷伝)。「家屋というものはなく、山や川に沿って穴居をつくる。穴居の上に木をかけわたし、これを土で覆う。その姿は中国の塚墓のようである。人びとはあつまって住み、夏は外に出て水と草を随い、冬は穴に入って暮らす」(『旧唐書』北狄伝)。

室韋の巣居と穴居――「夏はすなわち土盛りの囲壁(城)のなかに住み、冬は水と草を逐う」(『魏書』列伝第八十八)。

南室韋の住まいは「土地が卑湿であるから、夏になると西北にむかって移動する。貸勃と欠対の二山には草木が多く、禽獣も数知れない。また蚊や蚋《ぶよ》も多いから、人はみな巣居し(高床居住し)、その患いを避けるという」(『隋書』北狄伝)。

北室韋では「気候はもっとも寒く、雪深く馬が埋没するほどで、冬になると山に入って穴居する。牛など家畜の多くは凍死してしまう」(『隋書』北狄伝)。

北室韋の北千里、鉢室韋では「樺の皮をもって屋を蓋《おお》う」(『隋書』北狄伝)。

室韋の住まいについて「人びとは定住しているが賦税はない。なかには小さな部屋を作って、皮でその上を覆う家がある。あつまって暮らす家々は数十から百にもおよぶ」(『旧唐書』北狄伝)。「住まいは皮で部屋を覆うか、木材を曲げて網代《アンペラ》で覆うかのどちらかで、牛車で移動するときは、それを車にのせて行くのである」(『新唐書』北狄伝)。

烏洛侯の穴居と夏の住い――「その土地は低く湿っており、霧がおおくて寒いから、人びとは冬になると地面を掘りこんで部屋を作り、夏は原野や丘で放牧する」(『魏書』列伝第八十八)。

北沃沮《きたよくそ》の洞窟住居――「夏は山の崖(巌)の深い穴で暮らして挹婁の侵略に備え、冬になって海が氷結し、船が通らなくなると、ようやく村に下山してくる」(『三国志』魏書東夷伝)。馬韓《ばかん》と儋羅《たんら》の穴居――「住まいは「草屋土室」を作り、形は冢(塚)のようで、その出入り口は上にある。一家をあげて中に住み、長幼の序列や男女の別で居室を異にすることはない」(『三国志』魏書東夷伝)。

これは屋根の上から出入りする縦穴住居をしめしています。「草屋土室」は草で屋根を葺《ふ》いた縦穴住居とも解釈できます。しかし浅川さんは、屋根を饅頭形の土盛りとし、その上に水切りのために枯れ草を葺き流したものとみます。この手の屋根を弥生・古墳時代の焼けた縦穴住居で確かめた経験に基づいています。

儋羅、つまり済州島では、「夏は革で覆った家、冬は穴の家(窟室)に住み分けた」(『新唐書』東夷伝)とあり、窟室は洞窟住居の可能性もあるけれど、縦穴住居とみるのが穏当だ、と浅川さんはいいます。

25 居　処

居処《きよしよ》、宮室《きゆうしつ》、楼観《ろうかん》、城柵《じようさく》を厳《おごそか》に設《もう》ける(69行)

居　処

女王卑弥呼の邸宅についてとりあげましょう。ほんの十数年前まで、魏志倭人伝の卑弥呼の住いの記載について、考古学はほとんど何もいえませんでした。空想や誇張で書いたものかもしれませんでした。(1) しかし、今では、佐賀県神埼郡神埼町・三田川町の吉野ケ里を初めとして、北部九州や近畿などで弥生の大きな建物あとがみつかるだけでなく、村のなかでのその位置も明らかになり、弥生土器にも立派な建物を描いた絵が数多く知られるようになった結果、考古学も発言できるようになりました。

魏志倭人伝の記載から始めましょう。

卑弥呼は、歳がいってても夫をもたず、弟が政治を助けた。王になってからの彼女を見た者はすくなく、しもべの女のひと千人をはべらせ、ただひとりの男が飲食や辞《ことば》を伝えるために出入りした、という内容の記事に続いて、「居処」とでてきます。これを、いまあげた男が、卑弥呼の居処に出入りする、とよむのが一案です。

しかし、居処の次に、「宮室楼観城柵厳設」という文が続くので、卑弥呼の「居る処」は、「宮室・楼観・城柵を厳重に設けて」とよむのも一案です。

ところが、福永光司さんは違う、といいます。「居処・宮室・楼観…」とよみ、卑弥呼の私的な住いが居処で、公的な住まいが宮室だ、と解釈します。ときくと、古代の宮城で天皇の私的生活の中心的建物だった紫宸殿《ししんでん》と公的生活の場だった大極殿《だいごくでん》とを思い出します。原初的とはいえ、卑弥呼の暮らしの場が私的・公的生活空間に分かれていたとなると、「王」や「国」の性格を考える上で大切になってきます。実は大阪府立弥生文化博物館にある「卑弥呼の居館」を宮本長二郎さん(東北芸術工科大学)が設計したとき、都出比呂志さん(大阪大学)や私も相談相手となって、卑弥呼の私的・公的住いを作り分けました(2)。

この点については、邪馬台国の段階では王の私的・公的な暮らしの場が別の建物のことはありえまいという、歴博の古代史の仁藤敦史さんの意見をききました(3)。

しかし、その後、遺跡の発掘から弥生時代後半～古墳時代の有力者は私的な生活をおくる私宅と公的生活の場としての公邸とをもっていたと建築史の宮本長二郎さんが発言し、私もその解釈をとるようになりました。具体的には次節「卑弥呼は縦穴住居に住んでい

復原された北内郭(佐賀県教育委員会提供)

た」にゆずります。

宮室

「宮室」は卑弥呼が公的な暮らしをおくる宮殿です。現状で、その名にふさわしい考古資料をあげるならば、たとえば吉野ケ里の北内郭にある大規模な建物が候補となります。

吉野ケ里の外壕《そとぼり》で囲む北寄りのところに、さらに二重の壕で囲んだ中にこの建物(一辺一二・五メートル)はあります。碁盤の目のように縦横四本ずつ計一六本の柱(推定直径四〇〜五〇センチメートル)が立ち、宮本長二郎さんは、三階建て(高さ一七メートル)の建物を復原し、二〇〇一年の四月、吉野ケ里国営公園が開くと、この公園の中にあっても、ひときわ目立つ建物となりました。

卑弥呼の宮殿もまた、この建物や北部九州から近畿にかけての大きな弥生村でみつかっていて「祭殿」とか「神殿」とかよばれている建物なみの規模をもっていたに違いないと思います。

弥生土器の絵にも「神殿」「祭殿」ともよばれる立派な建物が描いてあります。しかし、これらを公的な居間、会議の場、祭りの場、等々の多目的の宮殿《ホール》と私は考えています。

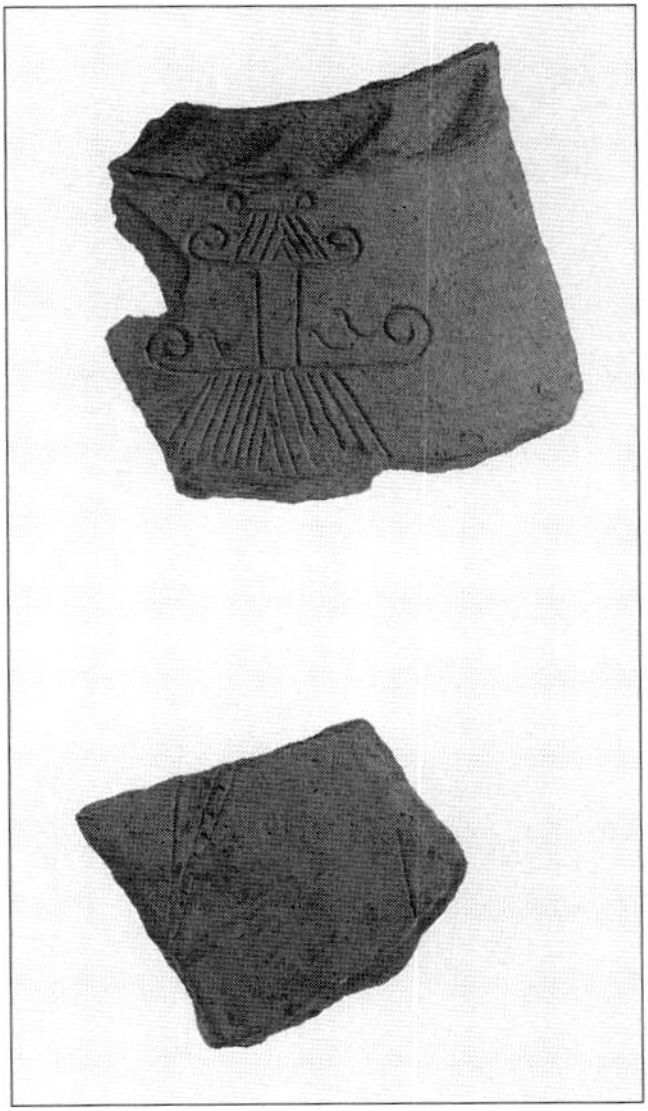

唐古鍵の楼観を描く土器片
（田原本町教育委員会提供）

楼観

「楼」も「観」も二階以上の高い建物をさします。身分の高い人の住まいで、周囲を見渡せる高い建物、つまり右にみた吉野ケ里の北内郭の中心建物のようであってもよいですし、また物見やぐらであってもよいのだそうです。奈良県田原本町唐古《からこ》鍵《かぎ》でみつかった土器に描いてある二重屋根の建物もまた楼観です。

吉野ケ里では、内壕の一部を外へ半環状に突出させたすぐ内側に建物(長辺に柱三本、短辺に二本)を建てているので、魏志倭人伝にでてくる楼観に相当する建物が実際に弥生時代に立っていたのだ、と感激しました。今、現地には、手すりをもつ立派な復原建物が立っています。

城柵

中国語の「城」は「お城《しろ》」ではありません。もともとは「土」から「成」る守りの壁なのです。壁といっても家の外壁や部屋の内壁ではなく、「ベルリンの壁」のように、それ自体が独立した構造物です。万里の長城は、決して長い「お城《キャッスル》」ではなく長い防壁で、英語でもザ＝グレート＝ウォールとよんでいます。日本の古代でも「稲城」(垂仁紀五年一〇月条、垂仁記沙本毘古《さほひこ》王反逆条、雄略紀一四年四月条、崇峻即位前紀七月条)はおそらく稲束で築いた防壁でした。「城《き》を峻《たか》くし隍《みぞ》を深くして」(天武紀六月二六日条)という表現もあります。農業史の河野通明さんによると「敵の矢を防ぐために、穂刈りの稲を断面台形に人の肩の高さまで積み上げた厚さのあるバリケード」です[(4)]。茨城(「茨《うばら》もて城を造りき」『常陸国風土記』

茨城郡条)、磐城もあります。七世紀の後半に福岡の大宰府の西北に築いた「水城《みずき》」(天智紀三年一二月条)はまさにウォーター＝アンド＝ウォールで、外に濠、内に防壁の堤を築いていたことを発掘調査で確かめることができました。日本でも古くは「城」を防壁の意味で使いました。しかし、後に城塞《キャッスル》の意味に変えてしまったのです。

土を盛りあげた守りの土壁の上に柵を立てたのが「城柵」でしょう。それでいい、と、福永光司先生のお墨付きをいただきました。

吉野ケ里の城柵

七田忠昭さんがおもしろい比較を試みています。中国の三国時代の「城」つまり防壁の入口は、まっすぐ入るのではなく、折れ曲がって入る構造になっているのです。また、防壁の一部を突出させて視野をひろげたやぐらを設けています。さらに、防壁が折れ曲がる隅《すみ》には角やぐらを置いています。その構成が、先にあげた吉野ケ里の北内郭の入口と物見やぐらをともなう壕《ほり》との構成に対応する、とみるのです。吉野ケ里を初めとして、有明海沿岸、筑後川流域には、このように中国の城郭の造営思想を反映したとみられる村が集中している、とみて七田さんは特別の意味をよみとろうとしています。(5) 吉野ケ里こそ邪馬台国の中心とみる考えのあることを思いおこします。

吉野ケ里の最初の報道のとき、私は前もって七田忠昭さんから現場の実測図を送ってもらい建築史の宮本長二郎さんと検討したうえ、彼に物見やぐらの復原図を描いてもらいました。壕を掘った土を盛りあげた守りの壁の上に材が密に立ち並ぶ柵を描いてもらいました。その当時、弥生の村をとりかこむ柵として知られていた秋田県地蔵田Bの実例を参考にしました。これは密に隣りあった穴から成り立っていたので、材を密にたて並べた柵を注文したのでした。

その後、吉野ケ里の復原にあたってもその密接林立式の柵を採用しています。また九六年歴博の「倭国乱る」展用に作った吉野ケ里北外郭の模型でも、横浜市大塚遺跡の模型でもこの柵を使ってしまっています。(6) 新しい吉野ケ里の復原でも林立式の柵になっています。

吉野ケ里の柵については中国考古学の林巳奈夫《みなお》さんからおかしい、と指摘されました。柵とは、「編竪木」(『説文』)、つまり、編んでなければならない。だから、縦の材の間に横木が要る、という指摘でした。

そして実は、弥生の遺跡そのもので、柵のあとが以前からみつかっていたのでした。

「福岡県西原《にしばる》遺跡で、環濠の内側に沿って約一メートルおきに杭列が並んでいたこと、また大阪府鬼虎川《きとらがわ》遺跡でも環濠の内側に沿って多数の杭列が検出され」ており、これらは「柵列かあるいは土塁を補強する構築物の基礎と考えられる」という都出比呂志さんの指摘[7]があります。また、広島県神辺町《かんなべ》の御領《ごりょう》では、前三世紀（I期）の村を囲む壕の内側に、細い溝を掘って材を二メートル内外の間隔で立てたあとがあり、横方向に板や材を渡した柵の存在を推定できます[8]。福岡県小郡市一ノ口の丘の上の村は柵で囲んだ様子がとてもよくわかります[9]。

参考までに韓国扶余の松菊里《しょうきくり》では柱（径三〇センチメートル内外）を広い（一・八〜二・四メートル）間隔に並べて村の回りを囲んでいて、柵の総延長は二・五キロメートルに達しています[10]。これも横に数本の材を渡した柵を復原しています。

こうして、卑弥呼の邸宅の柵も、弥生の村の柵も、間隔をおいて立つ柱を横材で連ねた構造のものが一般だったでしょう。秋田県地蔵田Bの密接林立式はむしろ珍しいとみるべきでしょう。

なお、右の都出さんの文章にある「柵列」は奈良国立文化財研究所（奈文研）が使い始めた語です。その奈文研にもといた建築史の工藤圭章さんに柵と表わすべきだ、柵列といえば柵を何重にも重ねたような誤解を生む、と指摘されて以来、私は柵と表わし直し始めました。ほかの考古学の本や文章で、「柵列」をみつけた場合、それは柵のことだ、と理解して下さい。

吉野ケ里では壕しかみつかっていません。しかし、そこへ斜めに流れ込んだ土から、その外側に防壁があった、と推定できます。

平らな地面の土を掘って、その土をどちらか一方に盛り上げて防壁を築きます。防壁がいらなくなると、この土をくずして壕に埋めたり、ならしたり、よそへ運んでしまったりすることが多く、遺跡では防壁がもとのまま残っていることも、わずかな高さのまま残っていることも珍しいのです。

ところが壕に埋っている土、埋め土(東京では「覆土《ふくど》」、関西では「埋土《まいど》」と術語の方言があります!)の横断面を観察して、その埋め土の性質が壕の壁に顔をみせているその場所の土と同じ土で、しかも一方から大きく斜めに流れこんでいる状況をつかむことができると、そこにもともと防壁を築いていたことがわかる、と原口正三さんがいいはじめました。こうして原口さんは、福岡市板付、大阪府高槻市安満《あま》、中国半坡《はんぱ》で壕の外に防壁があった、と判断を下しました。(11) ヨーロッパでもカエサルのローマ軍が攻撃してガリア(ケルト)への勝利を決定的にしたことで名高いアレシア(フランスのアレリア)で原口さんと同じ観察方法で失われた防壁の存在を確かめています。

弥生時代の村のまわりにめぐらせた壕の外側に防壁があったことは、各地で確かめられていることです。壕を掘り、その土を外にもりあげた上に材を立てならべたのが「城柵」の実態でしょう。

村の中の四角い内郭

吉野ケ里の北内郭の形は、オバQの姿に似ています。南内郭の形は楕円形に近い不整形です。外壕で囲む範囲内に、さらに内壕で囲む、あるいはさらにもう一重の壕で囲む内郭。この「内郭」こそ、身分の高い人びとの、「国」の「王」の住むところに違いありません。奈良時代の宮城と役所のあと平城宮跡の調査で天皇の住い「内裏」を囲む築地塀の内側を内裏内郭、その外を内裏外郭とよんでいることを吉野ケ里に立って思い出し、内郭という表現を使いました。(12) 幸いにも弥生の大きな村の中核部分をさす語として定着することになったのです。

近畿でも近年、四角い囲みに建物を並べたり、東西南北の方位に沿う建物がみつかっています。

滋賀県琵琶湖東岸、守山市にある二一〇〇年前(Ⅳ期)の下之郷では九重の外壕を囲む楕円形の村(外壕の外側で東西三三〇×南北二六〇メートル、内側で二五〇×二〇〇メートル)の中央の内部を四角く(東西七五×南北一〇〇メートル)囲む壕(幅四メートル)がある、と空中写真を図化した綿密な図からみられてきました。ところがさらに広い範囲を囲む外壕がみつかった結果、村全体はさらに大きな楕円で(東西六七〇×南北四七〇メートル)、

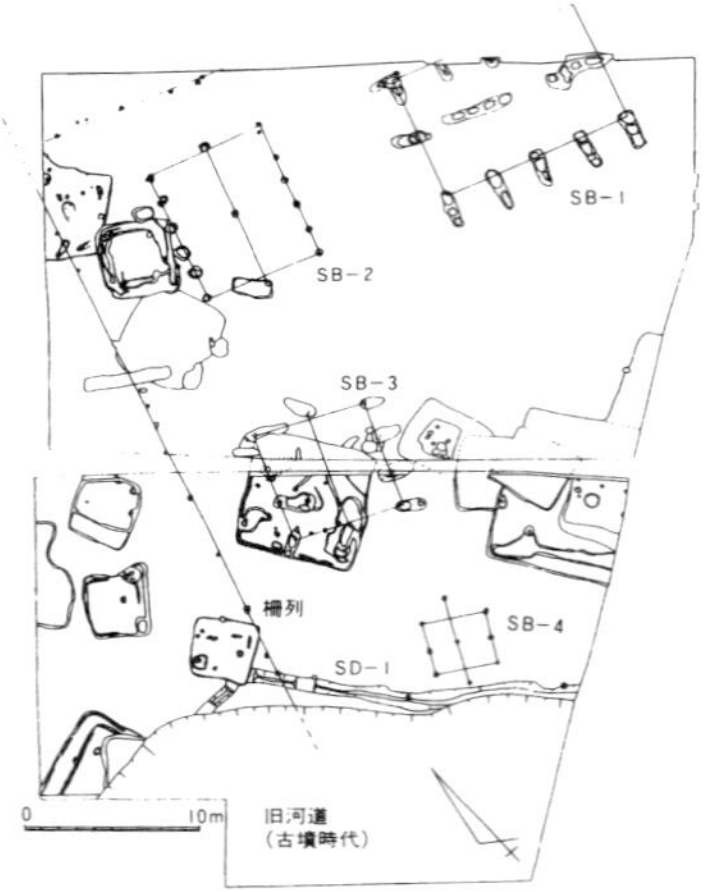

滋賀県伊勢の大型建物とそれを囲む柵
(守山市教育委員会提供)

一、二重の壕で囲み、もと村の範囲と考えていた楕円が内郭だ、と判断されるようになってきました。すると、その内部のなかの最も大切な部分を四角に囲んだことになります。

同じ守山市の伊勢でみつかった一九〇〇年前のいくつもの大きな建物は、四角い柵(東西九〇×南北六〇メートル)で大きく囲んだ中にありました。しかもこの内郭を中心として独立棟持柱《むなもちはしら》をもつ大きな建物七棟が大きな円(径二二〇メートル)を描いて等間隔に並んでいました。大阪府和泉市の池上曾根でも東西方向の大きな建物(一九・三メートル×七メートル)の東南に大きな柱の柵(あるいは建物)が一列直線に南北に並んでいます。脇殿となる可能性もあります。東西建物の中央の南に接してクスの大木(径二メートル)をくりぬいた井戸があり四方に柱が立ち、屋根をかけていました。兵庫県川西市の加茂は、東の断崖沿いに壕を設けた大きな村です。中心となる建物を四角く壕で囲んであります。加茂でも四角い輪郭の一部らしいものがみつかっています。

そして、ついに奈良県でも大きな弥生村から四角い内郭(三〇メートル四方)がみつかったという報に接しました。天理市平等坊＝岩室です。弥生時代終わりから古墳時代にまで続くよし。大和での発見は重いと思います。最近、石野博信さんは、大阪府羽曳野市尺度《しゃくど》の三世紀の有力者の邸宅を大胆に復原作図し、さらに卑弥呼の邸宅の復原案を図示しています。基本的に方形なのに、なぜか隅を円くしています。(13) 実例はなぜか近畿に集中しています。

吉野ケ里のような曲線的に囲む内郭ではなく、直線的に四角く囲む内郭が弥生時代に始まっている事実は重要です。それはなぜでしょうか。

内郭が外にでて豪族居館に

古墳時代の有力者は、人の手で築いた丘の墓、古墳に眠りました。元気なころ、彼・彼女は、村の中ではなく村の外の、濠をめぐらせて守りを固めた邸宅に住んでいたのです。これを豪族居館とよんでいます。上から見おろした形、平面形は、多少の出入りはあっても、基本的に、直線的な四角い輪郭をもっています。弥生時代の村の中に四角い内郭がで

き、それが外にとびだして豪族居館になったのです。(14)

もう一つ大切なことがあります。四角い平面形の輪郭は、建物を左右(たとえば東西)相称に並べる設計をごく自然にみちびきだします。さきにあげた滋賀県伊勢では、すでにその兆しをみるのです。さらに、四角い輪郭を東西南北の方位とそろえることも自然のなりゆきです。このようにみてくるとき、飛鳥宮・藤原宮・平城宮など古代の宮殿の輪郭と豪族居館の輪郭とは基本的に共通していることに気づきます。

これらの古代の宮城は、手本を中国の宮城にもとめたといわれています。そっくりそのまま真似ているのではありません。それとは違う独自性もあることが知られています。この独自性は当然、古墳時代の豪族居館以来の伝統をひくのでしょうし、さらにその源は弥生時代の大きな村の四角い内郭にあるのでしょう。だからこそ近畿の大きな弥生村の内郭が四角いのは大切だと私は思うのです。卑弥呼の邸宅は、村から独立していて、基本的に四角い平面形をもっていたと思います。

26　卑弥呼は縦穴住居に住んでいた

妻木《むき》晩田《ばんだ》と青谷《あおや》上寺地《かみじち》

鳥取県の淀江町から大山町にかけてのいくつもの尾根（標高一〇〇〜一一〇メートル）の上に大きな弥生村のあとがみつかりました。ひとつひとつの尾根にひとつの村があるのではなく、全体である国の都的な村になっているのです。国の都的な村といえば、平地かごく低い丘の上にあるのにきまっているのに、ここは例外的な存在です。

妻木《むき》晩田《ばんだ》では七〇〇もの縦穴建物があります。ほかに、複雑な構造の掘立柱建物や高床《たかゆか》建物もありましたし、有力者のお墓もありました。青銅器など派手な遺物や立派な土器はありません。しかし、村やお墓が移り変わっていく様子を時期ごとに追うことができる点で、二、三世紀「村から国へ」の時代の社会の移り変わりがわかるのです。一九九九年に国の史跡になりました。

山の上なので、木・骨・角など有機質の遺物も残っていません。しかし幸いにも鳥取県青谷町の青谷上寺地《あおやかみじち》で、二、三世紀、つまり妻木晩田の時代、そして卑弥呼の時代にかけての低湿地遺跡がみつかり、有機質の遺物や青銅・鉄の遺物が豊富に残っていました。妻木晩田で失われたものが、そっくりここに残っていたのです。妻木晩田と青谷上寺地は、おたがいに補いあって卑弥呼の時代の暮らしを伝えてくれるのです。

小さく深い縦穴と大きく浅い縦穴

妻木晩田で発掘した縦穴建物七〇〇のうち、大多数を占めるのは、小さく(径三〜六メートル)深い(〇・五〜一メートル)縦穴です。底には柱穴や炉があります。屋根の斜面はほとんど地面に達していて外からは屋根しかみえなかったでしょう。火事で焼けた実例から、葦《あし》などを葺《ふ》いた上に土をのせた土屋根だったことがわかっています。

建築史の宮本長二郎さんが重要な事実に気がつきました。

特別な平屋建物や高床建物があるとその近くに限って、大きく(直径八メートルほど)浅い(五〇〜七〇センチメートル)縦穴建物があるのです。その底の面には、柱が立っていた柱穴があります。そして底面の外周には小さな柱穴がめぐっていて、壁を支える細い柱が立っていたことがわかります。

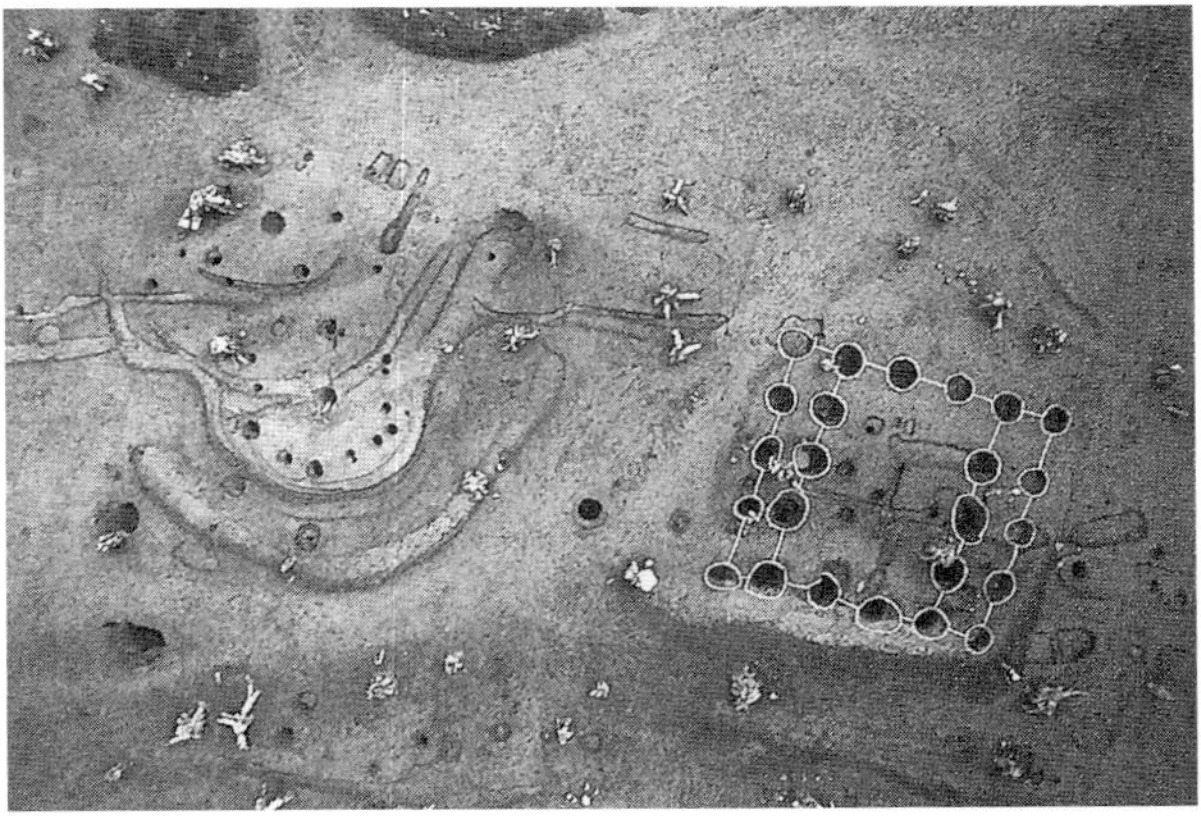

妻木晩田の有力者の私宅(左)と公邸(右)と思われる建物あと
(大山町教育委員会提供)

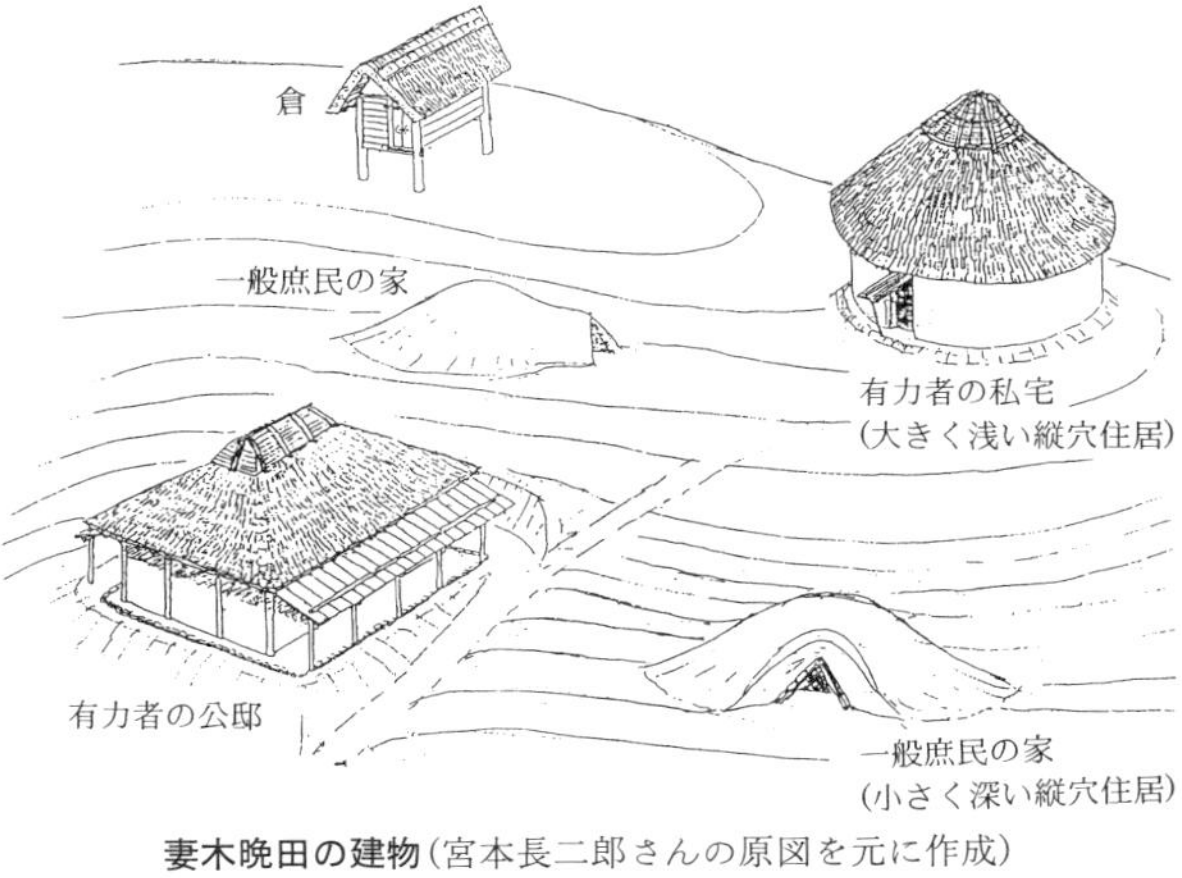

妻木晩田の建物(宮本長二郎さんの原図を元に作成)

宮本さんは、この大きく浅い縦穴建物は、壁が地上まで立っていて、屋根は草葺き、つまり茅《かや》などの植物を葺いたろうとみて、「壁立ち式の竪穴住居」とよんでいます。私が使う「壁立ち建物」とは違う意味での使い方です。

宮本さんは、この大きく浅い縦穴住居こそが、特別な構造の建物を公式な生活に使っていた有力者の私的生活の場だった、つまり私宅だったと考えました。(1) この宮本さんの公邸・私宅についての解釈は、弥生時代後半から古墳時代初めにかけての有力者の私宅に関する、重要な発言となりました。なぜならば、私をふくめ多くの研究者は、有力者は平屋か高床の私宅に住んだと思っていたからです。

家屋紋鏡の縦穴建物

奈良県河合町の佐味田宝塚《さみだたからづか》古墳(四世紀)でみつかった「家屋紋鏡《かおくもんきょう》」の背面には四つの建物が表してあります。A縦穴建物、B基壇の上に立つ平屋建物、C高床建物、D高床の倉です。A・B・Dの屋根には牡・牝鶏が一番《ひとつがい》います。AとCとには、身分の高い人が歩むとき、お伴の人がさしかける柄の長い傘、衣笠《きぬがさ》(蓋)がそえてあり、有力者が利用する建物であることをしめしています。CとDとには階段があり、いわば二階を主に使うことをしめしています。しかし、正倉院の高床の倉の高い床があいたままになっているのとは違って、一階にあたる部分には網代を張って外から中がみえないようにしているので、何かをしまうのに使ったのでしょう。

私たちにとって大切なのは、このうちの衣笠がそえてあるAの縦穴建物です。庶民の家に衣笠が立つはずはなく、四つの建物の中で、いちばん面積が広くみえるこの縦穴建物こそが有力者の私的生活の場、私宅だったに違いありません。

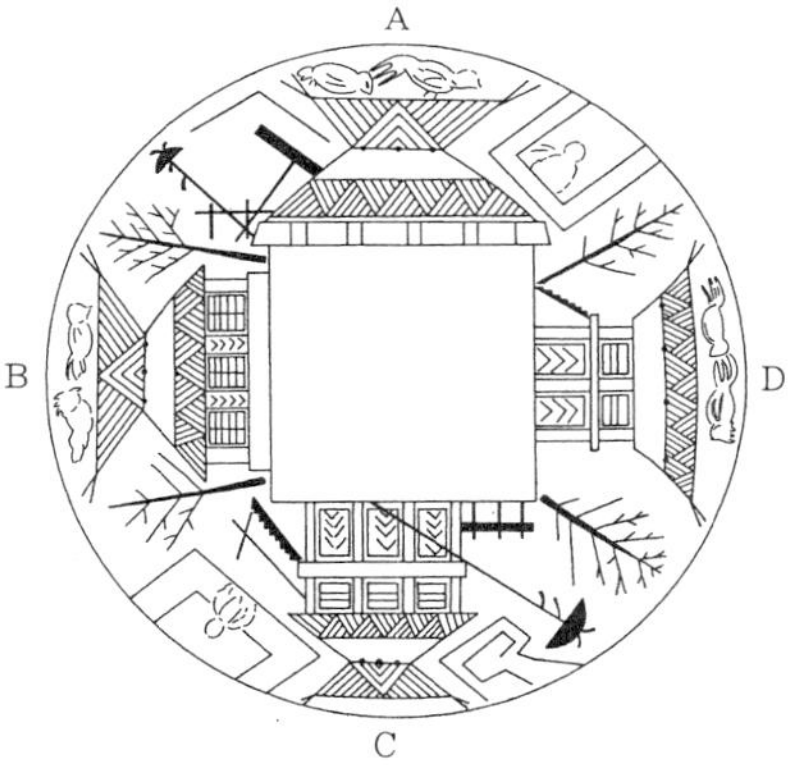

佐味田宝塚古墳の「家屋紋鏡」
(辰巳和弘『埴輪と絵画の古代学』より)

もうひとつあります。奈良県天理市の東大寺山古墳(四世紀)の刀の柄の飾りのひとつに、家屋紋鏡のAの建物とそっくりな縦穴建物を表したものがあります。庶民の家ではなく、有力者自らの我が愛の家《スウィートホーム》をデザインさせたに違いありません。家屋紋鏡の縦穴建物が庶民の住まいではなく有力者の家だという考えは、車崎正彦さん・辰巳和弘さんがすでにのべています。(2)

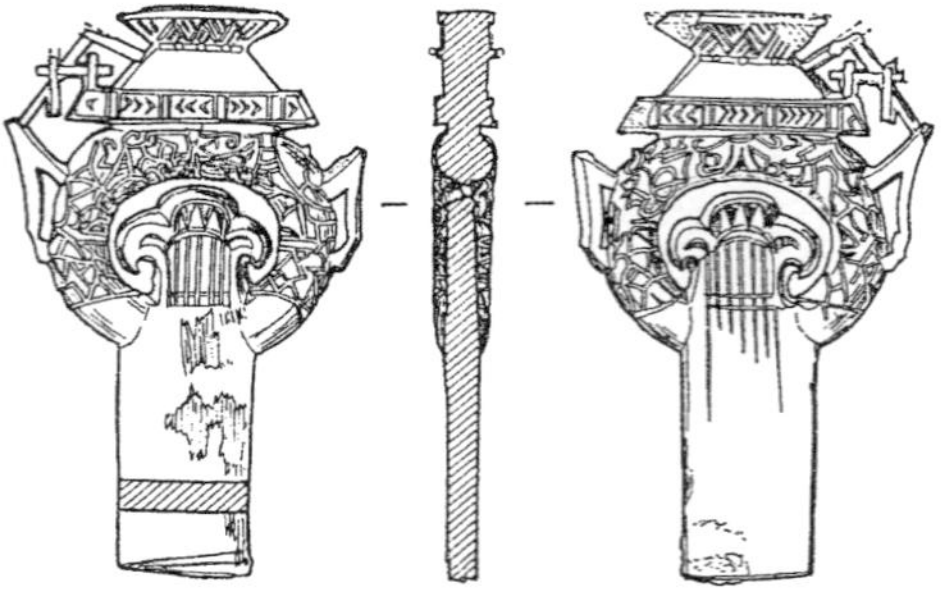

東大寺山古墳出土の刀の柄(金関恕『古墳と国家の成り立ち』古代史発掘6より)

縦穴建物でなく高床建物だ、という説

ただし、家屋紋鏡のA建物と東大寺山古墳の刀の柄飾りの建物とを、縦穴建物ではなく、高床建物だ、とみる説があるので、話をすすめるためにこの説を否定しておく必要があります。

家屋紋鏡のA建物も、東大寺山古墳の刀柄飾りの建物も横に開くのではなく上下に開く扉を太い斜の線でしめしています。戸口の上に扉をあげて、つっかい棒で支える構造です。

ところが建築史の若林弘子さんは、第一に、家屋紋鏡のこの扉とつっかい棒とを建物の構造とはみず、紋様の一部ととらえるのです。(3) しかし、建物と建物の間、空に、天の神の居場所か雷などをしめす角ばった紋様は細い線から成り、しかもその線はすべて建物には触れていません。建物にくっついている太い線を建物に付属するものとせず、空の細い紋様と一体とみることと自体が強引で、無理です。第二に、若林さんは、斜めにそえる衣笠を支える構造を、この建物に伴う露台《ベランダ》と解釈します。この構造は、杭をうち横木を組んだとみるべきもので、岡山県塚ノ本古墳の須恵器(六世紀)に描いた絵の、幡竿《はたざお》を支えている構造と比較できます。しかし、これをベランダとみる若林さんは、「ベランダ」の面を建物の中まで延長すると、建物の室内の床《ゆか》の高さになる、とみるのです。

東大寺山古墳の刀の柄飾りの建物にも上斜めにあげた扉とつっかい棒とが表してあります。若林さんは、この扉を衣笠の柄ととらえます。ところで東大寺山古墳の方の「ベランダ」はとても高いため、この高さを建物の中まで延長した床高《ゆかたか》を認めると、屋内に入った人は、頭が天井につかえてしまいます。

家屋紋鏡のA建物と東大寺山古墳の柄飾りの建物とは、両方とも高床建物ではありえません。ともに縦穴建物に違いありません。

公的建物と私宅

宮本長二郎さんが、妻木晩田で浅い大きな縦穴住居を有力者の私宅とみるときに傍証としたのは、モンゴルにある一九世紀の宮殿でした。王さまが政務をとりお客を迎える立派な公的宮殿がある一方、私的生活をおくる場は、仮設建物のパオ(ゲル)だ、というのです。

この話をきいて、私は平城宮もそうだと思いました。国家的行事・儀式、外国からのお使いを迎えるのは、大極殿とその南に並ぶ、基壇の上の礎石の上に柱を立てて屋根瓦をのせる立派な基壇建物(礎石建物)です。天皇が私的な生活をおくる内裏の建物は、地面から掘り下げた穴の中に柱の下端部をすえた柱(掘立柱)から成る建物で、木で床を張り屋根には茅を葺く「掘立柱建物」です。東大寺大仏殿や薬師寺・唐招提寺・法隆寺を訪ねればわかるように、基壇建物の床は、切石か煉瓦(塼《せん》)を敷きつめます。だから、台か椅子を置かないと坐ることもできません。

しかし掘立柱建物は床を高くして木で組んだ構造ですから、その上に和風に坐ることも寝ころぶこともできます。礎石建物が公的な政治的場であるのに対して、掘立柱建物は、暮らしに適した建物です。

奈良時代四文献の「室」は縦穴建物

弥生時代後半の大きな村では、浅い大きな縦穴住居の存在が知られています。たとえば佐賀県吉野ケ里では、その「南内郭」の西方、外壕の外にある大型倉庫群の南に縦穴住居群があり、その中には大きな縦穴住居が二、三あり、これこそ、丘の上から西におりた吉野ケ里最後の有力者たちの私宅だった、と七田忠昭さんはみています。(4)

古墳時代の有力者の邸宅あと、豪族居館にも大きな縦穴住居があります。これらも有力者の私宅に違いありません。

弥生後半から古墳時代の古いころ、およそ四世紀にかけて、有力者が縦穴住居に住んでいたことを考古学的にみてきました。

ところが、これは嬉しいことに『記紀』『風土記』『万葉集』に記憶として残っていることを建築史の木村徳国さんが明らかにしてくれていて[5]、古代史の吉田孝さんもこれを良しと認めています[6]。古代四文献に出てくる「室《むろ》」こそが縦穴建物である、という論証です。

ムロという表現は現代にもあり、野菜などをたくわえる地下の穴などをしめしています。

「室」は、『古事記』に四件一五回(神代記・神武即位前記・景行記・清寧記)、『日本書紀』に一一件五五回(神代紀第九段、神武即位前紀五年一〇月条、綏靖即位前紀一一月条、景行紀一二年一〇月条、同二七年一二月条、仁徳紀六二年条、允恭紀七年一二月条、清寧紀二年一一月条)、『風土記』の三国(常陸国茨城郡・那賀《なか》郡、出雲国大原《おおはら》郡、播磨国賀古《かこ》郡・餝磨《しかま》郡・美嚢《みなぎ》郡)に七件一三回、『万葉集』に五歌(巻八‐一六三七・一六三八、巻一一‐二三五一・二三五二、巻一四‐三五〇六)と、計二五件八八回出てきます。これらには、氷を作って貯える氷室《ひむろ》(仁徳紀六二年条)やお産のための産屋、無戸室(神代紀第九段)、正体不明の建物、韓室《からむろ》(播磨国餝磨郡韓室)なども入っています。これらは縦穴建物としても特殊な場合と木村さんはみます。典型的な場合をあげましょう。

オオクニヌシがスサノオを大きな「室」に呼び入れるとスサノオは寝てしまいます。その間に妃《きさき》のセスリヒメと一緒に逃げ出そうとくわだてたオオクニヌシは、追いかけられることをおそれてスサノオの髪を室の屋根の垂木《たるき》――屋根を支えるために、屋根の頂き(棟《むね》)から軒にわたす木――に結びつけてしまいます。そして大きな岩で「室」の戸口をふさいでセスリヒメを背負って逃げ出します。ところが美しい琴を持ち去ろうとして、琴が木に触れて音を立てたので、スサノオは驚いて目をさまし、「室」を引き倒してしまいました。しかし、垂木に結びつけてある髪を解いている間にオオクニヌシとセスリヒメは逃げてしまいました(神代紀)。スサノオが寝ている「室」の底と垂木の近さをしめしており、「室」を縦穴建物と理解すれば明快です。

ヤマトタケルは、九州でクマソタケルの兄弟を殺すことをくわだてます。「室」で宴会がひらかれた機会に、女装したヤマトタケルはまず兄を殺します。この「室」の出入口近くには「椅《はし》」、つまり階段(か梯子)がありました。兄を殺された弟は、あわてて「室」の外へ逃れようとします。ヤマトタケルは彼を「椅の本」、つまり階段の下に追いつめ、弟の尻から剣を突きました。つまり「室」の底は地下にあり、地面への階段の下から上に逃れようとするクマソタケルを下から剣で刺した、というのですから「室」はまさに縦穴建物であるということをしめしているのです。このことは早く、歴史学の喜田貞吉さんも指

摘し、「室」が縦穴住居だ、と書いています。(7)

室について木村徳国さんは、さらに「新室《にいむろ》の宴」(清寧記、清寧紀二年一一月条、『播磨国風土記』美嚢郡志深《しじみ》条)を単なる建物の新築祝いの宴会ではなく、農耕民衆の新穀感謝祭で、翌年の収穫の予祝の機会だったことを論じています。

「神殿」「祭殿」はない

神殿といわれてまず私が思い出すのは、ギリシア、アテネのパルテノン神殿と、エジプトのアブシンベル神殿です。パルテノンには巨大なアテナ・パルテノスの像が立ち、アブシンベルもラメセス二世の像が立っています。神像が立つ、それが神殿でしょう。しかし、日本で神像が生まれたのは平安時代、仏像の影響によってでした。

古代の神について岡田精司さんは書いています。(8)

①古代日本は一神教ではないから、あらゆるもの(物体でも生物でも)に神霊が宿っていると考えられた。②神は平常には人里に住まず、山の奥や海の彼方から祭りの日だけやってきた。③神は目に見えないから、神の形(神像彫刻など)は本来作らなかった、と。

奈良の大神《おおみわ》神社、東京の金鑚《かなさな》神社、長野の諏訪《すわ》大社は、山そのものを神体としているから本殿はありません。「古代の神祭りの場所は、はじめは特に建造物を作らず、祭場の一角に神霊をむかえるための盤座(神の宿る岩)やヒモロギ＝神木があるだけの簡素なものであったと思われます」。

という次第なので、弥生時代に神殿があったとも祭殿があったとも私は考えません。(9) 祭政一致という表現があります。これに対して上田正昭さんは、祭政未分離だったという方が適切だ、といいます。

私は、弥生時代の「神殿」「祭殿」とよばれている建物は、実は有力者の公けの仕事の場、公邸であり、多目的建物だ、と考えています。時には神に祈り祭り、時には政治の場、会議の場、宴会場となり、大切な品物をしまう場でもあった、とみるのです。

埴輪に縦穴建物はない

古墳時代の建物は遺跡でつかむかぎり円い柱の建物です。しかし埴輪の家の絶対多数は四角い柱にしています。造型上の変形でしょう。

ところで埴輪の家に縦穴建物はほとんどありません。かつて関東地方で縦穴建物を表すとしていた埴輪がありました。これは今、建物本体の上に別造りでのせた屋根と解釈されているのです。

唯一つ確実な縦穴建物の埴輪は、宮崎県西都《さいと》市の西都原《さいとばる》古墳でみつかった四つの小さな平屋建物を四方にとりつけた大きな縦穴建物です。これは、私宅というよりは、公的な性格をもつ建物というべきでしょう。私は木村徳国さんの「新室の宴」論をよみ、その盛大な宴ぶりがこの西都原の建物にふさわしい、と思いました。

ところで、なぜ、有力者の私宅、縦穴住居は埴輪に作らなかったのでしょうか。

公的な建物だけを埴輪に作ったからでしょう。人の埴輪について武田佐知子さんは、普段着姿の埴輪はなく、武人・役人・巫女等の職能の服装の埴輪しかいないことを指摘しています。(10) 建物もそれに対応するのでしょう。

以上みてきたように、弥生時代後半から古墳時代にかけて夜くつろぎ、性をいとなみ、ねむる、という私的生活は縦穴住居でおくっていたのでした。それならば、わが卑弥呼さんもまた、縦穴住居で寝起きしていたことになります。朝目ざめて朝食をとると、仕事着に着かえて公邸にお出ましです。あるいは朝食は公邸でとったのでしょうか。

27　贈り物、授かり物

男生口四人、女生口六人を献《たてま》つる（78行）

贈り物と授かり物

歴博で「倭国乱る」という展覧会をやったとき（一九九六年）、中国考古学の西谷大《まさる》さんが面白い比較をやりました(1)。『史記』『漢書』『三国志』『後漢書』等々の文献を比べて、前二世紀ころから後三世紀ころまで、中国の周りの国ぐにや地方・民族が中国に何を贈ったか、逆に中国から何を授かったかを列挙して表に仕上げたのです。

古代中国と交流した国ぐに・地方・民族は次の通りです。

西、つまり現在の中央アジア・西アジア・インド・ローマをふくむ地方では、烏《う》孫《そん》・安《あん》息《そく》（パルティア）・大宛《だいえん》（フェルガナ）・月氏《げっし》・小安息《しょうあんそく》・疎勒《そろく》国・天竺《てんじく》（インド）・大秦（東ローマ）・莎車。

西南では、於賓国・白狼《はくろう》国（雲南・貴州）・哀牢《あいろう》（ミャンマー・雲南）・敦忍《とんにん》（ミャンマー・雲南)・撣《たん》国(ミャンマー)・羌(青海)・南粤・夜朗(貴州)・滇(雲南)。

南は中国大陸の南部と東南アジアで、南海という総称もあります。ここでは、南越国(広東・広西・海南島)・珠崖(海南島)・九真(ベトナム北部)・越裳(南方?)・南越徼外蛮夷(南越以南の民族)・究不事人(日南「ベトナム」以南の民族)・南海(広東)↓後漢・僬僥種夷(中国南方の民族)・桂陽・交阯(ベトナム北部)・扶南(カンボジア)・越巂・敦忍・日南外域の蛮夷。

北からは、匈奴《きょうど》・烏《う》丸《がん》(烏桓)・南匈奴・北匈奴・鮮卑《せんぴ》・粛慎《しゅくしん》。

そして東からは、夫余・高句麗・朝鮮・楽浪・倭国・奴国。大変な数にのぼります。

まず、中国への贈り物です。

西からは、西极《せいきゅう》馬・天馬・善馬・汗血馬などの名馬が多く、その土地特有の獅子・封牛(コブウシ)・大雀(ダチョウ)・ダチョウの卵・葡萄、それに刀を呑みこんだり火を吐いたりする芸人を贈っています。

西南からは、音楽師・詩・布・犀牛《さいぎゅう》・大象・馬が贈り物です。

南からは、芸をする象・能言鳥《オウム》・犀《さい》・レイシ・象牙・水牛・コブウシ・真珠・各種の香料・クズで織った布・大貝・ガラス・翡翠《ひすい》・玳瑁《たいまい》(ベッコウ)・芭蕉《ばしょう》・椰子《やし》・龍眼《りゅうがん》の実など熱帯の産物が特徴的です。

北からは、馬が最も多く、ラクダがこれに次ぎます。粛慎は弓矢を献上しています。このなかにあって、烏丸が奴卑を贈っている(『後漢書』烏桓鮮卑列伝)のは例外的です。いよいよ東です。朝鮮半島は馬を、楽浪は、弓・豹《てん》・小さな馬・班魚《はんぎょ》を献じています。そして倭は、一〇七(漢の安帝の永初元)年に生口一六〇人、二三九(魏の明帝の景初三)年に男生口四人、女生口六人、二四三(魏の斉王の正始四)年に生口を、その後も倭は魏に男女生口三〇人を贈っているのです。

贈り物の内容をみると、第一に当時の漢の人びとが高級品として珍重したものが目立ち、第二に、中国の皇帝が見たり聞いたり食べたりして楽しむものです。西からのライオン・ダチョウ・ブドウ、南からの芸をするゾウ、オウム・サイ・水牛・コブウシ・レイシなど当時の中国では珍しかった動物や食物です。人を献上する場合には、芸人・魔術師・楽人です。例外的に珍しくも烏丸が奴卑を贈っています。

中国の周りの国ぐに・地方・民族が、当時の中国の人の珍重するもの、皇帝をよろこばすものを贈っているなかにあって、倭国の生口の贈り物は、不思議にうつります。

次は中国からの授かり物です。

印・美しい衣服・美しいきれ(絹織物)・綿などが主なものです。とくに印は、「国」の名がない蛮夷に対しても朝貢すれば授けています。

一方、北の匈奴に対しては、漢は前一七四年に衣服・肌着・錦の綿いれ・櫛・黄金製の飾り帯・黄金の帯留め・絹織物・錦・緑の絹を贈っています。また前二五年には、錦の絹織物二万匹、綿二万斤、前一年には、衣三七〇、錦の絹織物三万匹、綿三万斤と量もひじょうに多く、匈奴への漢の気の遣いようが伝わってきます。そして、漢が匈奴に与えた品物と、魏が倭国に下賜した品物の内容が似ていることに西谷さんは注目します。

異様な事実があります。中国は、あれだけたくさんの国・地方・民族に印・絹織物・綿などを授けていながら、倭国だけに「銅鏡百枚」を授けているのです。

「前二世紀ごろから後三世紀ごろの、中国が周辺地域に与えた品物を、文献上だけから比較すると、倭国が自ら所望し贈られた鏡は、特異な存在であり、それだけに当時倭人社会での鏡の重要性がうかがえる」。これが西谷大さんの結論です。

銅鏡百枚

清少納言さんは、わずかに曇りを生じた中国鏡に顔を映すときに心をときめかせ(『枕草紙』第二六段)、「鏡は八寸五分」(直径二五センチメートル)に限る、とも書いています(『枕草紙』一本の一八)。ずいぶん大きな鏡を好んだものです。

清少納言さんよりも七五〇年も前に、女王卑弥呼さんもまた、鏡は中国製の大きいのに限るワ、少し曇りが出てきたのに映すと心ときめくの、とつぶやいた、と想像したくなります。[2] しかしこれは、全部中国製、全部日本製、一部中国製・一部日本製と学界で意見の分かれる三角縁神獣鏡《さんかくぶちしんじゅうきょう》(直径二三センチメートル前後)を中国の魏の皇帝から卑弥呼さんが授かった、としての話です。

魏志倭人伝に「銅鏡百枚」とあるその内容について学界はわれています。

三角縁神獣鏡という名の鏡は、縁が三角形にとがっていて、鏡の裏に神や獣の像を表した鏡です。卑弥呼の使いが魏の皇帝をたずねた景初三(二三九)年の銘文をもつ鏡(島根県加茂町神原《かんばら》神社古墳)があるからには、三角縁神獣鏡こそが、銅鏡百枚の鏡であってほしいところです。

ところがこの鏡は、中国で一枚もみつかっていません。ただし中国考古学の樋口隆康さんは、中国では魏の皇帝たちの墓をまだ掘っていないから何ともいえない、といいます。[3] また三角縁神獣鏡はすでに四〇〇枚もみつかっていて、魏からもらったにしては多すぎるという意見もあります。で、現在では、すべての三角縁神獣鏡が中国製だ、という説、すべてが日本製だという説、一部が中国鏡で船で日本にもたらされ(舶載鏡)、残りは日本製(倭鏡)で、中国鏡を真似て作った(仿製鏡)という三つの説に分かれています。

中国の王仲殊さんは、三角縁神獣鏡は中国の呉の工人が日本に来て作ったという考えです。[4] これは難しい議論です。日本製の車と、その会社がアメリカの工場で作った車とは、将来の日本考古学は区別できるでしょうか。

なお中国の鏡作りの工人が日本で作ったのが三角縁神獣鏡だという王仲殊さんの説はよくとりあげられていますけれど、邪馬台国の卑弥呼のために作った、つまり邪馬台国畿内説に与している王さんの意見はなぜかあまり紹介されていません。

銅鏡百枚は、三角縁神獣鏡ではない、と考える人は、北部九州の弥生のお墓から盛んにみつかる内行花紋鏡《ないこうかもんきょう》や方格規矩四神鏡《ほうかくきくししんきょう》を候補にあげるのです。

そんな話をしていたら日本中世史の脇田晴子さんが中国文学の筧《かけひ》文生さん・久美子さん夫妻の感想をつたえてくれました。

卑弥呼さんがもらった銅鏡百枚が何種類もの鏡だったという意見をきいて、筧さんたちは言下に否定し、皇帝の授ける物は、あれこれ寄せ集めてということはありえない、と批評していたよし。脇田さんも、その通りだといいます。そして殿さまが授ける刀とか扇子は、揃いのものだった実例を教えてくれました。

将軍足利義教が明に進貢した太刀一〇〇振《ふり》はすべて黒大面作（『戊子入明記』応仁二年[5]＝一四六八）、天文一〇（一五四一）年の扇子一〇〇本は、狩野大炊助《かのうおおいのすけ》に調製を命じている等々です。皇帝や将軍が贈る品物とはそういうものだ、銅鏡百枚も、一種類の鏡だったろう、という考えを私もなるほど、と思っています。

28 狗奴国

狗奴《くな》国の男王卑弥弓呼《ひみくこ》と素《もと》より和せず（97〜98行）

魏志倭人伝は、女王卑弥呼と仲の悪かった相手として狗奴《くな》国の男王卑弥弓呼《ひみくこ》の名をあげています。二四七（魏の斉王の正始八）年、狗奴国と戦っている様子を帯方郡に報告すると帯方郡は魏皇帝の詔書と黄色い旗（黄幢）を贈って激励したそうです（96行）。

邪馬台国に対抗して戦った狗奴国の候補地としては、九州では肥後（熊本県）の球磨《くま》川流域、薩摩（鹿児島県）など、本州では紀伊（和歌山県）の熊野、遠江《とおとうみ》（静岡県西部）の袋井市付近、そしてはるか東の毛野《けの》（栃木・群馬県）などがあがっています。いずれも、狗奴の訓みを古くからの地名から探して、似た地名を大きな根拠としています。(1) たとえば遠江説だと、袋井市の「久能」という地名と久努直という古代の豪族名とを結びつけるのです。(2)

邪馬台国畿内説の立場から、考古学的に濃尾平野（美濃＝岐阜県南部、尾張＝愛知県西部）に注目したのは、おそらく田辺昭三さんが最初でしょう。

「東海地方の土器(弥生土器)は、つねに畿内の影響を敏感に受けとめてはきたが、それに同化してしまうことはなかった。そして、この地方の土器は畿内の中心と周辺とに見られたような差異ではなく、もっとはっきりした異質の要素をもっている。濃尾平野(愛知・岐阜県)を中心とする東海地方の土器分布圏は、畿内のそれについで広域にわたっていることも、見のがせない。そこで、この地域には、またひとつの大きな政治勢力が想定されるのである。近江(滋賀県)の地がはっきりと東海の土器分布圏にはいったのが弥生中期のなかごろ(紀元一世紀)だとすれば、それはちょうど国々を統合する動きがはじまったころであり、それとも無関係ではないように思う。

狗奴国は、ついに近江から尾張にかけての一大勢力ということになったが、もしそれが正しいとすれば、狗奴国との戦いは、京都盆地から琵琶湖沿岸にかけて展開したことになる。四〇〇年ばかりのちに、壬申の乱という戦いが、この地を舞台に繰り広げられたが、『古事記』の序文に描かれたその戦闘の情景までが、狗奴国との戦いに重なって、思い浮んでくるようだ」(3)

滋賀県の考古学に親しんでいた田辺さんは、滋賀県へ力点をおいて書いています。しかし狗奴国の中心は濃尾平野だとみているのです。

古墳時代研究の立場から狗奴国=濃尾平野説をかかげたのは白石太一郎さんでした。最古の古墳の分布から畿内・瀬戸内連合が北部九州を二世紀の終わりころに制圧して鉄をはじめとする先進的な文物の輸入ルートの支配権をうばったとみたあと、その連合が濃尾平野を中心とする勢力と戦って東日本を制圧する第一歩を踏み出したと考えています。(4)

第三部　弥生の「国」の中心を歩く

——吉野ケ里——

遺跡の発見と保存

一九八九年に吉野《よしの》ケ里《がり》遺跡が見つかって、まだ半年も経っていない頃だったと思います。ある講演会で、司会者が「よしのがさと」と言ったんです。お相撲の名前みたいだといって大笑いになりました。「里」というのは、奈良時代の土地の区画制度、条里制の呼び名が今でも伝わって残っているんです。この吉野ケ里という名前自体が古い歴史をもっていて、すぐそばに石《いしの》ケ里《がり》とか田道《たみち》ケ里《がり》とかいうところもあります。だから「よしのがさと」では困るんです。

六五〇メートル四方の区画、それが里なんですね。それを一〇八メートルごとに縦横に分けて三六の坪に分けます。その坪の名前も残っています。奈良時代の土地を分ける名前が吉野ケ里という名前に残っているわけですね。全国の地名でも、里を「り」と読むところはおそらく少ないでしょう。

福岡県と佐賀県のあいだに、東西に脊振《せふり》という山があります。福岡県側の斜面はきつく、佐賀県側はだらだらと幅広く続いています。そしていくつもの低い丘が南に向かってのびています。吉野ケ里はそのひとつの低い丘を中心として、その両側の平地を含むところにあります。南北一キロメートル、東西五〇〇メートルの範囲を外壕《そとぼり》で囲んでいます。「ほり」も難しくて、水をたたえていると「濠」で、水をたたえていないと「壕」です。吉野ケ里のほりは本来水をたたえていませんから、壕がいいかもしれません。南北一キロメートル、東西五〇〇メートルといえば、記録的に大きな範囲を囲む壕です。

実はこの広大な遺跡が保存されることになったことについて、忘れられない思い出がありります。一九八九年二月一〇日過ぎと思います。当時天理大学におられた金関恕《かなせきひろし》さんから「佐賀県吉野ケ里が大変だ。とにかく見に行ってほしい」と電話がかかってきました。佐賀県の吉野ケ里担当の七田《しちだ》忠昭《ただあき》さんと電話で連絡を取れというんです。大規模な工場団地にする計画でした。七田さんと話したら、「二月一五日にブルドーザーが入ります。丘を削って、周囲に埋めます。それまでに来てください。九州ではずいぶん報道されたけれど、こわす前に全国版にしてほしい」という。私はノートを見ましたけれど、予定は空いていません。「二一日ならいける」「それでいいです。ブルドーザーを待たせます」と、彼は待たせてくれたんです。よく待たせてくれたと思います。ブルドーザーは永遠に待つことになったわけですけれども。

私は朝日新聞とNHKと一緒に現場へ行き、吉野ケ里を魏志倭人伝と結びつけて説明しました。今でこそ、九州でも近畿でも大規模な弥生の建物がいくつも知られています。しかし吉野ケ里までは、魏志倭人伝の卑弥呼の邸宅の記述はまったくの想像かもしれなかった。考古学的には、魏志倭人伝の記述に対応する建物・施設は知られていなかったんです。ところが、外壕の中にまた内壕《うちぼり》があって、この内壕が部分的に外へ半円状に飛び出している。その突出している部分の内側に建物がある。どう考えてもその建物は視野を広げるようにして立てた物見やぐらの可能性が高い。

私は吉野ケ里についての架空対談で内壕の中を内郭《ないかく》、外壕と内壕のあいだを外郭《がいかく》とよびました。いま佐賀県は、中央の内郭を南内郭、あとで見つかった北端近くの内郭を北内郭とよんでいます。

吉野ケ里で出てきたものは、魏志倭人伝で卑弥呼の邸宅にあったという「楼観」と結びつく可能性がある。さらに、壕があって、壕の中に埋まっている土を、壕と直交する方向の断面で見ると、壕の外側から土が流れ込んでいるのがわかる。すると、掘った土は外側に積んで守りの壁――土塁《どるい》とも呼んでいます――をめぐらせていたことがわかってきます。この観察法は原口正三さんが始めました。おもしろいですね。フランスでも、シーザーが攻めたケルトの町アレシアで壕の埋土を同じように観察して、かつて守りの壁がどちらにあったかを復原しています。

「城」は中国語では守りの壁《ウオール》です。お城、キャッスルではありません。守りの壁の上に材を立ち並べれば城柵《じょうさく》になります。魏志倭人伝に出てくる「居処宮室楼観城柵厳設」(居処、宮室、楼観、城柵を厳に設ける)という文章のうち、居処・宮室はおあずけとしても、ともかくも結びつくものがあると私は発言しました。

「邪馬台国はここだ」といったわけではありません。魏志倭人伝の記述に対応するものがあるといったんです。翌二三日、新聞・ラジオがワッと報じました。その後二週間たって、私は知事の香月熊雄《かつきくまお》さんと新聞記者と一緒に北の丘墓《きゅうぼ》(墳丘墓《ふんきゅうぼ》)へ行ったところ、目の前でガラス玉と銅剣が出ていたんです。これがまた大きく報道された。

佐賀県は、遺跡を壊すことを決意して文化庁に報告していたし、文化庁もそれを認める判断でいました。そして、南内郭付近は弥生時代の地面から一メートルは掘り取られた状態でした。国が史跡にする条件のひとつは、残りがよいことです。私は正直なところ史跡はむずかしいと思いました。

それが急転直下、保存と決まり史跡になり、特別史跡に上りつめました。ものでいえば、重要文化財の上の国宝にあたります。私も吉野ケ里保存のひとつの動機を作りました。しかし、全国に吉野ケ里のことを知らせるべきだと考えた七田さんの判断、工事を待ってくれた建設会社の配慮、知事さんの行政的な決断の速さ、積極的な報道、「佐賀の自然と文化を守る会」などの保存運動の人たちの熱意、早速たくさんの人が押し寄せてくれたこと、等々、いろんな人の努力が集まってこういう結果になりました。今では年間百万人近い人が訪れるようになりました。二〇〇〇年の一月末までに吉野ケ里に来た人の合計は一二七万二〇〇〇人だそうです。

発見されて、一九九九年でちょうど一〇年になりました。この遺跡の多くの地点、そして他の遺跡の調査が進み、吉野ケ里のすごさがますますわかってきています。それについてお話したいと思います。

魏志倭人伝から吉野ケ里を考える

魏志倭人伝は、中国の魏・呉・蜀三カ国の歴史を陳寿という人が三世紀にまとめた『三国志』という歴史書の魏書の第三〇巻、倭人の条を指しています。

魏志倭人伝に出てくる「国家」は魏のことです。それから「国」という表現がいくつも出てくる。これには大きな国と小さな国とがあります。まず「対馬《つしま》国」「一支《いき》国」「末盧《まつろ》国」(いま唐津湾の西側に東松浦半島があり、地名が残ったと見られています)、そして、さらに東に来ると「伊都《いと》国」(いまは糸島半島になっていますが、弥生時代には先が島だったので、イトと島に分かれていたと見られています)。それから博多湾沿岸にあった「奴《な》国」(那珂川という川があり、文献には那の津という言い方も出てきます)。そして、「不弥《ふみ》国」とか「邪馬台国《やまたい》」が出てきます。これらを小さい「国」とよびましょう。

そして、小さな「国」のほとんど全体をひっくるめたかたちで、「倭国」という大きい「国」ができています。小さな国のひとつ「狗奴国《くな》」は倭国に入らずそれと対立しました。魏志倭人伝には「女王国」という表現は五回出てきます。そのうち四回までは「女王国より北は」とか、「女王国から何里」というように出発点を示していますので、「邪馬台国」を指す、と古代史の仁藤敦史さんに教わりました。

小さな「国」は、おそらく二〇、三〇など多くの村から成り立っていたのでしょう。もしかすると村と村とのあいだには、どちらにも属さないところもあったのかもしれません。いまの行政区分だと全部がぴったりとくっついて隣り合っていますけれど、途中があいている山や森もあったかもしれません。小さな「国」(全部ではありません)、大きな「国」には王がいました。小さな「王」、大きな「王」です。

ある小さな「国」の中心、つまり都《みやこ》的な存在の村が、吉野ケ里です。吉野ケ里に人が住み村ができ始めるのは、私を含めて多くの研究者は弥生のごく初め(弥生時代先Ⅰ期あるいは早期)としています。しかし研究者によってはその時期を縄紋時代末だとする人もいて、意見は分かれています。それはともかくとして今から二四〇〇年ぐらい前には、村ができ始めました。

そして当然ですけれども、脊振山地を北にいただいて、南側には有明海が広がっています。原田駿《しゅん》さん(佐賀大学農学部)の電気抵抗調査によって、吉野ケ里のすぐ南に大きな湾が広がっていたことがわかったそうです(『東京新聞』一九九九年一一月七日)。電気を流すと、湿っている土、乾いている土で反応が違うのです。平野の三五〇地点を調べた結果、弥生時代の海岸線をつかむことができ、いま、吉野ケ里は、海岸から二〇キロも離れているけれども、当時は二キロしか離れていなかったことがわかったそうです。ですから、吉野ケ里は当然水路で有明海とつながっていたのです。以前から森浩一さんもいっていたように、有明海からは、おそらく運河か、川伝いで吉野ケ里へ来ることができたのです。吉野ケ里が見つかるまでは、玄界灘から唐津湾、博多湾だけが大陸文化を受け入れる九州の玄関と見られていました。しかし、有明海もまた玄関だったのです。

吉野ケ里のお墓

都的な村、吉野ケ里を歩いてみましょう。

外壕は、中に入ったら傾斜が急で深くて上がることができないくらいすごい規模(幅七~八メートル、深さ約四メートル)です。吉野ケ里の外壕で囲んでいるいちばん北端には、紀元前一世紀、弥生時代中ごろに土を盛り上げて作ったお墓があります。私は、丘墓とよ

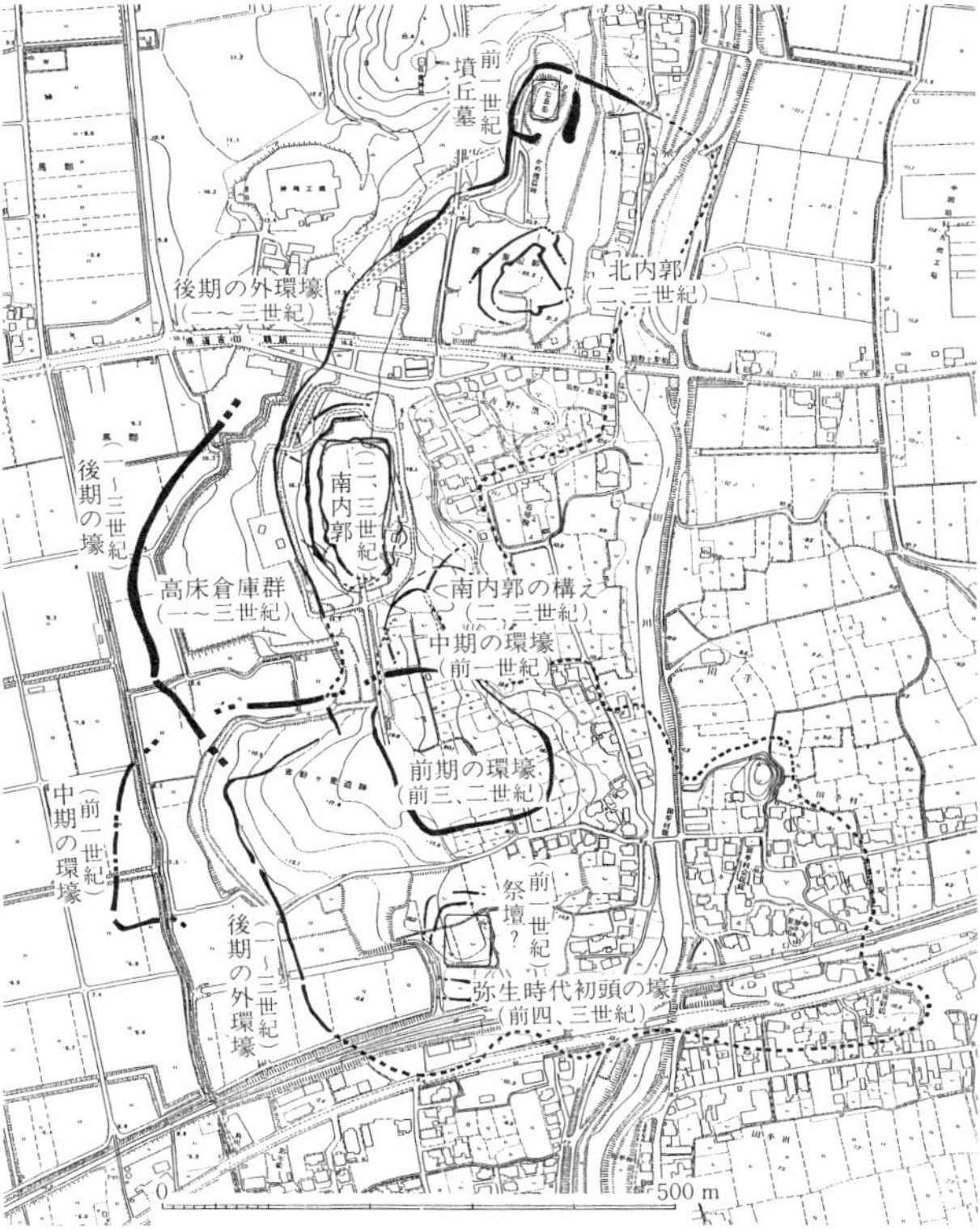

弥生時代の吉野ケ里遺跡

びます。普通は墳丘墓とよんでいます。古墳時代の古墳と区別して、弥生時代の盛土の墓を墳丘墓とよぼうという提案がありました。しかし、古墳の古は形容詞的で墳が本体なんだから、これを古墳以前に使うのはおかしい、というのが私の主張です。都出比呂志《つでひろし》さんは円墳丘墓、方墳丘墓とはよばずに、円丘墓、方丘墓を使っているから、半分私の主張どおりです。だけど、絶対多数の人は墳丘墓を使っています。丘墓を使うと、その丘は墳丘ではなく墓丘になります。丘墓にかめ棺(甕棺)を使ったお墓(かめ棺墓)が一四はあります。かめ棺は、高さ一メートルを超えるような大きな土器を棺桶として使い、中に遺体を入れて、またかめをかぶせたものです。かめ棺墓のうちの八つには、中に青銅(銅と錫の合金)の剣が、そのひとつにはそれはそれは美しいガラスの玉が入っていました。小さな「国」の「王」やその家族など、特別な人たちを葬っているのですね。紀元前一世紀です。

重要なことは、この丘墓に近い外壕に、西南と東北に出入り口があることなんです。壕を掘った土は、その外側に積み上げ、守りの壁をめぐらせています。西南の出入り口から入ると、道は北に折れて進み、階段を上ってお墓の前に出るようになっています。囲みの中に住んでいる人が墓参するのには、この二つの出入り口は要りません。考えられるのは、吉野ケ里に従っている村むらの村長《むらおさ》なりが、お参りさせられて服従を誓わされていた可能性です。そう考えると、その当時の小さな「国」の威力が、初めて実感できるように思います。

それからもうひとつ大切なことは、丘墓の東側に、長い穴があってたくさんの土器が捨ててあったことです。最初にお墓を設けたのが紀元前一世紀です。ところがこの穴の中に入っている土器は、赤く塗った前一世紀の祭の土器だけでなく、紀元一、二世紀の土器まであるのです。二〇〇年から三〇〇年にわたる土器がそこに入っているということは、何世紀にもわたってお祭を続けていた結果だ、と高島忠平《ちゅうへい》さんや七田忠昭さんたちは考えています。

丘墓のかめ棺はとても立派です。大きくて厚いし、真っ黒に塗ってある。そして宝物も入っている。しかしかめ棺である点は庶民のお墓のかめ棺と変わりません。みんなの中の一人という意識が残っているのでしょう。

有力者の力が絶大になると、お墓の場所も庶民を葬るところと変えるし、お墓の構造も入れるものも変えます。そうすることによって力と権威を示すわけです。

各村から参詣するための道を造り、お墓ができてから何百年か祭を続けていて、「国」のすごい力を示してはいるけれど、かめ棺はかめ棺です。みんなの中の一人です。古墳時代になるとぜんぜん違うお墓を造るようになる。その違いは認める必要があるでしょうね。

廟のような建物と失われた縦穴住居

それから、丘墓の南一五〇メートルに、二重の壕を囲む北内郭がありました。南内郭よりも時間的に少しおくれるそうです。北内郭には立派な建物がありました。高島忠平さんや七田忠昭さんは、ここからまっすぐ北にさっきの丘墓があるから、その霊を祀るための建物つまり廟《びょう》だと考えています。日光東照宮は家康を祀る廟ですね。日本には廟は発達しませんでした。これを廟的な性格をもったものと考えているんです。それが正しければ、お墓ができてから二、三百年たった紀元後二世紀にそういう建物を造るぐらいに「国」の威力があったことを知ることができます。北内郭が日常生活とはかかわりのない、公的な生活空間だったことは確かです。廟だったかどうかはともかくとして。

ところが、中央部分にある南内郭には縦穴(竪穴)住居が見つかっていますけれども、小さいのが数軒だけでした。私の想像ではおそらくここに、浅い大きな縦穴住居がいくつかあって、これが有力者の私的生活空間だったのではないでしょうか。ここは弥生時代の地面が一メートルぐらい削られてしまっているので、浅いために壊されて消滅してしまったと考えるのです。

軍事的倉庫群

私はつい最近も吉野ケ里へ行ってきました。九九年秋の調査で、前から知られていた南内郭の西、外壕の西側の倉庫群がさらにたくさんあることがわかりました。とても大きい倉庫です。普通、弥生の倉庫は、静岡の登呂にも復原してあるように、長さ三、四メートルです。吉野ケ里のは六メートルとか八メートル、面積でいうと、普通の弥生村の倉庫の四〜六倍です。しかも、柱の太い倉庫も並みの弥生村の倉ではありません。これは「国」の倉庫である可能性が大きい。

倉がなぜ外壕の内側にないのか、一〇年前に問題になりました。ところが現在では、倉庫群のさらに西側にこれを守る立派な壕が見つかっているので、十分、「国」の倉庫でいいのです。倉庫の数は今年の調査で七〇はあるだろう、まだ掘っていないところがあるから一〇〇に達するか、一〇〇を超えるだろうということです。

この倉庫について、一〇年前に奥野正男さんが、魏志倭人伝にある「租賦を収む　邸閣有り」(**58**行)という記述の「邸閣」にあたると発言しました。文字からみると、何か立派な建物のようじゃないですか。ところが日野開三郎さんが『三国志』に一一カ所出てくる「邸閣」を全部調べて、軍事的な倉庫だということを明らかにしました。糧秣《りようまつ》、つまり兵隊たちが食べる食糧や、武器、絹も入れる、そういう倉です。

しかし、たくさんの村を従えていて、その村から供出させたお米などが入っていた可能

倉庫群と縦穴住居(大きな縦穴住居があることに注意)

性もありますね。それが「邸閣」にあたるかどうかあらためて議論したいところです。ただし、倉庫が一〇〇あるのは結果として一〇〇なのであって、何十年、あるいは一〇〇年を超える期間に建てられた一〇〇ということですから、同時にいくつ建っていたのかはわかりません。これから柱穴に埋まっている土器などの検討から、同時に何軒建っていたかいえるかどうかが、課題です。

古墳時代の倉庫はちゃんと並ぶんですけれども、吉野ケ里の弥生時代の倉庫の特徴は、きちんと並ばない。それぞれ勝手な方向を向いている。私たちの感覚では、我が家に倉庫など別棟を造るとしたらいちおう揃えますよね。方向を揃えるという意識がまったくないのは面白いですね。

有力者の住まい、大きな縦穴住居

吉野ケ里って、年々の発掘でどんどん面白くなってくるんですよ。発掘自体が物語りになるんですね。都的な大きな村だからでしょうね。奈良県の唐古《からこ》鍵《かぎ》、大阪府の池上《いけがみ》曾根《そね》もそうですね。

一九九二年にこの倉庫群の南側に縦穴住居群が出てきたんです。そしてその中に特に大きな縦穴住宅がある。土器からみて、これは丘の上の南内郭のものより新しいということから、吉野ケ里の有力者の最後の住処はここだったのだと七田忠昭さんは考えています。彼らのお墓、前方後円墳が丘の上で三つ見つかっています。それより前は有力者、「王」はきっと、南内郭にいたんですよ。南内郭には小さな縦穴住居しか残っていませんでした。しかし先ほどお話したように、浅い大きな縦穴住宅が削り取られて消滅したと私は想像するんです。そこで、浅い大きな縦穴住居が問題となります。

ここで、鳥取県の妻木晩田《むきばんだ》遺跡の話をします。一五六ヘクタールという日本最大の一〜三世紀の村が見つかって、今度保存が決まりました。これは、やはりある小さな「国」の都的な存在の村(拠点集落)です。普通「国」の都的な村は平野にあるのに、これは山の上にあります。不思議なことです。大山と日本海のあいだの丘陵上にあって、いくつもの尾根の上にわかれて村があることがわかりました。日本海がよく見えることも重要なのでしょう。しかしそれだけでは不思議さを説明しきれません。

弥生時代の終わる頃の山陰では、四隅を突出させるお墓、四隅突出墓《よすみとつしゆつぼ》とよぶ有力者のお墓を造りました。妻木晩田には四隅がまだ突出しない四角い段階のものからあり、その真四角な墓にも、そして四隅突出墓にも大きいものと小さいものがあるんです。その小さいのをひとつ掘ってみたら子どもの墓なんですね。子どもの時に死んでしまったのだけれども、もしそのまま健康で大きく育っていれば有力者になる、そういう人がもう存在した、ということですね。福岡市の金隈《かねのくま》のかめ棺墓地で、南海産の巻貝で作った腕飾りをそえた子どもの墓がありました。それと並んで世襲があった証拠になります。建築史の宮本長二郎《ながじろう》さんが妻木晩田で重要な事実を明らかにしました。縦穴住居は全部で七〇〇ぐらいありますが、絶対多数は小さくて深い(直径三〜六メートル、深さ一メートル)。ところが、大きな縦穴住居は浅い(直径六〜八メートル、深さ〇・五〜〇・七メートル)。しかも、床面《ゆかめん》——辞書をひくと一段たかいところを床《ゆか》とよぶのです。ところが考古学では一段低い縦穴住居の底の面を床《ゆか》または床面《ゆかめん》とよびます——の周りにずっと柱穴《はしらあな》がめぐっています。壁を立てて支えるための柱です。宮本さんの復原では、たくさんある小さな深い縦穴住居は、外から見ると屋根しか見えないのです。おそらく土屋根ということです。このごろ、縄紋・弥生の縦穴住居が、火事で焼けたりした例からも、土屋根であるということがわかってきました。世界の民族例の縦穴住居にもたくさんの土屋根があります。そちらが普通の人の住む縦穴住居です。

一方、大きく浅いほうの縦穴住居は、外からも壁が見えて、おそらく草葺き屋根だろうと宮本さんは判断しました。それで彼が指摘したのは、特別に立派な構造をした建物があるところに限って、近くに大きく浅い縦穴住居がある。これこそが有力者の私的な生活空間だという解釈です。その時に彼があげたのは、モンゴルに一九世紀の宮殿が残っている。

立派な宮殿があるのに、王様の私的生活空間はパオ(あるいはゲル)とよぶ仮設建物だということです。そういうことでいうと、平城宮も外国の使節を迎えたり、儀式をするところは一段高い段(基壇)の上に礎石を置いて、柱を立てて瓦屋根を乗せた立派な建物なのに、天皇の家は地面に穴を掘って、柱を立てて、檜皮葺《ひわだぶき》――ヒノキの皮をふいた屋根――で床を張って、日本式に座ったり寝転んだりできる掘立柱の建物でした。基壇建物に座ったり寝転んだりするためには、台か椅子が要ります。現在でも、奈良のお寺の建物を見るとわかりますけれども、床は石か煉瓦式です。奈良時代でも大陸風の公的生活空間と伝統的な私的生活空間が違っています。

『古事記』『日本書紀』『風土記』『万葉集』の中に出てくる「室《むろ》」は縦穴住居だと、木村徳国さんが論証していて、これを古代史の吉田孝さんが追認しています。考古学では車崎正彦さんと辰巳和弘さんが家屋紋鏡(奈良県佐味田宝塚古墳)の縦穴住居を有力者の家だといっています。雨が降ってもいないのに、有力者が歩いていくとうしろからお供の者のさしかける傘――衣笠《きぬがさ》(蓋)――が縦穴住居のところにも立ててあります。また、天理の東大寺古墳から見つかった刀の柄の飾りには縦穴住居がついています。庶民の家を飾るはずがありませんから、これも有力者のマイ・スイートホームです。おそらく、夜寝るとか、セックスとか、朝飯とかの私的生活を送る場は縦穴住居だったのでしょう。弥生の終わりから、四世紀くらいまでにかけて、有力者は私的生活を縦穴住居ですごしたのです。

そういう目で吉野ケ里に戻ると、吉野ケ里でも大きく浅い縦穴住居が有力者の家です。丘の西、倉庫群の南にある大きな縦穴住居こそが最後の有力者の家だったんです。その前はどこにいたかというと、南内郭にいたわけです。南内郭はあとで土が削られたために大きな縦穴住居は消えてなくなってしまった、それにともなう小さな縦穴住居だけが残っている、と考えてはどうでしょうか。南内郭の私的生活の場で暮らす有力者は、朝になると公的生活の場としての北内郭へ通っていたのだと考えます。弥生の大きな村にある大きな、特殊な構造の建物の近くにある大きな縦穴住居、古墳時代の豪族居館の中にある大きな縦穴住居、これからこれを注目しなくてはなりません。

立派な青銅器、たくさんの銅鐸や銅剣・銅矛が出てきても、それを作って、使って埋めた人の暮らしは、お墓と建物からしかわかりません。建物やお墓がどのように移り変わっていったかというのを地道に調べないと、有力者の出現、その変質の過程はわかりません。妻木晩田は家・建物の移り変わりとお墓の移り変わりを対応して考えることができる点で大切です。吉野ケ里は、北の丘墓の段階の有力者の住まいははっきりしていません。また、北・南内郭の時期の有力者の墓はわかっていません。これからです。

「神殿」「祭殿」は多目的の公的生活の場

現在では、北部九州でも近畿でも、大きな弥生の村あと、つまり「国」の都的な村のあとで、大きな建物のあとがずいぶん見つかっています。大阪の池上曾根では、長さ二〇メートルもの建物で、その中央に接する南に大井戸を設けている。それを現地に復原してあります。

これらは、信仰と結びつけて、よく「神殿」とか「祭殿」とかよんでいます。たとえば広瀬和雄さんもそうです。ところが有力者の家と認めるべきものがなかなか見つからないままでした。

真相はこういうことでしょう。それら「神殿」「祭殿」こそが有力者の公的住まいで、そこではお祈りもやるし、会議も宴会もひらく、多目的ホールだった。私的生活を送る大きな縦穴住居で朝、目をさますと、盛装した有力者は公的住まいに出勤した……。当時は祭政一致というよりは、上田正昭さんの表現を借りると祭政未分離だったでしょう。弥生時代に神殿、祭殿がないだろうことは、私も発言しているし、岡田精司さんも書いています。

市

魏志倭人伝には、先ほど紹介した「租賦を収む」という表現のつぎに「邸閣有り」、さらに「国国に市有《いち》り」とあります。「租賦を収むるに邸閣有り」と読む人もいますが、中国社会思想史の福永光司《ふくながみつじ》さんによると、「租賦を収む。邸閣有り」と読むべきだそうです。

また次の「国国に市有り」ということで、吉野ケ里のたくさんの倉庫のあたりに市があってもいいじゃないかということも話題になりました。市を考古学的に追究できるものとしては、奈良・平城宮跡には東と西に市があったということがわかっています、弥生時代の市は、今でいう朝市などと一緒で、たとえばゴザを敷いてものを売って、終わるとゴザを巻いて帰ってしまうわけですから、考古学的にはなかなかあとがつかまえにくいでしょう。吉野ケ里の倉庫群はおそらく「国」の倉庫です。「国」から放出物資がある場合にはこの倉庫に入っているものを売ることもあったかもしれません。しかし、ここで市のあとを探し出すのは難しい。

見せかけの高層建物

最初にお話したように、吉野ケ里が発見されたときには、南内郭に物見やぐらがあることが話題になりました。部分的に壕が円く外へ突出していて、すぐその内側に建物があるのですから、そこに建っている建物は当然物見やぐらだろうというわけです。魏志倭人伝にある「楼観」は二階家以上の建物です。中国思想史の福永光司さんによると、物見やぐらでもいいし、身分の高い人がそこから周囲を見るような建物、高殿でもいいということでした。

「楼観」については面白いことがあります。奈良県田原本町の唐古鍵で弥生土器に描いた絵が見つかって、どう見ても二、三階の家なんです。現在はいちおう二階の建物として現地で復元しています。この土器のかけらが見つかったときに、建築史の鈴木嘉吉《かきち》さんに知らせたら、「日本で二階を使うのは室町からだよ」といわれました。私は、すぐに金閣・銀閣を思い出しました。二階にも畳が敷いてあって、床の間があります。しかし、そのときには、へえ、弥生時代にそんなものがあったのかという彼の驚きの表現としか受け取りませんでした。

その後、大阪の美園《みその》古墳で埴輪の家が見つかりました。二階建て(高床)の建物で、その二階の各辺に二つずつ窓が開いていて、窓と窓とのあいだには盾が描いてあります。悪者、悪霊を防ぐのでしょう。しかもこの二階には、ベッドが作りつけてあって、網代《あじろ》(アンペラ)が敷いてあったことを示しています。あきらかに二階を使っています。二階を使うことが弥生、古墳時代にもあったのです。それから室町までどうなったのか、鈴木さんの言葉が気になったままでした。

一九九八年、奈良平城宮跡に復原の朱雀《すざく》門が建って、それを見上げたときにひらめきました。二階へあがる階段がないんです。二階にはちゃんと欄干《らんかん》があります。欄干は人が落ちたらいけないから造るわけなのに、二階へあがる階段が付けてない。

考えてみたら、奈良の法隆寺の五重塔でも、薬師寺の三重塔でも階段を造ってありません。もちろんお寺の人が用事があって上がるためには、梯子《はしご》をかけるとかの方法があるけれども、本来建物として造ったときに二階以上に上がることを考えてないわけですね。そこで、鈴木嘉吉さんの言葉がやっとわかりました。要するに、宮殿建築、或はお寺の二階、三階、四階、五階の建物は見せるためのものなんです。映画のセットと一緒で、使うためではない。それが、ようやく室町時代になって使い始めたのです。

弥生・古墳時代に二階を使っていたのに、飛鳥・奈良時代にお寺の建物と宮殿建築とが入ってきたときには、有力者たちは最初から二階以上を使うことを考えていなかった。外から見たら、いかにも使うように見せてある。これは、力と権威を示すためのものですね。中国では、漢代の楼閣も最上階まで人がいるし、仏塔の最上階まで仏像を置き、上まで登るように階段があって、ちゃんと使っているのと大きな違いです。朝鮮半島はわかりません。

六世紀に古墳が消えます。古墳は、本来有力者の力を権威を示すものでした。それが消えて、代わってお寺の建物や宮殿建築が出てきます。六世紀には、庶民、農民といえども豊かな人は小さくても古墳をつくることができるようになっていました。これは、庶民から見ればうれしいことです。しかし有力者から見ると愉快ではないでしょう。だから、力を示す手段を切り替えて、数十メートル〜百メートル四方の規模のお寺をつくり、赤い柱、緑の窓、屋根瓦、中へ入るとキンキラキンで仏像があり、異国の格好をした坊さんがワァワァワァとお経を読んでいる……。仏教の原理がわからなくても迫力満点で圧倒的です。古墳に代わるのに十分でした。

一方では、アクセサリーが消えています。高松塚の壁画の美女も、『源氏物語絵巻』の美女も、耳飾りも、腕飾りも、ペンダントも何もつけていません。布《きれ》と色で力と権威を示すように変わった。六世紀農民の埴輪には耳飾りをつけたものがあるし、小さな古墳からも耳飾りが出ている。これも、本来は力と権威を示す意味をもっていたアクセサリーを庶民までつけ始めたから、有力者は、アクセサリーから布へ色へと関心を移していった。古墳から高層建築へという切り替えと同じです。

確かめられた都の姿

吉野ケ里を歩きながら、都的な機能を備えた施設を見てきました。

祭壇？（佐賀県教育委員会提供）

吉野ケ里の南端あたりには「南の丘墓（墳丘墓）」があります。しかし、これは、いま分かっているところでは四角い丘、方丘で祭壇の丘の可能性もあるそうです。祭り用の土器もたくさん出ているとのことです。中国の古代都市には皇帝や王が土地の神、穀物の神をまつる施設（社稷）がありましたし、都の南北には皇帝が天・地をまつる施設を作ったことを想い出します。すでに七田忠昭さんは吉野ケ里の内郭を中国の城郭と比べていますけれど、祭壇の丘も気になりますね。もし祭壇となると、ここまで入って来た、しかし古代日本はそれを採用しなかった、ということになります。廟もそうですね。

吉野ケ里では青銅器も鋳造していました。青銅は銅に錫を混ぜた合金です。いろいろ鋳型も見つかっています。吉野ケ里など、有明海寄りで造りはじめて、新しくなってから玄界灘沿岸でも造っている。「青銅器も鋳造しているのだから吉野ケ里は都市だ」という考え方が、研究者の中から出てきています。弥生都市論の代表者は広瀬和雄さん。反対の代表者は都出比呂志さんです。

都市論は非常に難しい。日本の都市は自然発生的ではなく、飛鳥京・藤原京・平安京と、政治的に生まれたものです。役所に通う公務員とその家族、その生活を支えるための人びとの町としてできたと最近まで考えてきた。いままでは、そういうふうに都市をつかんでいた。何をもって都市とよぶかが問題です。

ヨーロッパでもたくさんの議論がありますけれど、結局は全世界を通じて、都市の定義も村の定義もできないでしょう。いま、もし弥生時代の大きな村、つまり「国」の都的存在の村を都市とよぶようになると、古墳時代には一度都市がなくなったことになる。私は、あえて都市という表現にこだわらない方がいいと思っています。

魏志倭人伝には、卑弥呼の邸宅について、「居処宮室楼観城柵」とあります。男が言葉を伝えるのに卑弥呼の「ところ」へ出たり入ったりするということで、この「居処」を前の文に続けて読む人もあるんです。しかし、福永光司さんは、居処と宮室を分けて読むことはできないとおっしゃっています。福永さんは、「居処」は私的生活空間であり、「宮室」を公的生活空間であるとしています。古代史の仁藤敦史さんは「王」の私的生活空間とハレ的生活空間とに分けるのは新しいからという理由でこの読みに否定的でした。ところが妻木晩田で大きな浅い縦穴住居が「王」の私的生活空間となる可能性が大きくなりました。福永説は有効です。

木村徳国さんが面白いことを書いています。魏志倭人伝の直前にある「韓伝」に縦穴住居が出てくるんです。土の室を造り、形は塚のごとくである、と。お墓の盛土のようだと。入り口は屋根の上にあるというようなことが書いてある。「韓伝」に「草屋土室」とある。そして魏志倭人伝には「屋室」とある。これは草屋土室を屋と室に略した表現ではあるまいかという面白い解釈です。ということで、「韓伝」でも室は縦穴住居を指しているわけです。『古事記』『日本書紀』なども縦穴住居を室と書いている。

そうなってくると、宮室を二つに分けて解釈することもありえないでしょうか。宮《きゅう》は宮であって公的な生活空間、室が私的な生活空間としての縦穴住居という読み方はできないでしょうか。福永光司さんにいえば、一笑に付されるかもしれません。そういうふうに読めたら面白いなあと思っているだけです。それはともかくとして、これまで卑弥呼の邸宅などについての記述は架空のものだといわれていたものが、吉野ケ里以来現実性をもってきたのです。

次は城柵です。これが曲者で、前に述べたように、中国語では、「城」は「土」から

「成」る守りの壁、英語でいう wall の意味です。万里の長城はお城ではなく、ザ・グレート・ウォールです。柵というのは、木を縦に並べて、それを横につづったものですから、おそらくは wall の上に柵を作ったのでしょう。吉野ケ里がみつかった当時は、秋田市の地蔵田Bという遺跡で柵の穴が非常に密に並んでいましたので、復原するにあたって、密接して柵の柱の木を立てるという方法にしました。それについては私に責任があるんですけれども、その後、あちらこちらの弥生遺跡で柵がみつかると、だいぶ間隔をおいて柵穴があいています。ですから、間隔をおいて木を立てて横木を渡すのが正しいと思います。

城は wall であるといいましたけれども、茨城県の「茨城」というのは、茨で作った wall です。『常陸国風土記』に出てきます。それから『古事記』『日本書紀』の垂仁天皇のところに出てくる「稲城」も稲束か稲穂を使った wall です。それからもうひとつ、六六四(天智三)年に大宰府の西北に「水城」を造ったと『日本書紀』にあります。発掘した結果、水をたたえた濠と大きな堤の上に土壁を築いてまさに water and wall でした。ですから、日本でも、古くには城という字は wall と理解していたわけです。それをいつの間にか castle、お城の意味に変えてしまったのです。中国流にいうと城砦という意味にしてしまったわけですね。朝鮮半島の「楽浪土城」というのは土で造ったお城ではなくて、土の壁をめぐらせているということなんです。中国では、いまでも都市といわないで城市といっています。これは walled city の意味ですね。城内・城外は、まさに wall の内外です。

城柵にあたるもの、柵自身にあたるものは残っていませんでしたけれども、壕の外から斜め方向から土が流れ込んでいるので、そこに wall のあったことは、確かめられます。いちおう城柵はありえた。

魏志倭人伝の記載が、架空ではなくて、それに対応する建物・施設が弥生の遺跡で出てきたことが私にとっての最大の意味でした。発見当初、私はそう発言したのです。直ちにあれが邪馬台国だとか、あるいは魏志倭人伝の内容を立証したとかいったのではありません。

その後、あちらこちらで弥生の都的な村の様子がわかってきています。特に長崎県の壱岐では、魏志倭人伝に出てくる一支の「国」の都的な村としてみてよい原《はる》の辻《つじ》の様子がよくわかってきました。自然も人も壊さないというかたちで本当によく残っていて、波止場が出てきたりしています。そういう新たな発見も含めて、魏志倭人伝の「国」や村の様子がだんだん見えてきました。

人びとは何を着ていたか

吉野ケ里の人びとはどのような服装をしていたのでしょうか。

吉野ケ里では、絹織物のことがよくわかりました。北部九州の弥生遺跡からは絹織物や麻が時々出てきます。「だから邪馬台国は九州だ」という人もいます。しかし、死者を葬る方法の違いを考えなければいけません。北部九州ではかめ棺の中に遺体を葬るので、布は直接土とは接しません。だから、かめ棺の中に布が残ります。ところが近畿では遺体をじかに土に埋めますから、布は残りません。九州のほうが布はたくさんあったかもしれません。しかし残る確率も高かった。そういう条件の違いがありますから、みつかる布の多い少ないで近畿と九州を簡単に比べてその結果を重要視するのがあぶないのです。

魏志倭人伝には蚕を飼って絹を作っていると書いてあります。それを考古学で証明することはできないと私は思っていました。ところが、布目順郎《ぬのめじゅんろう》さんの研究でいろいろなことが明らかになりました。まず、一平方センチメートルの中の縦糸と横糸の数をかぞえると、中国の布はきめ細かいけれども日本のものは目が粗いということから、日本製の布であると判定できる。それから、繊維の断面の面積で比較する。蚕には三回寝るものと四回寝るものとがある。三眠蚕《さんみんさん》、四眠蚕《よんみんさん》とよびますが、三眠蚕のほうが幼虫の期間が短くて、繭《まゆ》が小さくて、糸が少なくて、繊維が細くて柔らかくて染めやすいんです。これは山東省に多いそうです。四眠蚕は中国中心部で、どうも吉野ケ里では紀元前二〜三世紀の頃は華中の絹に近くて、紀元前一世紀になると楽浪の絹に近い、つまり四眠蚕になると彼は指摘しています。

さらに、絹を織るときに透かし目で透けて見えるように織るのと、詰めて織るのがあるんです。透目平絹だと、着たときには下の布の模様や肌が透けて見える。詰目平絹だと透けて見えない。それから、三次元の分析装置を使って、茜で染めたものとか貝紫で染めたものがあることもわかりました。自然科学の力です。吉野ケ里では弥生時代の衣服についても前進があったわけです。

魏志倭人伝を見ると、女の人が着る貫頭衣《かんとうい》というものがあって、袖がない衣服を着ていたことになります。しかし北部九州のかめ棺の人骨で、腕の骨に布がくっついていて、その布からちゃんと袖があったことがわかったものが二例あります。

常識的に考えて、縄紋人・弥生人といえども冬寒いのに袖なしで歩いているはずはありません。今までは、魏志倭人伝の記事から弥生人を描くときにはいつも袖なしを描いていたんですが、現実には袖はあるわけです。もしかすると、たまたま夏にやってきて、そのときはノースリーブだったから、それが貫頭衣ということで記録したのかもしれない。弥生人は袖のある衣服も着ていたのです。

武田佐知子さんの研究からもいろんなことがわかってきました。貫頭衣といえば、布の中央に穴をあけてそこから首を出すと初めはみていた。ところが、弥生の布幅は三〇センチメートル前後です。現在の和服の反物もそうですね。伝統を引いているんです。これに穴をあけて頭をつっこんだら、どんな華奢な女のひとでも脇が出てしまいます。だから、一幅ではありえない。それで、いま武田さんは、二枚を縦に並べて背中に当たるほうだけは両側の布を縫い合わせ、前のほうは縫わないでおく衣を復原しました。

本人からいえば時間的な前後関係で、着ている本人からみて、まず右側を肌につけて後から左側を重ねるのが右まえです。他人からみれば、空間的な前後関係です。向かって右が前にあるのが右まえなんです。『三国志』の呉書の中には「貫頭で左袵(左まえ)」という表現がありますから、襟は合わせていたに違いないわけです。そういう意味で、二布といっても前面は開いていたと考える。これが武田さんの分析です。

私は、もし弥生で前を合わせていたとしたら左まえだと思います。なぜかというと、埴輪は全部左まえですし、高松塚の絵の人びとも左まえです。ところが『続日本紀』には、七一九(養老三)年に「衣服右袵」を決めたとあります。それが現在の和服まで生きてきたわけです。

話は飛びますが、古代に高句麗という国があります。朝鮮半島の北部から鴨緑江を渡った中国側にまで広がっていて、初めは鴨緑江の北側の輯安《しゅうあん》に都があり、あとで南へ移って平壌《ピョンヤン》付近に都が移りました。李如星さんの調べたところでは、輯安付近の壁画古墳の絵に登場する人びとの服装を調べると、右まえも混ざるけれど、基本的に左まえなんです。ところが五世紀に平壌へ都が移るとその近くの古墳では中国の真似をして右まえになります。ですから高句麗では五世紀前半にもう中国風に右まえになった。ところが日本では、奈良時代になってようやく中国風に右まえになりました。この合わせ方からみても、高松塚古墳の絵の人びとの服装が高句麗の服装そのままということはありえないでしょう。白石太一郎さんは百済風だろうといっています。

　なお、アイヌの人びとは左まえでしたし、与那国も一五世紀に左まえだったということがわかっているので、本土では早いうちに中国風に右まえになったけれども、左まえが北と南に残っていた可能性もあります。

　弥生の服装については、かめ棺に残っている衣服に頼るほかありません。吉野ケ里や北部九州ではそういうことがわかりましたし、これからの発見に期待しましょう。

　そうそう、中国では王は男とみなしていたから、卑弥呼さんも男の服装を与えられただろう、と武田佐知子さんは最近書いています。推古天皇のことも『隋書』では男とみなしている、という事実も根拠にしていておもしろいです。

人びとは何をどのように食べていたか

吉野ヶ里の人たちは何をどのように食べていたのでしょうか。弥生時代ですからお米を食べていたということは確かなのですが、どのようにして食べていたか、ほかにどんなものを食べていたかということは、吉野ヶ里自体で特別によくわかっているわけではありません。弥生のほかの村の様子からおおよそのことがわかっています。ご飯は炊いて食べました。蒸して食べたとみるのは旧説です。魏志倭人伝には「食飲は籩豆《たかつき》を用い、手をもって食う」とあり、高杯《たかつき》(台つきの皿、高坏とも)を使って手づかみで食べたと書いてあります。弥生時代にはお箸はありませんでした。お箸の普及は八世紀からです。

それから、食器の歴史の上で重要なことですけれど、焼けて、火事の後始末をしないまま捨てた縦穴住居を調べると、ちょうど手ごろな器が四つとか五つとか残っているのです。鉢のこともありますし、高杯のこともあります。これこそ、めいめいの人が食事に器を使った証拠なのです。それともうひとつ、皆が一緒に食事をした証拠にもなります。西日本では、二、三世紀からめいめいが器を持っていました。皆で使う器(共用器)に対して、銘々器と私はよんでいます。

魏志倭人伝の表現は、福永光司さんによると、「上げて下げてる」のだそうです。つまり、東夷のくせに「ちゃんと高杯を使って食事をしているよ」と前段で持ち上げておいて、後段で「だけど手づかみで食べてるんだナァ」と下げているというのです。そのころもう中国ではお箸を使っていましたからね。

中国では、いまでも人差し指のことを食指といいます。ごちそうを前にすると唾が出てきて、目がらんらんと輝いて、鼻でくんくん、指がぴくぴく動き出す。これが「食指が動く」です。中国だって、これよりちょっと前、二千何百年前までは手で食べていたわけですよ。殷《いん》の紂王《ちゅうおう》が象牙の箸を使うなど贅沢をして国が滅びたというけど、殷にはまだとうていお箸はなかったのです。

魏志倭人伝に出てくるとおり、弥生になるとはっきりと、アワビとかサザエとかの貝を海に潜って採るようになりました。ですから、縄紋貝塚よりも弥生貝塚のほうがサザエやアワビが多くなります。岩にへばりついているアワビを梃子《てこ》でおこす「アワビ起こし」とよぶ道具もあります。潜水作業をやっていると耳の孔のところに骨のこぶ(外耳《がいじ》道骨腫《どうこつしゅ》)ができますが、これも海岸の弥生人骨にあります。

それから動物では、吉野ケ里では出ていないと思うけれども、豚を食べるようになりました。日本の陸上動物で肉食用を代表するのは、縄紋以来、猪と鹿です。しかし弥生時代には西日本から神奈川県ぐらいまでずっと、豚を飼っていたことが確かめられています。

島根、鳥取では鹿も食べつづけていたけれど、全般的にみて鹿は食べなくなっています。弥生になると豚を飼い始めたんです。

西本豊弘さんによると、縄紋猪よりも弥生豚の歯のほうが大きいそうです。家畜化によって歯は、だんだん小さくなってきます。人間の歯もそうですね。ですから、もし縄紋猪を日本で飼育するようになったとすれば、縄紋猪よりも小さな歯を弥生豚がもっていなければなりません。ところが弥生豚の歯のほうが大きいのですから、これは大陸で猪から豚にしたものを持ってきたに違いありません。弥生時代の豚の存在は大分県で初めて確認しましたけれど、九州から神奈川県まで分布しています。

ところで、内臓とか血とかを食べるのをいつやめたかということを知りたいものです。九州・四国・本州の食では、動物の内臓とか動物の血、動物の脂を避けています。このことは世界の食事のなかでは非常に珍しいことです。そういう意味では、沖縄の人びとや北海道のアイヌの人びとの食事のほうがよほど国際的です。イスラム教徒、ユダヤ教徒は血は神聖だから食べないのを例外として、全世界で食べています。九州・四国・本州の地域ではいつの間にかそれを食べなくなってしまうわけです。

縄紋人は食べていると思います。平安時代にはもう食べなくなっています。イルカの血が臭いと『古事記』にあります。弥生はどうだったのか、仏教がそれを食べさせなくしたのか。山に住む猟師たち、最近まで残ったマタギたちは、内臓も食べるし、血も食べるし、心臓のはじけ方でどっちに獲物がいるかという内臓占いもしていました。だけど、それは本土全体からすれば非常に例外的です。

占いでも、動物の骨を使ってヒビの入り方で占うのは弥生に入ってきて、それは最近まで続いてきました。しかし、内臓占いは日本本土にはほとんどありません。山の民がわずかにやっていただけです。

お米や鳥の肉を食べるというのはずっと続いてきましたけれど、日本では古くから油を食べませんでした。奈良時代にごま油が入ってくるけれども、あとはてんぷらが始まるまではほとんど油は使いませんでした。日本本土の食は本当に淡白なものです。最近、中・近世でも肉を食べていた事実を考古学は明らかにしています。しかし、そうしょっちゅうでもたくさんでもないでしょう。だからこそ本土の人びとの多くは、中年を過ぎると、肉や油よりも淡白な食の方がよい、と好みを変えています。

おわりに

吉野ケ里、長崎県壱岐島原の辻、大阪の池上曾根、奈良の唐古鍵等々、小さな「国」の都的存在だった大きな弥生村では、毎年次々と発見が加わります。吉野ケ里では銅鐸も出ましたしね。このように発見が続くのは偶然ではなく、都的存在の力量ゆえだと思います。日本の国家が形成されてゆく過程は、今後ますます明らかになってくるでしょう。

二〇〇〇年をもって、二〇世紀、第二千年紀(ミレニアム)を終え、二〇〇一年から二一世紀、第三千年紀です。

第二千年紀の末、経済第一・開発優先の生き方を疑問視する見方がおきてきました。自然環境・歴史環境を生かし、人間性を大切にして、どう生きるか、が第三千年紀の課題です。

佐賀県が、文化財の大切さを理解して工場団地の計画をいちはやく捨て史跡公園化に向かって歩み始めたこと、その行政判断の速さ、そして多くの関係の機関・人びとの努力、それは人びとの新しい生き方を先駆ける偉業として、第二千年紀末の英断として後世にまで長く語り継がれることでしょう。

(二〇〇〇年)

注

第一部　『三国志』と魏志倭人伝

(1) 井波律子　一九九二『読切り三国志』ちくま文庫、筑摩書房
(2) 古田武彦　一九七一『「邪馬台国」はなかった』朝日新聞社
(3) 今鷹　真・小南一郎訳　一九九三『正史三国志』4、ちくま文庫、筑摩書房、四六九〜四七七頁
(4) 佐原　真　一九八七『日本人の誕生』大系日本の歴史1、小学館、三〇〇〜三〇二頁
(5) 卜部兼方　一三世紀『釈日本紀』(国史大系、吉川弘文館など)
(6) 本居宣長　一七八七『国号考』(一九七二『本居宣長全集』第八巻、筑摩書房)
(7) 上田正昭　一九七二『大和朝廷』角川書店、二九頁
(8) 金関丈夫　一九七三「人類学から見た古代九州人」『九州文化論集』1、平凡社
(9) 山尾幸久　一九七二『魏志倭人伝』講談社現代新書
(10) 松本清張　一九八六『邪馬台国』清張通史1、講談社文庫、五七〜五八頁
(11) 大林太良　一九七七『邪馬台国――入墨とポンチョと卑弥呼』中公新書
(12) 菅　政友　一八九二「漢籍倭人考」『史学会雑誌』第三巻
那珂通世　一八九四〜九七「魏志倭人伝考」『外交繹史』
内藤虎次郎　一九一〇「卑弥呼考」『芸文』第一巻第二〜四号(佐伯有清編　一九八一『邪馬台国基本論文集』I、創元社、三〜二二頁)

第二部　倭人の風俗

1　魏志倭人伝の国ぐに

（1）西嶋定生　一九九四『邪馬台国と倭国――古代日本と東アジア』吉川弘文館、六～七頁
（2）仁藤敦史　一九九六「倭国にみえる国」国立歴史民俗博物館『倭国乱る』展示図録、二〇～二一頁
（3）永留久恵　一九九七『海人たちの足跡』白水社
（4）永留久恵　一九八二『対馬の歴史探訪』杉屋書店
（5）『西日本新聞』二〇〇〇年一〇月二九日
（6）高橋　徹　二〇〇一『卑弥呼の居場所』NHKブックス、日本放送出版協会、四六～五〇頁
（7）国分直一　一九八五「倭種の国と南海の国ぐに」『歴史と旅』一月号（一九八六『海上の道――倭と倭的世界の模索』福武書店）
（8）織田武雄　一九八一『古地図の世界』講談社

2　南、邪馬台国に至る

（1）室賀信夫　一九五六「魏志倭人伝に描かれた日本の地理像――地図学史的考察」『神道学』第一〇号（佐伯有清編　一九八一『邪馬台国基本論文集』Ⅱ、創元社、三六三～三七五頁）
（2）海野一隆　一九八三「漢民族の日本国土観――弘中芳男氏の疑問に沿って」『季刊邪馬台国』第一七号
（3）山田安彦　一九九四『方位と風土』古今書院、一〇頁

3　もぐり漁

（1）佐原　真　一九九九「考古学と民俗学」国立歴史民俗博物館編『民俗学の資料論』吉川弘文館、一四一～一八〇頁

(2) 下條信行　一九九八「倭人社会の生活と文化」平野邦雄編『古代を考える　邪馬台国』吉川弘文館、二四七〜二六四頁
(3) 下條信行　前掲注2論文
(4) 田辺　悟　一九九二「海女　あま」『日本史大事典』第一巻、平凡社、二三二頁
(5) 中西　進　一九八一『万葉集　全訳註原文付』3、講談社文庫、一四九頁
(6) 渋沢敬三　一九四九「延喜式内水産神饌に関する考察若干」『日本農業経済史研究』下巻、小野武夫博士還暦記念論文集、日本評論社、一〜四九頁
(7) 下條信行　前掲注2論文、二四九頁
(8) 田辺　悟　一九九三『海女』法政大学出版局
(9) ブッシイ、アンヌ・M　一九九五「海女の鬘と海の領主の弓」脇田晴子、S・B・ハンレー編『ジェンダーの日本史』東京大学出版会、三八九〜四三〇頁
(10) 瀬川清子　一九五五『海女』民俗学研究所編、古今書院
桜田勝徳　一九五九「漁業」『日本民俗学大系』第五巻、平凡社、七五〜一一九頁
田辺　悟　一九九〇『日本人伝統の研究』法政大学出版局および前掲注8書
下野敏見　一九九四「日本潜水漁考」『日本列島の比較民俗学』吉川弘文館、二四八〜二六六頁
(11) 瀬川清子　前掲注10書、一〜四頁
(12) 瀬川清子　前掲注10書
(13) 田辺　悟　前掲注4・8・10書
(14) 桜田勝徳　前掲注10論文、九二頁
(15) 山岡俊明　一九八五「安房の海女・海士」『日本民俗文化大系』第一三巻、小学館
野村史隆　一九八五「志摩の海女」『日本民俗文化大系』第一三巻、小学館
田辺　悟　前掲注8書、一七七〜一八九頁

(16) 田辺　悟　一九八五「舳倉島の海女」『日本民俗文化大系』第一三巻、小学館
(17) 田村　勇　一九九〇『海の民俗』雄山閣出版
(18) 津田豊彦　一九八五「志摩の海女の磯手拭」『日本民俗文化大系』第一三巻、小学館、四三一～四三二頁
(19) 津田豊彦　前掲注18論文
(20) 陸　可彦　一八〇七『ありのまま』(大林太良　一九八三「海人の文化と社会」『日本民俗文化大系』第五巻、小学館、二四頁)
(21) 大林太良　一九七七『邪馬台国——入墨とポンチョと卑弥呼』中公新書
(22) 香原志勢　一九六三「海女の分布の生態学的考察」『民族学ノート——岡正雄教授還暦記念論文集』平凡社
(23) 香原志勢　一九七五「われは海の子」『人類生物学入門』中公新書
(24) 香原志勢　前掲注22書『人類生物学入門』一四四頁
マライーニ、フォスコ(牧野文子訳)　一九六四『海女の島——舳倉島』未来社、一一七～一一八頁
(25) 田辺　悟　前掲注10書、八～一二頁
(26) 下條信行　前掲注2論文
(27) 富樫憲次・木村幾多郎　一九八二「小川島貝塚」唐津湾周辺遺跡調査委員会編『末盧国——佐賀県唐津市・東松浦郡の考古学的調査研究』六興出版
(28) 西本豊弘　二〇〇〇「北海道の人びとの暮らしと倭人」国立歴史民俗博物館編『倭人をとりまく世界』山川出版社、八九～九二頁
(29) 市川健夫　一九九一「「青潮文化」を提言する」『北国文庫』復刊第三号、北国新聞社
(30) MAY, Simon 1998 THE ARCHAEOLOGY OF HUMAN BONES, Routledge, London
(31) MAY, Simon 1998 pp. 119–121

(32) 百々幸雄　一九七二「北海道の古人骨に見られる外耳道骨腫」『人類学雑誌』第八〇巻第一号、一一〜二一頁

(33) 佐野　一　一九八三「先史時代の沖縄人」『沖縄大百科事典』中巻、沖縄タイムス社

(34) 小片丘彦　一九八一「日本古人骨の疾患と損傷」『人類学講座』第五巻、雄山閣出版、一八九〜二二八頁

(35) 小片丘彦　前掲注34論文

(36) 小片丘彦　前掲注34論文

(37) 片山一道さんからの直接の教示

(38) 池田次郎　一九九三「古墳人」『古墳時代の研究』第一巻、雄山閣出版、七一〜七三頁

(39) ダーウィン、チャールズ(島地威雄訳)　一九六〇『ビーグル号航海記』中、岩波文庫など

(40) MAY, Simon 1998 pp. 119–121

(41) MAY, Simon 1998 p. 121

(42) 田辺　悟　前掲注4・10書

(43) 柳田国男　一九三〇「阿也都古考」(『定本柳田国男集』第一八巻、筑摩書房、一六九〜一八一頁)
柳田国男　一九四一「〈初歩き〉社会と子ども」(同第一五巻、二二三〜二二六頁)

(44) 大林太良　前掲注21書

(45) 津田豊彦　前掲注18論文、四三二頁

(46) 春成秀爾　一九九七『古代の装い』歴史発掘第四巻、講談社、一〇八頁

(47) 大林太良　一九八三「海人の文化と社会」『日本民俗文化大系』第五巻、小学館、二四頁

(48) 田辺　悟　前掲注10書、二六一〜二六二頁

4　いれずみ

（1）設楽博己　一九九〇「線刻人面土器とその周辺」『国立歴史民俗博物館研究報告』第二五集
設楽博己　一九九五「中二子古墳出土の人面線刻埴輪によせて――辰巳和弘氏の批判に答える」『中二子古墳』前橋市教育委員会
設楽博己　一九九九「黥面土偶から黥面絵画へ」『国立歴史民俗博物館研究報告』第八〇集、一八五～二〇二頁
設楽博己　二〇〇〇「イレズミに託された意味」都出比呂志・佐原真編『古代史の論点2　女と男、家と村』小学館、一七八～一八一頁
設楽博己　二〇〇一「男子は大小となく皆黥面文身す――倭人のいでたち」設楽編『三国志がみた倭人たち』山川出版社、七五～九一頁
（2）前原市　一九九六『上鑵子遺跡――みえてきた伊都国人のくらし・出土木製遺物の概要』
（3）設楽博己　前掲注1論文「男子は大小となく皆黥面文身す」
（4）吉田　晶　一九八五「『倭人伝』の文身について――三世紀の社会構成1」『歴史科学』九九・一〇〇合併号、大阪歴史科学協議会
（5）設楽博己　前掲注1論文「中二子古墳出土の人面線刻埴輪によせて」
（6）鳥居龍蔵　一九二五『有史以前の日本』磯部甲陽堂（一九七五『鳥居龍蔵全集』第一巻、朝日新聞社）
（7）金関丈夫　一九七五『発掘から推理する』朝日新聞社
（8）大林太良　一九七七『邪馬台国――入墨とポンチョと卑弥呼』中公新書、一七～二一頁
（9）THILENIUS, G. (herausgeben) 1936. 1937. 1938 ERGEBNISSE DER SÜDSEE-EXPEDITION 1908–1910 II Ethnographie : B Mikronesien, Band 9 WEST-KAROLINEN 1. und 2. Halbband Friederischen de Gruyter, Hamburg
（10）篠遠喜彦　一九七九「いれずみ」『世界考古学事典』上、平凡社

(11)　西谷真治・鎌木義昌　一九五九『金蔵山古墳』倉敷考古館
(12)　設楽博己　前掲注1論文「黥面土偶から黥面絵画へ」
(13)　宮嶋幹之助　一八九三「琉球人の入墨とアイヌの入墨」『東京人類学会雑誌』第九巻第九一号
(14)　大林太良　一九九六「入墨の連続と不連続」『海の道　海の民』小学館、一〇一～一一四頁
(15)　BATCHELOR, J. 1892 THE AINU OF JAPAN
(16)　EISELE, J., FOWLER, D. D., HAYNES, G. and LEWIS, R. A. 1995 SURVIVAL AND DETECTION OF BLOOD RESIDUES ON STONE TOOLS, ANTIQUITY 69, pp. 36-46
(17)　シュリーマン、ハインリヒ(藤川徹訳)　一九八二『シュリーマン日本中国旅行記』雄松堂、一～一三二頁
(18)　大林太良　前掲注14論文
(19)　松田　修　一九七二『刺青・性・死――逆光の日本美』平凡社
(20)　大林太良　前掲注14論文
(21)　大林太良　前掲注14論文

5　髪と衣

(1)　菅　政友　一八九二「漢籍倭人考」『史学会雑誌』第三巻
(2)　猪熊兼繁　一九六二『古代の服飾』至文堂、二一頁
(3)　直木孝次郎　一九七八『日本の誕生』ジュニア日本の歴史1、小学館、一二六頁
(4)　佐藤　元・三宅文太郎　一九九四「吉野ケ里遺跡出土弥生人頭骨に付着した毛髪様物質について」佐賀県教育委員会『吉野ケ里』本文編、吉川弘文館、五五七～五六〇頁
(5)　同右、五五八頁
(6)　設楽博己　一九九九「土偶の末裔」国立歴史民俗博物館『新弥生紀行』展示図録、一六〇～一六一頁

（7）永原慶二　一九九〇『新・木綿以前のこと――苧麻から木綿へ』中公新書
（8）渡辺　誠　一九九五「木綿伝播の国際的背景」『日韓交流の民族考古学』名古屋大学出版会、一九一～一九二頁
（9）矢野憲一　一九九二『伊勢神宮の衣食住』東京書籍
（10）菅　政友　前掲注1論文
（11）布目順郎　一九九五『倭人の絹』小学館、一一四頁
（12）布目順郎　一九八二「石原亀甲、徳王両遺跡出土の小形・製鏡の紐孔内にあった紐材質について」『古代学研究』第七九号（一九九九『布目順郎著作集』第一巻、桂書房、二七八～二八三頁）
（13）布目順郎　一九九二『目で見る繊維の考古学――繊維遺物資料集成』染織と生活社、一五八頁
（14）西嶋定生　一九九四『邪馬台国と倭国――古代日本と東アジア』吉川弘文館、口絵
（15）設楽博己　前掲注6論文、一五四頁、三一七図
（16）間壁葭子　一九八八「装飾須恵器の小像群」『倉敷考古館研究集報』第二〇号
（17）中西　進　一九八一『万葉集　全訳註原文付』3、講談社文庫、三九頁
（18）菅　政友　前掲注1論文
（19）武田佐知子　一九八四「『魏志』倭人伝の衣服について――「横幅」衣・「貫頭」衣の位相」『女子美術大学紀要』第一四号、四二～六八頁
（20）太田英蔵　一九五八「登呂遺跡出土の織具――弥生式土器時代の織機の復原」『学芸』三六（一九八六『太田英蔵染織史著作集』上、文化出版局）
小林行雄　一九六二『古代の技術』塙書房
（21）酒野晶子　一九八九『弥生の布を織る』東京大学出版会
（22）吉本　忍　一九九一「八丈島の絹と手織機」『黒潮の道』海と列島文化、小学館、四三九～四七七頁
（23）布目順郎　一九九三「『魏志』倭人伝衣服考」『月刊文化財』第三六〇号

布目順郎　一九九六「倭人伝の貫頭衣は否定すべきでない」『季刊邪馬台国』第六〇号　その後、著作集に収録したさいに縮尺の間違いを訂正している(一九九九『布目順郎著作集』第一巻、桂書房、四八八頁)。

(24) 日本考古学協会編　一九四九『登呂』毎日新聞社

(25) 日本考古学協会編　一九五四『登呂　本編』毎日新聞社

(26) 猪熊兼繁　前掲注2書、一八～三一頁

(27) 武田佐知子　前掲注19論文

(28) 右に同じ

(29) 中西　進　一九八〇『万葉集　全訳註原文付』2、講談社文庫、一二六頁

(30) 李　如星　一九四七(一九九八　金井塚良一訳『朝鮮服飾考』三一書房、八四～八六頁)

(31) 直木孝次郎ほか訳　一九八六『続日本紀』一、東洋文庫、平凡社

(32) 佐原　真　二〇〇〇「着る飾るの過去・現在・将来」国立歴史民俗博物館『よそおいの民俗誌――化粧・着物・死装束』慶友社、三～五七頁

(33) 有吉佐和子　一九九五「戦後派キモノ考」鶴見和子編『着物』日本の名随筆、作品社、二〇七～二一三頁

(34) 大賀一郎　一九六二「下関綾羅木弥生前期の遺跡より出土した壺の下部に附着せる布の断片について」『埋蔵文化財要覧』三

(35) 布目順郎　一九九四「吉野ケ里遺跡出土の絹と麻」佐賀県教育委員会『吉野ケ里』本文編、吉川弘文館、四九九～五二〇頁

(36) 布目順郎　一九八四「縄類と編物の材質について」鳥浜貝塚研究グループ編『鳥浜貝塚――一九八三年度調査概報・研究の成果』若狭歴史民俗資料館

(37) 橋口達也　一九八〇「甕棺内人骨等に附着せる布、蓆」(一九九九『弥生文化論――稲作の開始と首長

権の展開』雄山閣出版、三八六〜四〇三頁）
橋口達也　一九八二「栗山出土の布片および布圧痕」甘木市教育委員会『栗山遺跡』甘木市文化財調査報告書一二
(38) 柳田国男　一九一一「何を着て居たか」『木綿以前の事』(『定本柳田国男集』第一四巻、筑摩書房、一四〜二三頁)
(39) 多田道太郎　一九八〇「みっともないファッション」『着る――装いの生態学』平凡社
(40) 松本包夫　一九八九「62大歌半臂」解説『正倉院の宝物』新装版、平凡社、一五九頁
(41) 山本らく　一九五五「日本上代被服構成技法の観察」『共立女子大学紀要』第一輯。一九五九「同続」『同』第二輯
(42) 布目順郎　一九九九「弥生人衣服の復原」『富山市日本海文化研究所報』第二三号、一〜九頁

6 稲

(1) 佐原　真　一九七五「農業の開始と階級社会の形成」『岩波講座日本歴史』第一巻、岩波書店
(2) 工楽善通　一九九〇『水田の考古学』東京大学出版会
(3) 近藤義郎・岡本明郎　一九六二「日本の水稲農耕技術」『古代史講座』第三巻、学生社
木下　忠　一九六四「田植と直播」『日本考古学の諸問題』考古学研究会
(4) 寺沢　薫・寺沢知子　一九八一「弥生時代植物質食料の基礎的研究」『考古学論攷』第五号、奈良県立橿原考古学研究所
(5) 佐原　真　一九八七「王墓にみる世界と日本」『週刊朝日百科・日本の歴史』43、朝日新聞社

7 蚕と絹

(1) 鳥山貞恵　一九九三「弥生の繊維を求めて」『板付弥生ムラだより』第一六号

野田　亮　一九九三「天蚕の話」『板付弥生ムラだより』第二二号
(2) 篠原　徹　一九九八「自然を「養う」――養蚕・養蜂・鵜飼にみるヒトと自然」『天の絹絲――ヒトと虫の民俗誌』福島県立博物館、一一四〜一一九頁
(3) 濱田耕作　一九二一「金蚕考」『史林』第六巻第四号(一九四三『東亜考古学研究』荻原星文館)
(4) 京都大学文学部　一九六三『京都大学文学部博物館考古学資料目録』第三部中国、二三六頁
(5) 岡本健一　一九九六「田植えと養蚕――源流は古代中国の帝王儀礼」『古代の光』第三五巻
(6) 布目順郎　一九八八『絹と布の考古学』雄山閣出版
(7) 布目順郎　一九九四「吉野ケ里遺跡出土の絹と麻」佐賀県教育委員会『吉野ケ里』吉川弘文館、四九九〜五二〇頁
(8) 前田雨城・下山　進・野田裕子　一九九四「吉野ケ里遺跡出土染織遺物の染色鑑定　科学調査について」前掲注7書
前田雨城　一九九五「発表記録・吉野ケ里の貝紫と茜」『国立歴史民俗博物館研究報告』第六二集
(9) 前田雨城　前掲注8論文「発表記録・吉野ケ里の貝紫と茜」
(10) 中山千夏　一九九五『邪馬台国への道』朝日新聞社西部本社、不知火書房、二〇六頁(シンポジウム中の発言)
(11) 布目順郎　一九九五『倭人の絹』小学館、七五〜七八頁
(12) 森　浩一　二〇〇一『語っておきたい古代史』新潮社
(13) 柏原精一　一九九三『図説邪馬台国物産帳』河出書房新社、一〇頁
(14) 朝日新聞社　一九九六「卑弥呼の献上品と同類?――四重の織物、最高級品」七月一二日記事
高橋　徹　二〇〇一『卑弥呼の居場所』NHKブックス、日本放送出版協会、一二二頁

8 牛馬無し

(1) 佐原 真 一九九三『騎馬民族は来なかった』NHKブックス、日本放送出版協会
(2) 松浦秀治 一九八三「堆積層における骨遺残の共時性を調べる」『考古学ジャーナル』第二二三号、ニューサイエンス社
近藤 恵・松浦秀治・松井 章・金山喜昭 一九九一「野田市大崎貝塚縄文後期貝層出土ウマ遺残のフッ素年代判定——縄文時代にウマはいたか」『人類学雑誌』第九九巻第一号、九三〜九九頁
(3) 佐々木高明編 一九八三『日本農耕文化の源流』日本放送出版協会、二五九〜二六一頁
(4) 林田重幸 一九七四「日本在来馬の源流」森浩一編『馬』社会思想社
(5) 近藤 恵・松浦秀治・中村俊夫・中井信之・松井 章 一九九四「〝縄文馬〟はいたか」『名古屋大学加速器質量分析計業績報告書』V、名古屋大学年代測定資料研究センター
(6) 江坂輝弥 一九九〇「午歳に因み 縄文時代の馬雑感」『考古学ジャーナル』第三一四号、ニューサイエンス社
(7) 国分直一 一九九二「基層文化の系譜」『日本文化の古層——列島の地理的位相と民族文化』第一書房
(8) 喜田貞吉 一九二四「牛捨場馬捨場」『歴史地理』第四三巻第五号
(9) 木村幾多郎 一九八七「刻骨」『弥生文化の研究』第八巻、雄山閣出版
(10) 金子浩昌・牛沢百合子 一九八五「第二号方形周溝墓西溝出土の家牛(Bos Taurus)」『伊皿子貝塚遺跡』港区伊皿子貝塚遺跡調査会、四七六〜四八六頁
(11) 酒詰仲男 一九六三「長崎県大浜遺跡の発掘調査概要」『長崎県文化財報告書』二一〜二六頁
(12) 西中川駿・日高祥信 「福江市大浜遺跡出土の馬歯と牛歯」福江市教育委員会に提出、未公表
(13) 宮路淳子 一九九八「自然遺物について」『大浜遺跡』長崎県教育委員会、五五〜六〇頁
(14) 福田一志 一九九八 『大浜遺跡』長崎県教育委員会

（15）正倉院事務所編　一九九四『正倉院宝物』1、毎日新聞社、一一二頁
（16）ローレンツ（小原秀雄訳）　一九六八『人イヌにあう』至誠堂
（17）金子浩昌　一九八三「犬は良き友だった」『アニマ』一二一号、平凡社
（18）松井　章　一九九五「古代史のなかの犬」『文化財論叢』奈良国立文化財研究所創立四〇周年記念論文集、同朋舎出版
（19）西本豊弘　一九九四「イヌと日本人」藤本強編『考古学は愉しい』日本経済新聞社
（20）直良信夫　一九七〇『日本および東アジア産の馬歯・馬骨』中央競馬会
（21）賀来孝代　二〇〇二「埴輪の鳥」『日本考古学』第一四号

9　矛と盾

（1）国立歴史民俗博物館　一九九六『倭国乱る』展示図録、扉
（2）藤田　等　一九八七「鉄戈」『東アジアの考古と歴史』中、同朋舎出版、四七九〜五三九頁
（3）芋本隆裕編　一九八七『鬼虎川の木質遺物——第七次発掘調査報告書第四冊』東大阪市文化財協会
（4）小松茂美編　一九九〇『法然上人絵伝』上、中央公論社、九頁
（5）後藤守一　一九四二「上古時代の楯」『古代文化』第一三巻第四・五号
（6）黛　弘道　一九六五『日本書紀』下、注解、日本古典文学大系、岩波書店、一六〇頁
（7）佐伯有清　二〇〇〇『魏志倭人伝を読む』上、吉川弘文館、一三五〜一三六頁
（8）濱田耕作　一九三六「前方後円墳の諸問題」『考古学雑誌』第二六巻第九号
（9）上原真人　一九九三「解説」『木器集成図録』近畿原始篇、奈良国立文化財研究所

10　弓

（1）宍道正年　二〇〇〇「中国起源の「弩」　姫原西で最古の武器」『考古学クロニカル二〇〇〇』朝日新

聞社、七〇～七五頁
(2) 近江昌司 一九七九「本朝弩考」『国学院雑誌』第八〇巻第一一号、七五～八五頁
(3) 金関丈夫 一九七五『発掘から推理する』朝日新聞社
(4) 後藤守一 一九三七「上古時代の弓」『民族学研究』第三巻第二号(一九四二『日本古代文化研究』河出書房)
(5) 正倉院事務所編 一九九五『正倉院宝物』5、毎日新聞社、二一八頁
(6) 松木武彦 一九八四「原始・古代における弓の発達——とくに弭の形態を中心に」『待兼山論叢』第一八号、大阪大学文学部
(7) 神野 恵 二〇〇〇「弥生時代の弓矢——機能的側面からみた鏃の重量化」上・下『古代文化』第五二巻第一〇・一二号

11 矢尻と矢柄

(1) 鈴木敬三 一九五九「矢の構成」『国学院高等学校紀要』第一輯、三～四四頁
(2) 大村 直 一九八三「弥生時代における鉄鏃の変遷とその評価」『考古学研究』第三〇巻第三号、七一～九〇頁
大村 直 一九八四「石鏃・銅鏃・鉄鏃」『史館』第一七号、二五～五五頁
高田浩司 二〇〇一「弥生時代銅鏃の二つの性格とその特質——石鏃・鉄鏃との比較を通じて」『考古学研究』第四七巻第四号、三四～五四頁
(3) 春日市教育委員会 一九九九「福岡県須玖坂本遺跡」『考古学研究』第四六巻第二号、巻頭写真、一三一～一三三頁
(4) 佐原 真 一九六四「石製武器の発達」小林行雄・佐原著『紫雲出』香川県詫間町文化財保護委員会
(5) 池淵俊一 一九九八「山陰地域における弥生時代鉄器の様相」丹羽野裕一・池淵編『門生黒谷Ⅰ遺

跡・門生黒谷Ⅱ遺跡・門生黒谷Ⅲ遺跡』島根県教育委員会・建設省松江国道工事事務所

(6) 大村 直 前掲注2論文「石鏃・銅鏃・鉄鏃」

(7) 松木武彦 一九九九「岡山地域における弥生時代鉄鏃の展開」『古代吉備』第二一集、五八〜七八頁

(8) 網野善彦 一九九〇『沈黙の中世』網野・石井進・福田豊彦編、平凡社

(9) LOWREY, N. S. 1999 AN ETHNOARCHAEOLOGICAL INQUIRY INTO THE FUNCTIONAL RELATIONSHIP BETWEEN PROJECTIVE POINT AND ARCHAEOLOGY ARMOUR TECHNOLOGIES OF THE NORTHWEST COAST, North American Archaeologist, Vol. 20, No. 1, pp. 47-73

(10) 直木孝次郎ほか訳『続日本紀』東洋文庫、平凡社

（天皇はつぎのように）勅した。今聞くところによると諸国の甲冑は年月を経過して、ことごとくみな綻び破れ、多くは使用にたえない。三年に一度修理するのを例としているが、修理するあとから破綻して、このうえなく工賃と労力を費やしている。今、革で作った甲は、堅固で長持ちし、身につけても軽便であり、箭にあたっても貫通しにくい。その手間と日数を見つもっても、とくにまた作りやすいものである。今後諸国が造る年間所定数の甲冑は、みな革を用いるように。すなわち前例にしたがって、毎年（朝廷や大宰府に）見本を進上せよ。ただし以前に造った鉄の甲も、いたずらに腐らせることなく、三年を経過するごとに、旧来のように修理せよ。

(11) 千田嘉博 一九九六「日本とヨーロッパの城と戦い」『考古学研究』第四三巻第二号、三六〜四八頁（二〇〇〇『織豊系城郭の形成』東京大学出版会）

(12) 神野 恵 二〇〇〇「弥生時代の弓矢——機能的側面からみた鏃の重量化」上・下『古代文化』第五二巻第一〇・一二号

(13) 小野忠凞編 一九七九『高地性集落跡の研究』資料編、学生社

(14) 小野忠凞 一九八四『高地性集落論』学生社

(15) 藤井純夫 一九九六「西アジアの戦いの始まり」国立歴史民俗博物館『倭国乱る』展示図録

(16) 喜田貞吉　一九一七「漢籍に見えたる倭人記事の解釈」『歴史地理』第三〇巻第四～六号

12　生菜

(1) 諸橋轍次　一九五八『大漢和辞典』巻七、大修館書店、七九三九頁
(2) 森　浩一　一九九五『食の体験文化史』中央公論社
(3) 松井　章・金原正明・金原正子　一九九四「トイレの考古学」田中琢・佐原真編『発掘を科学する』岩波新書
(4) 佐原　真　一九九六『食の考古学』東京大学出版会、一二八～一三〇頁
(5) 陳　舜臣　一九八二『中国の歴史』第八巻、平凡社、二二九～二三〇頁
(6) 周　達生　一九八九『中国の食文化』創元社、一九六～一九七頁
(7) 佐原　真　前掲注4書、一四～一七頁

13　裸足

(1) 佐原　真　一九八七『日本人の誕生』大系日本の歴史1、小学館、二四七頁

14　寝所

(1) 三品彰英　一九七〇『邪馬台国研究総覧』創元社、一〇六頁
(2) 都出比呂志　一九八九『日本農耕社会の成立過程』岩波書店、二一六頁
(3) 原島礼二　一九八六『日本古代社会の基礎構造』未来社、二三頁
(4) 宮本長二郎　一九九六『日本原始古代の住居建築』中央公論美術出版、一四五、三八三～三八六頁

15　朱

(1) RUDGLEY, R. 1998 THE LOST CIVILIZATION OF THE STONE AGE, Century, London
(2) 市毛　勲　一九八八『新版　朱の考古学』雄山閣出版
(3) 同右、一一六頁
(4) 市毛　勲　一九六〇「辰砂考」『古代学研究』第二三号、一～六頁
市毛　勲　前掲注2書、一九〇～一九二頁
(5) 柳田康雄　一九八一『三雲遺跡』Ⅰ・Ⅱ、福岡県教育委員会
市毛　勲　前掲注2書、一八八～一九〇頁

16　食器

(1) 佐原　真　一九八三「食における共用器・銘々器・属人器」『奈良国立文化財研究所創立三〇周年記念論文集』同朋舎出版、一一四三～一一六二頁
(2) 都出比呂志　一九八九「個人別食器の成立」『日本農耕社会の成立過程』岩波書店、一五五～一六二頁
(3) 本多勝一　一九六三『カナダ・エスキモー』朝日新聞社
(4) 比田井克人　一九八八「南関東五世紀土器考」『史館』第二〇号、五二～七五頁
(5) 小山田宏一　一九九四「高杯型銘々食器群成立の史的意義」『弥生文化博物館研究報告』3、一〇五～一一八頁
(6) 樋口清之　一九四八『日本食物史――食生活の歴史』柴田書店
渡辺　実　一九七二『日本食生活史』第六版、吉川弘文館、四六頁
本田總一郎　一九七八『箸の本』柴田書店
(7) 岡崎譲治　一九六二「正倉院のいわゆる挟子(鉗)について――奈良時代の箸、試論」『大和文化研究』第七巻第一〇号、一～一五頁

(8) 関根真隆　一九六九『奈良朝食生活の研究』吉川弘文館、二四六〜二四八頁
佐原　真　一九九六『食の考古学』東京大学出版会、一三一〜一四三頁
(9) 金子裕之　一九九七「箸、それとも……?」『本の旅人』六月号
金子裕之　二〇〇〇「初めての都市——奈良」『ものがたり日本列島に生きた人たち1　遺跡』岩波書店
(10) 奈良国立文化財研究所　一九七六『平城宮発掘調査報告』Ⅶ
町田　章　一九八五『木器集成図録』近畿古代篇、解説、奈良国立文化財研究所、四六頁、図版四三
(11) モンテーニュ(原二郎訳)　一九六七『エセー』6、岩波文庫、一九一頁
(12) 司馬遼太郎　一九七二『韓のくに紀行』朝日新聞社(朝日文庫、二二一頁)

17　喪

(1) 近藤義郎　一九八三『前方後円墳の時代』岩波書店、一七三〜一七四頁
(2) 渡辺貞幸　一九九三「弥生墳丘墓における墓上の祭儀——西谷三号墓の調査から」『島根考古学会誌』第一〇集、一五三〜一六〇頁
(3) 渡辺貞幸　一九九七「弥生墳丘墓の祭祀と古墳の祭祀」『古代出雲文化展』展示図録、八〇〜八一頁
(4) 菅　政友　一八九二「漢籍倭人考」『史学会雑誌』第三巻
(5) 中山太郎　一九二二「魏志倭人伝の土俗学的考察」『考古学雑誌』第一二巻(一九三〇『日本民俗学』歴史篇、大岡山書店)
(6) 佐原　真　一九九三『騎馬民族は来なかった』NHKブックス、日本放送出版協会、一六八〜一八一頁
(7) 栗原朋信　一九七二「犠牲礼についての一考察——とくに古代の中国と日本の場合」『福井博士頌寿記念　東洋文化論集』早稲田大学出版部、四〇〇〜四〇一頁

(8) 春成秀爾　二〇〇〇「変幻する龍——弥生土器・銅鏡・古墳の絵」『ものがたり日本列島に生きた人たち5　絵画』岩波書店
(9) 同右、四〇頁
(10) 白石太一郎　二〇〇一『古墳とその時代』山川出版社

18　占い

(1) 神沢勇一　一九七六「弥生時代・古墳時代および奈良時代の卜骨・卜甲について」『駿台史学』第三八号
(2) 神沢勇一　一九八三「日本における骨卜、甲卜に関する二、三の考察」『神奈川県立博物館研究報告』第一一号
(3) 木村幾多郎　一九七九「長崎県壱岐島出土の卜骨」『考古学雑誌』第六四巻第四号
(4) 岡田精司　一九九〇「即位儀礼と大嘗祭の成立」『「即位の礼」と大嘗祭』青木書店
(5) 山尾幸久　一九八七「大嘗祭と野洲」『野洲町史』第一巻、滋賀県野洲町
(6) 三輪善之助　一九四一「黎明期の灼骨卜占法」『日本文化の黎明』考古学評論第四輯、東京考古学会
(7) 今井穂積　一九八七「悠紀斎田御田植」『野洲町史』第二巻、滋賀県野洲町
(8) 三品彰英　一九七三『古代祭政と穀霊信仰』平凡社、四八八頁
(9) 金関丈夫　一九八二『日本民族の起源』法政大学出版局
(10) 大林太良　一九七〇「哀悼傷身の風俗について」『民族学から見た日本』河出書房
(11) 神沢勇一　一九七二〜七五『間口洞窟遺跡』一〜三(『神奈川県立博物館調査報告』第六〜九集)
(12) 神沢勇一　前掲注2論文
(13) 大林太良　一九七七『邪馬台国——入墨とポンチョと卑弥呼』中公新書、三八〜五七頁
(14) 新田栄治　一九七七「日本出土卜骨への視角」『古代文化』第二九巻第一二号、二七〜四二頁

(15) 金関丈夫　一九七五「卜骨談義」『発掘から推理する』朝日新聞社
(16) 神沢勇一　前掲注1論文
(17) 三品彰英　一九七〇『邪馬台国研究総覧』創元社
(18) 大林太良　前掲注13書、五七頁
(19) 新田栄治　前掲注14論文
(20) 渡辺　誠　一九九五「全羅南道郡谷里貝塚の卜骨」『日韓交流の民族考古学』名古屋大学出版会、九一〜一二五頁
(21) 神沢勇一　一九九〇「呪術の世界——骨卜のまつり」石川日出志編『弥生人とまつり』六興出版
(22) 佐原　真　一九八七『日本人の誕生』大系日本の歴史1、小学館
(23) 矢代幸雄　一九六五『日本美術の特質　第二版』岩波書店、六二七〜六二八頁
(24) 千葉徳爾　一九七一『続狩猟伝承の研究』風間書房
(25) 柳田国男　一九三二「食物と心臓」(一九六二『定本柳田国男集』第一四巻、筑摩書房、二二三〜二三九頁)
(26) 佐原　真　一九九六『食の考古学』東京大学出版会、一〇四〜一〇八頁

19　坐り方

(1) 塚田良道　二〇〇〇「古墳時代における男女の「坐」の系譜」『総合女性史研究』第一七号、二一〜三八頁

20　お酒

(1) 篠田　統　一九七〇『米の文化史』社会思想社
(2) 江坂輝弥　一九六七『日本文化の起源』講談社

（3）藤森栄一　一九七〇『縄文農耕』学生社
（4）辻誠一郎　二〇〇〇「環境と人間」佐原真・都出比呂志編『古代史の論点1　環境と食料生産』小学館

21　倭国の乱

（1）この節は佐原「戦いの歴史を考える」（国立歴史民俗博物館『倭国乱る』展示図録、一九九六年）および「弥生時代の戦争」（『稲・金属・戦争――弥生』吉川弘文館、二〇〇二年）を元に構成した。
（2）福井勝義　一九九六「戦いの始まりと進化」国立歴史民俗博物館『倭国乱る』展示図録
（3）山田隆治　一九六〇「戦士と戦争」『図説世界文化史大系』2、角川書店
（4）藤井純夫　一九九六「西アジアの戦いの始まり」前掲注2書
（5）CHILDE, V. G. 1941 WAR IN PREHISTORIC SOCIETIES, The Sociological Review, Vol. 33（金関恕訳、金関・佐原注　二〇〇二「先史社会の戦い」『攻撃と防衛の軌跡』東洋書林、二九一～三〇九頁）
（6）都出比呂志　一九九六「防御集落と都市革命」前掲注2書
（7）松木武彦　一九九七「弥生の戦争」『縄文と弥生』第一一回「大学と科学」公開シンポジウム、クバプロ
（8）原口正三　一九八六「濠と土塁」金関恕・佐原真編『弥生文化の研究』第七巻、雄山閣出版
（9）七田忠昭　一九九六「日本の弥生時代集落構造にみる大陸的要素――環濠集落と中国古代城郭との関連について」『東アジアの鉄器文化』韓国文化財管理局国立文化財研究所
（10）松木武彦　一九八九「弥生時代の石器武器の発達と地域性――とくに打製石鏃について」『考古学研究』第三五巻第四号
（11）松木武彦　一九八四「原始・古代における弓の発達――とくに弭の形態を中心に」『待兼山論叢』第

一八号、大阪大学文学部

(12) LOWREY, N. S. 1999 AN ETHNOARCHAEOLOGICAL INQUIRY INTO THE FUNCTIONAL RELATIONSHIP BETWEEN PROJECTIVE POINT AND ARCHAEOLOGY ARMOUR TECHNOLOGIES OF THE NORTHWEST COAST, North American Archaeologist, Vol. 20, No. 1, pp. 47–73

(13) 中川和哉　二〇〇〇「東土川遺跡の石製武器出土埋葬主体部」『長岡京跡左京二条三・四坊・東土川遺跡』京都府埋蔵文化財調査研究センター

(14) 春成秀爾　一九九九「武器から祭器へ」福井勝義・春成編『戦いの進化と国家の生成』東洋書林

(15) 松木武彦　前掲注10論文
中村友博　一九九六「朝日型長身鏃について」『ヒト・ココロの人類学』慶友社

(16) 橋口達也　一九九五「弥生時代の戦い」『考古学研究』第四二巻第一号
藤尾慎一郎　一九九六「倭国乱に先立つ戦い」前掲注2書

(17) 橋口達也　一九九二「弥生時代の戦い——武器の折損・研ぎ直し」『九州歴史資料館研究論集』17

(18) 鈴木　尚　一九九八『骨の語る日本史』学生社

(19) 春成秀爾　一九九二「弥生時代の再葬制」『国立歴史民俗博物館研究報告』第四九集

(20) 富樫泰時　一九八九「地蔵田B遺跡(弥生時代)の歴史的意義について」『あきた史記』歴史論考集

(21) 小林達雄ほか　一九九八『シンポジウム　縄文時代の考古学』学生社
鈴木隆雄　一九九八『骨から見た日本人』講談社選書メチエ

(22) 春成秀爾　一九九〇『弥生時代の始まり』東京大学出版会

(23) 佐原　真　一九六四「石製武器の発達」小林行雄・佐原著『紫雲出』香川県詫間町文化財保護委員会

(24) 田辺昭三・佐原　真　一九六六「畿内」『日本の考古学』Ⅲ、弥生時代、河出書房

(25) 松木武彦　前掲注10論文

(26) 森岡秀人　一九九六「弥生時代抗争の東方波及——高地性集落の動態を中心に」『考古学研究』第四

三巻第三号、三八〜五三頁
松木武彦　一九九八「考古学からみた『倭国乱』」平野邦雄編『古代を考える　邪馬台国』吉川弘文館
(27) 春成秀爾　一九七五「『倭国乱』の歴史的意義」吉田晶ほか編『日本史を学ぶ』一、有斐閣
(28) 山尾幸久　一九八三『古代王権形成史論』岩波書店
(29) 松木武彦　二〇〇一『人はなぜ戦うのか』講談社選書メチエ

22　のろし

(1) この節は佐原「最古の「のろし」、最後の「のろし」」(『烽（とぶひ）の道――古代国家の通信システム』青木書店、一九九七年)を元に構成した。
(2) 小林行雄・佐原　真　一九六四『紫雲出』香川県詫間町文化財保護委員会
(3) 近藤義郎　一九六二「弥生文化論」『岩波講座日本歴史』第一巻、岩波書店、一三九〜一八八頁
(4) 村川行弘・石野博信　一九六四『会下山遺跡』芦屋市文化財調査報告第三集
(5) 近藤義郎・小野　昭　一九七九「岡山県貝殻山遺跡」小野忠凞編『高地性集落跡の研究』資料編、学生社
(6) 小野忠凞　前掲注5編著
(7) 石部正志　一九六九「近畿弥生文化の成立と発展に関する若干の問題」『考古学研究』第一五巻第四号、五・六頁
(8) 都出比呂志　一九七四「古墳出現前夜の集団関係――淀川水系を中心に」『考古学研究』第二〇巻第四号、二〇〜四七頁
(9) 森本英之　一九八八「第二電電マイクロ波網で復活した弥生・中世ののろし網」『AERA』七月二六日号、六二・六三頁

(10) 右に同じ
(11) 坪井清足編　一九八九『邪馬台国が見える！　吉野ケ里と卑弥呼の時代』ＮＨＫ取材班、日本放送出版協会、七六頁
(12) 同右、七八～七九頁
(13) 森岡秀人　一九八五「山・丘の弥生ムラと屋外火焚場」『考古学論集Ⅰ』考古学を学ぶ会、歴文堂書房、三三～六七頁
(14) 今村啓爾　一九八五「縄文早期の竪穴住居址にみられる方形の掘り込みについて」『古代』第八〇号、一～一九頁
(15) WATANABE NAOTUNE 1973 ASH DEPOSIT IN ROCK SHELTERS OF PREHISTORIC JAPAN, Journal of the Faculty of Science, The University of Tokyo, Sec. V, Vol. VI, pt. 3. 渡辺直経「岩陰遺跡の灰の堆積」
(16) 丸山竜平　一九七七「弥生時代から古墳時代へ――近江における最古の土師器を求めて」『古代研究』一二、元興寺文化財研究所考古学研究
(17) 高橋富雄　一九七四「古代の烽とその遺跡」伊東信雄教授還暦記念会編『日本考古学・古代史論集』吉川弘文館、二五一～二七七頁
(18) 米沢義光　一九八〇「まとめ　遺構と遺物について」『宇ノ気町鉢伏茶臼山遺跡発掘調査報告書』石川県立埋蔵文化財センター
(19) 田辺昭三　一九六八『謎の女王卑弥呼』徳間書店
丸山竜平　前掲注16論文
(20) 中島直幸ほか　一九八五『湊中野遺跡――国営畑地帯土地改良事業にともなう文化財調査報告』唐津市文化財調査報告第一四集
(21) 中島直幸　一九九五「末盧国」『季刊考古学』第五一号、三一頁

(22) 田中　琢　一九九一『倭人争乱』日本の歴史第二巻、集英社、二九〜三二頁
(23) 森岡秀人　一九九六「弥生時代抗争の東方波及——高地性集落の動態を中心に」『考古学研究』第四三巻第三号、三八〜五三頁
(24) 高橋　治　一九八九『流域』講談社

23　卑弥呼

(1) 与謝野晶子　一九一九『火の鳥』
(2) アリストパネース(高津春繁訳)　一九五一『女の平和』岩波文庫
(3) 佐原　真　一九九九「世界・日本の戦争の起源」福井勝義・春成秀爾編『戦いの進化と国家の生成』東洋書林、五八〜一〇〇頁
(4) 藤尾慎一郎　一九九六「弥生戦死者の証言」国立歴史民俗博物館『倭国乱る』展示図録
(5) 網野善彦　一九九〇『日本論の視座』小学館
(6) 石井良助・井上光貞編　一九六六『シンポジウム邪馬台国』創元社、二〇五〜二〇六頁
(7) 三品彰英　一九六六「民族学から見た倭人伝」前掲注6書
(8) 田辺昭三　一九六八『謎の女王卑弥呼』徳間書店
(9) 鈴木　尚　一九五四「邪馬台国の人びと」古代史談話会編『邪馬台国』朝倉書店
(10) 金関　恕・佐原　真編　一九九七『邪馬台国と吉野ヶ里』学生社のなかでの松下孝幸さんの発言、三一〇〜三一一頁
(11) 大阪府立弥生文化博物館　一九九六『卑弥呼の動物ランド』展示図録、一四頁
(12) 佐原　真　二〇〇〇「着る飾るの過去・現在・将来」国立歴史民俗博物館『よそおいの民俗誌——化粧・着物・死装束』慶友社、三〜五七頁
(13) 前掲注10書、三一一頁

(14) 佐原　真　二〇〇一「縄紋人と私たち」『第三四回日本原産　年次大会』(社)日本原子力産業会議
(15) 武田佐知子　一九九九「卑弥呼はどんな服装をしていたか——男装の女王」大庭脩編『卑弥呼は大和に眠るか』文英堂
(16) 武田佐知子　二〇〇〇「男装の女王・卑弥呼」都出比呂志・佐原真編『古代史の論点2　女と男、家と村』小学館、二一三〜二三四頁
(17) 田中良之　一九九四「発掘人骨が明かす古代家族」田中琢・佐原真編『発掘を科学する』岩波新書
(18) 田中良之・土肥直美・永井昌文　一九八七「前田山遺跡被葬者の親族関係」『前田山遺跡』行橋市教育委員会
(19) 寺沢知子　二〇〇〇「権力と女性」前掲注16書、二三五〜二七六頁
田中良之　二〇〇〇「墓地から見た親族・家族」前掲注16書、一三一〜一五二頁
(20) 高群逸枝　一九六六『女性の歴史』理論社
(21) 洞　富雄　一九七九『天皇不親政の起源』校倉書房
(22) 武末純一　一九九八「歯が語る「支配の構図」」寺沢薫・武末著『最新邪馬台国事情』白馬社、八六〜八九頁
(23) 佐喜真興英　一九二六『女人政治考』岡書院
(24) 上田正昭　一九七一『女帝』講談社現代新書、二九〜三〇頁
(25) 大林太良　一九七七『邪馬台国——入墨とポンチョと卑弥呼』中公新書
(26) 洞　富雄　一九五七『日本母権制社会の成立』淡路書房
藤間生大　一九五〇『埋もれた金印』岩波新書
三品彰英　前掲注7論文
(27) 井上光貞　一九六五『日本の歴史第1　神話から歴史へ』中央公論社
(28) 高良倉吉　一九九一「聞得大君と卑弥呼」『新版　古代の日本』第三巻、角川書店、月報、四三八頁

24　卑弥呼のころの建物

（1）佐原　真　一九九四『遺跡が語る日本人のくらし』岩波ジュニア新書、七九〜九四頁
（2）坪井正五郎　一八八七「埼玉県横見郡岩村及び北吉見村横穴探究記」上・下篇『東京人類学雑誌』第一九・二〇号
（3）神風山人　一八八八「北吉見村横穴ヲ以テ穴居遺跡ト為スノ説ニ敵ス」『東京人類学雑誌』第三巻第二五号
（4）渡辺　仁　一九八一「竪穴住居の体系的分類」『北方文化研究』第一四号、一〜一〇八頁
（5）渡辺　仁　一九八四「竪穴住居の廃用と燃料経済」『北方文化研究』第一六号、一〜四二頁
（6）右に同じ
（7）宮本長二郎　二〇〇二「棟持柱」『日本考古学事典』三省堂、八五一頁
（8）浅川滋男　一九九五「正史東夷伝にみえる住まいの素描」『文化財論叢Ⅱ』奈良国立文化財研究所創立四〇周年記念論文集、同朋舎出版

25　居処

（1）松本清張　一九八六『邪馬台国』清張通史1、講談社文庫、一一一頁
　つださうきち　一九五〇「邪馬壹国の位置について」『新潮』第四七巻第九号(佐伯有清編　一九八一『邪馬台国基本論文集』Ⅱ、創元社、一二三〜一二六頁)
　斎藤　忠　一九五四「邪馬臺国の位置——邪馬臺国の位置に関する考古学的研究」古代史談話会編『邪馬臺国』(佐伯編『邪馬台国基本論文集』Ⅱ、二八七〜三〇三頁)
（2）大阪府立弥生文化博物館　一九九一『弥生文化——日本文化の源流をさぐる』平凡社
（3）仁藤敦史　一九九六「卑弥呼の宮室」国立歴史民俗博物館『倭国乱る』展示図録

（4）河野通明　一九九七「稲城」『国立歴史民俗博物館研究報告』第七一集
（5）七田忠昭　一九九七「有明海沿岸地方の弥生時代環壕集落にみる大陸的要素（予察）」『佐賀考古』4、二三〜三六頁
（6）国立歴史民俗博物館　一九九六『倭国乱る』展示図録、五六・八三・八四頁
（7）都出比呂志　一九八九『日本農耕社会の成立過程』岩波書店、一八五〜一八六頁
（8）神辺町　一九九六『御領遺跡上手樋町地点発掘調査現地見学会資料』
（9）小郡市教育委員会　一九九四『一ノ口遺跡Ⅰ地点』
（10）金　吉植　一九九三『松菊里』Ⅴ、木柵1、国立公州博物館
（11）原口正三　一九八六「濠と土塁」金関恕・佐原真編『弥生文化の研究』第七巻、雄山閣出版
（12）佐原　真　一九八九「神秘の衣を脱ぎ始めた女王卑弥呼」『月刊Asahi』創刊号、一九九三改題「吉野ケ里と邪馬台国」『考古学千夜一夜』小学館、のち小学館ライブラリー
（13）石野博信　二〇〇一『邪馬台国の考古学』吉川弘文館、一九頁
（14）武末純一　一九九〇「北部九州の環溝集落」『九州上代文化論集』乙益重隆先生古稀記念論文集刊行会、二一三〜二三八頁

26　卑弥呼は縦穴住居に住んでいた

（1）宮本長二郎　一九九九「妻木晩田遺跡群の建物」『季刊邪馬台国』第六七号
（2）車崎正彦　二〇〇〇「古墳祭祀と祖霊観念」『考古学研究』第四七巻第二号、二九〜四八頁
辰巳和弘　一九九〇『高殿の古代学——豪族の居館と王権祭儀』白水社
（3）若林弘子　一九八六『高床式建物の源流』弘文堂
鳥越憲三郎・若林弘子　一九八七『家屋紋鏡が語る古代日本』新人物往来社
若林弘子　二〇〇〇「古代住居論の再考——入母屋伏屋をめぐって」『家屋紋鏡再読』二〇〇〇年度

日本建築学会大会(東北)建築歴史・意匠部門研究協議会資料、七〜一六頁
(4) 七田忠昭　二〇〇一『国営吉野ヶ里歴史公園南内郭西方倉庫群建物等基本設計報告書』国土交通省九州地方整備局国営吉野ヶ里歴史公園工事事務所
(5) 木村徳国　一九七七(一九八八)「ムロとニイムロノウタゲ」『上代語にもとづく日本建築史の研究』中央公論美術出版、二七三〜三〇八頁
(6) 吉田　孝　一九九七『日本の誕生』岩波新書
(7) 喜田貞吉　一九二四「竪穴住居の址」『中央史壇』秋期臨時増刊号、四九〜五三頁
(8) 岡田精司　一九八五『神社の古代史』大阪書籍
(9) 佐原　真　一九九八「弥生時代に神殿はなかった」広瀬和雄編『都市と神殿の誕生』新人物往来社
(10) 武田佐知子　一九八四「律令制下の農民の衣服」『古代国家の形成と衣服制』山川出版社

27　贈り物、授かり物

(1) 西谷　大　一九九六「生口と銅鏡──贈り物と授かり物の特殊性」国立歴史民俗博物館『倭国乱る』展示図録、九〇〜九五頁
(2) 佐原　真　一九九九『大昔の美に想う』新潮社、一三六頁
(3) 王　仲殊・樋口隆康・西谷　正　一九九七『三角縁神獣鏡と邪馬台国』梓書院、四六・四七頁
(4) 王　仲殊　一九八五「日本の三角縁神獣鏡について」『三角縁神獣鏡の謎』角川書店
(5) 脇田晴子　一九八六「対外貿易と国内商業」田中健夫編『大明国と倭寇』海外視点日本の歴史、ぎょうせい、八六〜九六頁

28　狗奴国

(1) 佐伯有清　二〇〇〇『魏志倭人伝を読む』上、吉川弘文館、八六〜八七頁

(2) 山尾幸久　一九九一「邪馬台国と狗奴国との戦争」国立歴史民俗博物館『邪馬台国時代の東日本』六興出版、八六～八七頁

(3) 田辺昭三　一九六八『謎の女王卑弥呼』徳間書店

(4) 白石太一郎　一九九一「邪馬台国時代の畿内・東海・関東」前掲注2書

第三部　弥生の「国」の中心を歩く

この節は『ものがたり日本列島に生きた人たち1　遺跡』(岩波書店、二〇〇〇年)所載の、佐原「弥生の「国」の中心を歩く——吉野ケ里」を元にしている。

参考文献

高島忠平・七田忠昭ほか　一九九五　佐賀県教育委員会『吉野ケ里』吉川弘文館

建設省九州地方建設局国営吉野ケ里歴史公園工事事務所　一九九六『国営吉野ケ里歴史公園建物等復元基本設計報告書』

七田忠昭　一九九一『吉野ケ里遺跡発掘』ポプラ社教養文庫

高島忠平　一九九三「吉野ケ里」『岩波講座日本通史』二、岩波書店

納富敏雄　一九九七『吉野ケ里遺跡——保存と活用への道』吉川弘文館

佐原　真　一九八九「神秘の衣を脱ぎ始めた女王卑弥呼」(佐原がつけた題ではない)、改題して、一九九三「吉野ケ里と邪馬台国」『考古学千夜一夜』小学館

佐原　真　一九九九「世界・日本の戦争の起源」福井勝義・春成秀爾編『戦いの進化と国家の生成』東洋書林

佐原　真・仁藤敦史　一九九九『卑弥呼の戦争と平和——魏志倭人伝を読む』歴博ブックレット、歴史民俗博物館振興会

宮本長二郎「妻木晩田遺跡の建物」、佐原　真「卑弥呼は縦穴住居に住んでいた」、『妻木晩田遺跡群をどう

活かすか』シンポジウム資料。ともに『季刊邪馬台国』第六七号（梓書院と佐古和枝編、一九九九年）と『海と山の王国』（佐古和枝編、今井書店、一九九九年）に載録
木村徳国　一九七九『古代建築のイメージ』NHKブックス、日本放送出版協会
吉田　孝　一九八三「イへとヤケ」『律令国家と古代の社会』岩波書店
車崎正彦　一九九九「東国の埴輪」国立歴史民俗博物館編『はにわ人は語る』山川出版社
辰巳和弘　一九九二『埴輪と絵画の考古学』白水社
広瀬和雄編　一九九八『都市と神殿の誕生』新人物往来社。佐原　真「弥生時代に神殿はなかった」は同書に収録
岡田精司　一九九九「神社建築の源流」『考古学研究』第四六巻第二号
橋口達也　一九八〇「甕棺内人骨等に附着せる布、蓆」、一九九九『弥生文化論——稲作の開始と首長権の展開』雄山閣出版に載録
武田佐知子　一九九九「卑弥呼はどんな服装をしていたか——男装の女王」大庭脩編『卑弥呼は大和に眠るか』文英堂
佐原　真　二〇〇〇「着る飾るの過去・現在・将来」国立歴史民俗博物館『よそおいの民俗誌——化粧・着物・死装束』慶友社
七田忠昭　二〇〇〇「吉野ケ里遺跡」『姉妹遺跡が語る邪馬台国への道』シンポジウム資料、佐賀県教育庁文化財課
布目順郎　一九九四「吉野ケ里遺跡出土の絹と麻」佐賀県教育委員会『吉野ケ里』吉川弘文館
前田雨城・下山　進・野田裕子　一九九四「吉野ケ里遺跡出土染織遺物の染色鑑定　科学調査について」佐賀県教育委員会『吉野ケ里』吉川弘文館

おわりに

以上二八項目にわたって、魏志倭人伝の風俗記事と考古学的事実を対照してきました。そして、魏志倭人伝の記載の周辺もとりあげました。最初にも書いたように、考古学の事実はこの文献の記載と次々に合ってきています。ただし、本書の初めにあげた白石太一郎さんの指摘のように、倭の実態を知らず、『漢書』の海南島の風俗をひきうつした内容が考古学的にもたまたま倭の風俗と一致している可能性もあります。しかし私の研究目標は、倭の実際がどうであったかを明らかにすることにあります。この作業がさらに進んでいくことによって、倭の実態が、できることなら邪馬台国や卑弥呼の姿が私たちにいっそう近づいてくることを願っています。

邪馬台国がどこにあったかについては、「親魏倭王」印が奈良でみつかっても、九州説の人は、後で盗って持っていったというでしょう。動かぬ証拠ではなく動く証拠だからです。この時代の中国にはすでに地図があったのですから、決定打は、中国で二、三世紀の日本の地図がみつかって邪馬台国の位置が描いてあることです。しかし、そんな発見があると思いますか。期待薄いと思います。しかし、研究者や邪馬台国ファンの人たちが、ここにある、と空想を、いや確信を抱いていることが幸せだ、邪馬台国はそれぞれの心の中にあるのがいいではないか、とも私は思っているのです。

英語で「証拠が存在しないことは、存在しないことの証拠ではない」(The absence of the evidence is not the evidence of the absence)という表現があります。かつて文化人類学の今西錦司さんが、考古学者は証拠がない、あったといわないのはけしからん、といいました。想像は大切で、私も大いに想像を楽しみますけれども、証拠なしの想像は学問ではありません。

幸いにも新しい事実、新しい解釈はどんどん出てきます。今回本書を書くにあたっては、数多くの研究論文や本を読むだけではなく、数多くの研究者に研究の現状を教えてもらいました。私の本、というよりはむしろ、現在の日本考古学の研究者の意見を私がとりまとめた本という形になりました。

私は魏志倭人伝の風俗記事についてあちこちで話し、東京大学の史学会総会(一九九九年一一月一三日)も私の発表の機会を作ってくださいました。そして何回話してもそのたびに新しい事実や新見解を紹介することになりました。また、袖について静岡で教わったことを今回とりあげたように、どの会場でも聞いていただいた方から、新しい情報を学びとることができています。本書で書いたことも、すぐにまた新事実・新解釈で訂正されることになるでしょう。読者の皆さんのお教え、情報提供をお願いします。

本書の改訂を重ねていくことができれば、と思います。

（二〇〇二年六月）

後記

二〇〇二年七月一〇日に亡くなった佐原真さんが、最後の最後まで上梓の熱意をもって取り組んでいたのが本書『魏志倭人伝の考古学』でした。六月一二日に再入院するときは、魏志倭人伝関係の本だけを詰めた段ボール箱二個を病室にもちこんで、そのつよい意志を示しました。しかし、病状はひどく進んでおり、もう一枚も書く体力すら残っていませんでした。

佐原さんは、一九九七年、歴博ブックレットで『魏志倭人伝の考古学』をまとめたあと、より詳しいものを書きたいと言って、いっそうの情熱を傾けてその作業にかかっていました。ところが、二〇〇一年五月一五日、前年秋以来の体調不良の原因は膵臓ガンで、もはや手術はできない、あと数カ月の生命と宣告されました。しかし、薬石効あって小康状態になったときに、「自己治癒力」をもつことが何よりも大事、と医師に言われてからの佐原さんの頑張りようは尋常ではありませんでした。七月一九日に退院できると、入院前に引き受けていた講演はつぎつぎにすべて済ませ、たまっていた原稿も一つ一つ片づけていきました。『稲・金属・戦争——弥生』(編著、二〇〇二年一月)、『仮面——そのパワーとメッセージ』(監著、二〇〇二年四月)、『日本考古学事典』(共編著、二〇〇二年五月)、『銅鐸の考古学』(二〇〇二年五月)、『考古学つれづれ草』(二〇〇二年七月)を上梓しました。そして、残る一冊がこの『魏志倭人伝の考古学』でした。

佐原さんは魏志倭人伝から自分が特に興味をもった風俗記事を四〇項目選び、前著で取り上げた一二項目は加筆し、のこり二八項目は新たに書き起こす計画でした。亡くなる四日前に酸素吸入器をつけて荒い息をしている佐原さんに、「書けるところまで書いてください。あとはなんとかしますから」と言ったものの、没後、佐原弘子夫人から託された校正刷と原稿を見ると、病床でほぼ完成していたのはそのうち二三項目、途中まで書いていたものが四項目だけで、一書にするには内容も分量も不十分でした。そこで、あれこれ考えたすえ、佐原さんが最近書いた文章をそのまま再録し(第三部)、あるいは少しアレンジして載録し(倭国の乱、のろし)、下書き状態の原稿はやむをえず私が整理し(矢尻と矢柄、お酒、狗奴国)、一書としての体裁を整えることにしました。注については佐原さんが著者名だけを書いている個所は内容から判断して適当な文献を探して書き入れておきました。その作業には、岩波書店編集部の大山美佐子さんの助力を得ました。

考古学の立場を堅持しながら考古・歴史・人類・民族・民俗学等の諸分野の最先端の研

究成果を学んで自説をまとめるのは、佐原さんがもっとも得意とするところでした。自説を「真説」と真顔で書けたのは、かたよりのない幅広い交友関係と、すぐれた説ならば提唱者が誰であっても素直に受け入れることができる人格をもち、山内清男・小林行雄という東西の考古学の神さまから十〜二十代に学問的洗礼をうけ、以後、日本と欧米の考古学を学んできた自らの的確な判断能力に対する確固たる自信があったからでしょう。

本書が、最後まで進化をつづけた佐原学の最新にして最後の到達点であることはまちがいないと確信します。

二〇〇三年六月

春成秀爾

魏志倭人伝　原文

（行頭の数字は行数を表わす）

1

倭人傳

倭人在帶方東南大海之中依山島爲國邑舊百
餘國漢時有朝見者今使譯所通三十國從郡至
倭循海岸水行歷韓國乍南乍東到其北岸狗邪
韓國七千餘里始度一海千餘里至對海國其大

官曰卑狗副曰卑奴母離所居絶島方可四百餘
里土地山險多深林道路如禽鹿徑有千餘戸無
良田食海物自活乘船南北市糴又南渡一海千
餘里名曰瀚海至一大國官亦曰卑狗副曰卑奴
母離方可三百里多竹木叢林有三千許家差有
田地耕田猶不足食亦南北市糴又渡一海千餘
里至末盧國有四千餘戸濱山海居草木茂盛行
不見前人好捕魚鰒水無深淺皆沈沒取之東南
陸行五百里到伊都國官曰爾支副曰泄謨觚柄
渠觚有千餘戸丗有王皆統屬女王國郡使往來

常所駐東南至奴國百里官曰兕馬觚副曰卑奴母離有二萬餘戸東行至不彌國百里官曰多模副曰卑奴母離有千餘家南至投馬國水行二十日官曰彌彌副曰彌彌那利可五萬餘戸南至邪馬壹國女王之所都水行十日陸行一月官有伊支馬次曰彌馬升次曰彌馬獲支次曰奴佳鞮可七萬餘戸自女王國以北其戸數道里可得略載其餘旁國遠絶不可得詳次有斯馬國次有已百支國次有伊邪國次有都支國次有彌奴國次有好古都國次有不呼國次有姐奴國次有對蘇國

次有蘇奴國次有呼邑國次有華奴蘇奴國次有鬼國次有爲吾國次有鬼奴國次有邪馬國次有躬臣國次有巴利國次有支惟國次有烏奴國次有奴國此女王境界所盡其南有狗奴國男子爲王其官有狗古智卑狗不屬女王自郡至女王國萬二千餘里男子無大小皆黥面文身自古以來其使詣中國皆自稱大夫夏后少康之子封於會稽斷髮文身以避蛟龍之害今倭水人好沈沒捕魚蛤文身亦以厭大魚水禽後稍以爲飾諸國文身各異或左或右或大或小尊卑有差計其道里

當在會稽東治之東其風俗不淫男子皆露紒以木緜招頭其衣横幅但結束相連略無縫婦人被髮屈紒作衣如單被穿其中央貫頭衣之種禾稻紵麻蠶桑緝績出細紵縑緜其地無牛馬虎豹羊鵲兵用矛楯木弓木弓短下長上竹箭或鐵鏃或骨鏃所有無與儋耳朱崖同倭地温暖冬夏食生菜皆徒跣有屋室父母兄弟臥息異處以朱丹塗其身體如中國用粉也食飲用籩豆手食其死有棺無槨封土作冢始死停喪十餘日當時不食肉喪主哭泣他人就歌舞飲酒已葬擧家詣水中澡

浴以如練沐其行來渡海詣中國恒使一人不梳頭不去蟣蝨衣服垢汚不食肉不近婦人如喪人名之爲持衰若行者吉善共顧其生口財物若有疾病遭暴害便欲殺之謂其持衰不謹出真珠青玉其山有丹其木有柟杼豫樟楺櫪投橿烏號楓香其竹篠簳桃支有薑橘椒蘘荷不知以爲滋味有獮猴黑雉其俗舉事行來有所云爲輒灼骨而卜以占吉凶先告所卜其辭如令龜法視火坼占兆其會同坐起父子男女無別人性嗜酒魏略曰其俗不知正歲四節但計春耕秋收爲年紀見大人所敬但搏手以當跪拜其

人壽考或百年或八九十年其俗國大人皆四五婦下戸或二三婦婦人不淫不妬忌不盗竊少諍訟其犯法輕者沒其妻子重者沒其門戸及宗族尊卑各有差序足相臣服收租賦有邸閣國國有市交易有無使大倭監之自女王國以北特置一大率檢察諸國畏憚之常治伊都國於國中有如刺史王遣使詣京都帶方郡諸韓國及郡使倭國皆臨津搜露傳送文書賜遺之物詣女王不得差錯下戸與大人相逢道路逡巡入草傳辭說事或蹲或跪兩手據地爲之恭敬對應聲曰噫比如然諾

其國本亦以男子爲王住七八十年倭國亂相攻伐歷年乃共立一女子爲王名曰卑彌呼事鬼道能惑衆年已長大無夫壻有男弟佐治國自爲王以來少有見者以婢千人自侍唯有男子一人給飲食傳辭出入居處宮室樓觀城柵嚴設常有人持兵守衞女王國東渡海千餘里復有國皆倭種又有侏儒國在其南人長三四尺去女王四千餘里又有裸國黒齒國復在其東南船行一年可至參問倭地絶在海中洲島之上或絶或連周旋可五千餘里景初二年六月倭女王遣大夫難升米

等詣郡求詣天子朝獻太守劉夏遣吏將送詣京都其年十二月詔書報倭女王曰制詔親魏倭王卑彌呼帶方太守劉夏遣使送汝大夫難升米次使都市牛利奉汝所獻男生口四人女生口六人班布二匹二丈以到汝所在踰遠乃遣使貢獻是汝之忠孝我甚哀汝今以汝爲親魏倭王假金印紫綬裝封付帶方太守假授汝其綏撫種人勉爲孝順汝來使難升米牛利涉遠道路勤勞今以難升米爲率善中郎將牛利爲率善校尉假銀印青綬引見勞賜遣還今以絳地交龍錦五匹臣松之以爲地

應爲綈漢文帝著皁衣謂之弋綈是也此字不體非魏朝之失則傳寫者誤也絳地縐粟罽十張蒨絳五十匹紺青五十匹荅汝所獻貢直又特賜汝紺地句文錦三匹細班華罽五張白絹五十匹金八兩五尺刀二口銅鏡百枚真珠鉛丹各五十斤皆裝封付難升米牛利還到録受悉可以示汝國中人使知國家哀汝故鄭重賜汝好物也正始元年太守弓遵遣建中校尉梯儁等奉詔書印綬詣倭國拜假倭王并齎詔賜金帛錦罽刀鏡采物倭王因使上表荅謝詔恩其四年倭王復遣使大夫伊聲耆掖邪狗等八人上獻生口倭錦絳青

縑緜衣帛布丹木㺃短弓矢掖邪狗等壹拜率善
中郎將印綬其六年詔賜倭難升米黄幢付郡假
授其八年太守王頎到官倭女王卑彌呼與狗奴
國男王卑彌弓呼素不和遣倭載斯烏越等詣郡
說相攻擊狀遣塞曹掾史張政等因齎詔書黄幢
拜假難升米爲檄告喩之卑彌呼以死大作冢徑
百餘歩徇葬者奴婢百餘人更立男王國中不服
更相誅殺當時殺千餘人復立卑彌呼宗女壹與
年十三爲王國中遂定政等以檄告喩壹與壹與
遣倭大夫率善中郎將掖邪狗等二十人送政等

105

還因詣臺獻上男女生口三十人貢白珠五千孔
青大句珠二枚異文雜錦二十匹

魏志倭人伝　訳文

小南一郎

（行頭の数字は原文対応の行数を表わす）

倭《わ》人《ひと》は、帯方郡東南の大海の中におり、山がちな島の上にそれぞれの国邑《こくゆう》を定めている。もともと百余国があって、漢の時代には中国へ朝見に来たものがあった。現在、使者や通訳の往来のある国が三十国ある。

帯方郡から倭に行くには、海岸にそって船で進み、韓国を経、南に進んだり、東に進んだりして、倭の北の対岸である狗邪《くや》韓国にいたる。そこまでが七千余里。そこではじめて〔海岸を離れて〕一つの海を渡る。その距離は一千余里。対馬《つしま》国につく。そこの長官は卑狗《ひこ》と呼ばれ、副官は卑奴母離《ひなもり》と呼ばれる。四面を海にかこまれた島に住み、広さは四方四百里あまりほど。その土地は山が険しく深い森林が多く、道はけものや鹿の通り道のようである。千余戸の家があり、農地はやせていて、海産物を食べて生活をし、船に乗って南や北に海を渡って穀物を買い入れてくる。さらに南に向って瀚海《かんかい》と呼ばれる一つの海を渡り、千余里を行くと、一大国(一支《いき》国)につく。そこでも長官は卑狗、副官は卑奴母離と呼ばれている。広さは四方三百里ばかり。竹や木が生えやぶが多い。三千戸ほどの家がある。田畑もなくはないが、農耕だけでは食料の自給ができず、そこの人々も南や北に海を渡って穀物を買い入れている。さらに一つの海を渡り、一千余里を行くと、末盧《まつろ》国につく。そこには人家四千余戸があり、山と海にはさまれた海岸地帯に住んでいる。草木が繁茂して、道をあるいていると前を行く人が見えない。魚や鰒《あわび》をとることに巧みで、水がいかに深かろうとも、潜って取ってくる。東南に陸路を五百里行くと、伊都《いと》国につく。そこの長官を爾支《じき》といい、副官を泄謨觚《せつぼこ》・柄渠觚《へいきょこ》という。千余戸の人家があり、代々王が位を継いで、ずっと女王国の支配を受けてきた。帯方郡からの使者が行き来をする場合、いつも一旦《いったん》ここにとどまる。

ここから東南の奴《ぬ》国までは百里。そこの長官は兕馬觚《じばこ》と呼ばれ、副官は卑奴母離と呼ばれて、二万余戸の人家がある。東に進んで不弥《ふみ》国まで行くには百里。長官は多模《たも》と呼ばれ、副官は卑奴母離と呼ばれ、千余戸の人家がある。南の投馬《とうま》国までは、水路で二十日かかる。そこの長官は弥弥《みみ》と呼ばれ、副官は弥弥那利《みみなり》と呼ばれ、五万余戸ほどの人家がある。南の女王が都している邪馬《やま》壱(台《たい》)国までは、水路十日、陸路一カ月がかかる。長官には伊支馬《いしま》がおり、その下に弥馬升《みましょう》、その下に弥馬獲支《かくき》、その下に奴佳鞮《ぬかたい》と呼ばれる官が置かれ、七万余戸ほどの人家がある。

女王国から北にあたる国々については、その戸数や道のりをほぼ記述することができるが、それ以外の方向につらなる国々については、遠くへだたっているため、詳細を知ることができない。女王国のさらにむこうには、斯馬《しま》国があり、つづいて已百支《いひゃくし》国があり、つづいて伊邪《いや》国があり、つづいて都支《つし》国があり、つづいて弥奴《みぬ》国があり、つづいて好古都《こうこつ》国があり、つづいて不呼《ふこ》国があり、つづいて姐奴《そぬ》国があり、つづいて対蘇《たいそ》国があり、つづいて蘇奴《そぬ》国があり、つづいて呼邑《こゆう》国があり、つづいて華奴蘇奴《かぬそぬ》国があり、つづいて鬼《き》国があり、つづいて為吾《いご》国があり、つづいて鬼奴《きぬ》国があり、つづいて邪馬《やま》国があり、つづいて躬臣《きゅうしん》国があり、つづいて巴利《はり》国があり、つづいて支惟《しい》国があり、つづいて烏奴《うぬ》国があり、つづいて奴《ぬ》国がある。ここで女王の領域は終る。その南に狗奴《くぬ》国があり、男子が王となっている。そこの長官は狗古智卑狗《くこちひこ》と呼ばれ、女王の支配は受けていない。

帯方郡から女王国までは、一万二千余里。

〔倭人たちは〕男子は、誰もかれもが、顔や身体に入れ墨をしている。昔から、倭の使者が中国にやってくるときには、みな自分のことを大夫《たいふ》と称している。夏《か》王朝の主君であった少康《しょうこう》の息子は、会稽《かいけい》に封ぜられると、髪を切り身体に入れ墨をして、蛟《みずち》や龍の害を避けた。いま倭の水人《あま》たちは盛んに水に潜って魚や蛤《かい》を捕っているが、身体に入れ墨をするのは同様に大きな魚や水禽を追いはらうためであって、それが後にだんだん飾りとなったのである。国ごとに入れ墨がそれぞれ異なり、あるいは左がわ、あるいは右がわ、あるいは大きく、あるいは小さくて、尊卑による区別がある。倭までの道のりを計ってみるに、会稽や東冶《とうや》の東方に位置するのであろう。

人々は身もちがしっかりしている。男子は冠をつけず、木綿で頭をしばって髺《まげ》を作る。その衣服は横に幅広いきれをただ結び合わせるだけで、縫い合わせたりすることはほとんどない。女子は、ざんばら髪で〔その一部をたばねて〕まがった髺を結い(?)、着物をしたてるといっても単被《ひとえ》(シーツ?)のようなもので、その中央に穴をあけ、その穴に首を通して着るだけである。禾稲《いね》や紵麻《あさ》を植え、蚕をかってそれを糸に紡ぎ、目の細かい紵《ちょ》(麻布)や縑緜《かとりぎぬ》を産出する。その土地には、牛・馬・虎・豹・羊・鵲《かささぎ》はいない。兵器として、矛《ほこ》・楯《たて》・木弓を用いる。木弓は下が短くて上が長く、竹の箭《やがら》に鉄製の鏃《やじり》をつけたり骨製の鏃をつけたりする。この地の産物は、儋耳《たんじ》や朱崖《しゅがい》(海南島)と同じである。倭の土地は温暖で、冬夏にかかわらず生野菜を食べ、誰もがはだしである。ちゃんとした家に住み、父母兄弟で寝間や居間を異にしている。朱や丹をその身体に塗るが、それはちょうど中国で白粉《おしろい》を用いるのと同様である。飲食には籩豆《へんとう》(たかつき)を用い、手づかみで食べる。人が死ぬと、棺に収められるが槨室《かくしつ》はなく、土をつんで冢《つか》を作る。死ぬとすぐ十日余りのもがりをし、その間は肉を食べず、喪主は哭泣《こくきゅう》し、ほかの者はそのそばで歌舞し酒を飲む。埋葬が終ると、家じゅうの者が水中に入って身体を洗うが、その様子は中国で行なう練沐《れんもく》とよく似ている。倭の者が海を渡って中国と往来するときには、いつも一人の者をえらんで、頭もくしけずらず、しらみも取らず、衣服は垢《あか》で汚れたままで、肉を食べず、婦人も近づけず、喪中の人のようにさせる。これを持衰《じさい》と呼ぶ。もしその旅が無事であれば、皆でその者に家畜や財物を与える。もし病気が出たり、思いがけない災害にあったりすれば、人々はその者を殺そうとする。彼の持衰が充分に慎み深くなかったから〔そうした事が起ったのだ〕というのである。

その土地は、真珠や青玉を産出する。山地には丹《たん》を産し、木材として柟《くす》・杼《とち》・予樟《くすのき》・楺櫪《ぼうれき》・投橿《とうきょう》・烏号《やまぐわ》・楓香《おかつら》などを産し、竹には篠簳《しのだけ》・桃枝《とうし》竹《ちく》がある。薑《しょうが》・橘・椒《さんしょう》・蘘荷《みょうが》などが生えるが、それらが美味であることを知らない。獮猴《おおざる》や黒雉《くろきじ》がいる。

その地の風習として、なにか事を起したり旅行をするなど、特別なことをするときには、必ず骨を焼いて卜《ぼく》し、吉凶を占う。亀卜に先だって占う内容を告げるが、そのときの言葉は中国の命亀《めいき》(卜に先だって占いの内容を亀甲に告げる)の法と同じで、焼いてできた割れ目を見て吉凶の兆を判断する。彼らの会合の場での立居振舞いには、父子や男女の区別がない。人々は生れつき酒が好きである。〔裴注〕大人《たいじん》や敬うべき人物に会ったときにも、ひざまずいて拝する代りに拍手をするだけである。人々は長生きをし、百歳だとか八、九十歳の者もいる。その地では一般に、国々の大人たちは四、五人の妻を持ち、下戸でも二、三人の妻を持つ者がいる。婦人たちは身もちがしっかりとし、嫉妬することもない。盗みをせず、訴訟ざたは少ない。法を犯す者がいると、軽い場合にはその妻子を没収し、重い場合には一門全体が根絶やしにされる。宗族間の関係や尊卑については、それぞれ序列があって、上の者のいいつけはよく守られる。租税や賦役の徴収が行なわれ、その租税を収める倉庫が置かれている。国々に市場が開かれ、それぞれの地方の物産の交易が行なわれて、大倭《たいわ》が命ぜられてその監督の任に当っている。女王国より北の地域には、特別に一大率《いちだいそつ》の官が置かれて、国々を監視し、国々はそれを畏れている。一大率はいつも伊都国にその役所を置き、国々の間でちょうど中国での刺史《しし》のような権威を持っている。倭王が〔魏の〕京都《みやこ》や帯方郡や韓の国々へ使者をおくる場合、あるいは逆に帯方郡からの使者が倭に遣わされるときには、いつも港で荷物を広げて数目を調べ、送られる文書や賜わり物が、女王のもとに着いたとき、まちがいがないように点検をする。

下戸の者が道で大人に会うと、後ずさりをして草の中に入り、言葉を伝えたり説明したりするときには、うずくまったりひざまずいたりして、両手を地につき、大人に対する恭敬を表わす。答えるときには「噫《あい》」といい、中国で承知しましたというのとよく似ている。

〔裴注〕『魏略』にいう。彼らの間では正月を年の初めとすることや四つの季節の区別は知られておらず、ただ春の耕作と秋の収穫を目やすにして年を数えている。

その国では、もともと男子が王位についていたが、そうした状態が七、八十年もつづいたあと、〔漢の霊帝の光和年間に〕倭の国々に戦乱がおこって、多年にわたり互いの戦闘が続いた。そこで国々は共同して一人の女子を王に立てた。その者は卑弥呼《ひみこ》と呼ばれ、鬼神信仰の祭祀者として、人々の心をつかんだ。彼女はかなりの年齢になっても、夫はなく、その弟が国の統治を輔佐した。王位に即いて以来、彼女に目通りした者はほとんどない。千人の侍女を自分のまわりに侍《はべ》らせ、男子がただ一人だけいて、飲食物を運んだり、命令や言上の言葉を取り継いでいた。起居するのは宮室や楼観《たかどの》の中で、まわりには城壁や柵が厳しくめぐらされ、兵器を持った者が四六時中、警護に当った。

女王国から東に一千余里の海を渡ると、別の国々があって、それらもみな倭と同じ人種である。さらに侏儒《しゅじゅ》国がその南にあり、そこの者は身の丈が三、四尺、女王国から四千余里の距離にある。裸《ら》国《こく》・黒歯《こくし》国がさらにその東南にあり、船で一年の航海をしてそこに行きつくことができる。いろいろな情報を総合してみると、倭の地は、大海中の孤立した島嶼《とうしょ》の上にあって、国々が連なったり離れたりしながら分布し、ぐるっとめぐると五千余里ほどである。

景初二年(二三八)六月、倭の女王は、大夫の難升米《なそめ》らを帯方郡に遣わし、天子に朝見して献上物をささげたいと願い出た。帯方太守の劉夏《りゅうか》は役人と兵士をつけて京都《みやこ》まで案内させた。その年の十二月、倭の女王へのねぎらいの詔書《みことのり》が下された、「親魏倭王の卑弥呼に制詔《みことのり》を下す。帯方太守の劉夏が使者をつけて汝《なんじ》の大夫の難升米、副使の都市牛利《つしごり》を護衛し、汝の献上物、男の奴隷四人、女の奴隷六人、班布《はんぷ》二匹二丈を奉じてやってきた。汝ははるか遠い土地におるにもかかわらず、使者を遣《おく》り献上物をよこした。これこそ汝の忠孝の情のあらわれであり、私は汝の衷情に心を動かされた。いま汝を親魏倭王となし、金印紫綬《しじゅ》を仮授するが、その印綬は封印して帯方太守に託し、代って汝に仮授させる。汝の種族のものたちを鎮め安んじ、孝順に努めるように。汝が遣わして来た使者、難升米と牛利とは、遠く旅をし途中苦労を重ねた。いま難升米を率善《そつぜん》中郎将となし、牛利を率善校尉となして、銀印青綬を仮授し、引見してねぎらいの言葉をかけ下賜品を与えたあと、帰途につかせる。いま絳地《こうじ》交龍文の錦五匹[裴注]、絳地縐粟《すうぞく》の罽《けい》(けおりもの)十張、蒨絳《せんこう》五十匹、紺青五十匹をもって、汝の献上物への代償とする。加えてとくに汝に紺地句文《こうもん》の錦三匹、細班華《さいはんか》の罽五張、白絹五十匹、金八両、五尺の刀二ふり、銅鏡百枚、真珠と鉛丹《えんたん》おのおの五十斤ずつを下賜し、みな箱に入れ封印して難升米と牛利に託し、持ちかえって目録とともに汝に授けさせる。これらのすべては、それを汝の国のうちの者たちに示して、朝廷が汝らに深く心を注いでいることを知らしめんがためのもので、それゆえことさらに鄭重《ていちょう》に汝に良き品々を下賜するのである。」

〔裴注〕臣《わたくし》裴松之《はいしょうし》が考えるに、「絳地」の地の字は「綈《てい》」に作るべきである。漢の文帝のつけた皁衣《そうい》(黒い衣服)が弋綈《よくてい》と呼ばれた、とある綈がこれである。この字のままでは意味をなさないが、これは魏の王朝の下した詔がすでにそうまちがっていたのか、そうでなければ、伝写した人が誤ったのである。

正始元年(二四〇)、帯方太守の弓遵《きゅうじゅん》は、建中校尉の梯儁《ていしゅん》らをおくり、詔書と印綬とをたずさえて倭国に行くと、倭王に親魏倭王位を仮授し、同時に詔《みことのり》とともに金・帛《しろぎぬ》・錦《きん》罽《けい》・刀・鏡・采物《さいぶつ》(身分をあらわす采《いろどり》のある旗や衣服)を下賜した。倭王はその使者を通じて上表し、鄭重な内容の詔に対する感謝の気持を表わした。同四年、倭王はふたたび大夫の伊声耆《いしょうぎ》・掖邪狗《ややこ》ら八人を使者に立てて、奴隷・倭錦《わきん》、絳青《こうせい》の縑《かとりぎぬ》、緜衣《めんい》・帛布《はくふ》・丹《たん》・木拊《ぼくふ》、短弓とその矢を献上した。掖邪狗らはそろって率善中郎将の印綬を賜わった。

同六年、詔があって倭の難升米に黄色の幢《どう》(旗さしもの)が下賜され、帯方郡を通じて本人に仮授された。同八年、〔弓遵が戦死して後任の〕太守の王頎《おうき》が帯方郡に赴任した。倭の女王卑弥呼は、狗奴《くぬ》国の男子の王である卑弥弓呼《ひみくこ》ともともと不和だったのであるが、倭人《わひと》の載斯烏越《そしあお》らが帯方郡に派遣され、二国の間で戦闘が行なわれていることを報告してきた。〔帯方郡から〕塞曹掾史《さいそうえんし》の張政《ちょうせい》らが遣わされ、そのついでに〔六年に下された〕詔書と黄色の幢とをたずさえていって難升米に仮授するとともに、檄文《ふれぶみ》によって〔両国が和解をするよう〕教えさとした。

卑弥呼が死ぬと、大規模に冢《つか》が築かれた。その直径は百余歩。奴婢百人以上が殉葬された。つづいて男王が立ったが、国じゅうの者が心服せず、殺し合いがつづいて、このとき、千人以上の死者が出た。そこで卑弥呼の親族の娘壱与《いよ》(台与《とよ》)が立てられ、十三歳で王となって、国の中もやっと安定した。張政らは檄文によって壱与に〔立派に政治を行なうよう〕教えさとした。壱与は、倭の大夫で率善中郎将である掖邪狗ら二十人を遣わして張政らの帰還に付き添わせ、〔朝鮮に渡った倭の使者は〕そのまま中国の朝廷におもむいて男女の奴隷三十人を献上し、白珠五千孔、青大句珠二個、異文の雑錦二十匹を貢物《みつぎもの》としておさめた。

本書は、『魏志倭人伝の考古学』(歴博ブックレット、歴史民俗博物館振興会、一九九七年)をもとに、大幅に加筆し、新たに編集したものである。なお、著者没後は、春成秀爾氏(国立歴史民俗博物館考古研究部教授)の編集協力を得た。

魏志倭人伝の考古学

2003年7月16日　第1刷発行
2022年3月15日　第9刷発行

著　者　佐《さ》原《はら》　真《まこと》

発行者　坂本政謙

発行所　株式会社　岩波書店
〒101-8002 東京都千代田区一ツ橋2-5-5

案内 03-5210-4000　営業部 03-5210-4111
https://www.iwanami.co.jp/

印刷・精興社　製本・中永製本

ISBN 4-00-600106-1　　Printed in Japan

岩波現代文庫創刊二〇年に際して

二一世紀が始まってからすでに二〇年が経とうとしています。この間のグローバル化の急激な進行は世界のあり方を大きく変えました。世界規模で経済や情報の結びつきが強まるとともに、国境を越えた人の移動は日常の光景となり、今やどこに住んでいても、私たちの暮らしは世界中の様々な出来事と無関係ではいられません。しかし、グローバル化の中で否応なくもたらされる「他者」との出会いや交流は、新たな文化や価値観だけではなく、摩擦や衝突、そしてしばしば憎悪までをも生み出しています。グローバル化にともなう副作用は、その恩恵を遥かにこえていると言わざるを得ません。

今私たちに求められているのは、国内、国外にかかわらず、異なる歴史や経験、文化を持つ「他者」と向き合い、よりよい関係を結び直してゆくための想像力、構想力ではないでしょうか。

新世紀の到来を目前にした二〇〇〇年一月に創刊された岩波現代文庫は、この二〇年を通して、哲学や歴史、経済、自然科学から、小説やエッセイ、ルポルタージュにいたるまで幅広いジャンルの書目を刊行してきました。一〇〇〇点を超える書目には、人類が直面してきた様々な課題と、試行錯誤の営みが刻まれています。読書を通した過去の「他者」との出会いから得られる知識や経験は、私たちがよりよい社会を作り上げてゆくために大きな示唆を与えてくれるはずです。

一冊の本が世界を変える大きな力を持つことを信じ、岩波現代文庫はこれからもさらなるラインナップの充実をめざしてゆきます。

（二〇二〇年一月）

G419
新編 つぶやきの政治思想
李静和
秘められた悲しみにまなざしを向け、声にならないつぶやきに耳を澄ます。記憶と忘却、証言と沈黙、ともに生きることをめぐるエッセイ集。鵜飼哲・金石範・崎山多美の応答も。

G420-421
ロールズ 政治哲学史講義（Ⅰ・Ⅱ）
ジョン・ロールズ
サミュエル・フリーマン編
齋藤純一ほか訳
ロールズがハーバードで行ってきた「近代政治哲学」講座の講義録。リベラリズムの伝統をつくった八人の理論家について論じる。

G422
企業中心社会を超えて
―現代日本を〈ジェンダー〉で読む―
大沢真理
長時間労働、過労死、福祉の貧困……。大企業中心の社会が作り出す歪みと痛みをジェンダーの視点から捉え直した先駆的著作。

G423
増補 「戦争経験」の戦後史
―語られた体験／証言／記憶―
成田龍一
社会状況に応じて変容してゆく戦争についての語り。その変遷を通して、戦後日本社会の特質を浮き彫りにする。〈解説〉平野啓一郎

G424
定本 酒呑童子の誕生
―もうひとつの日本文化―
髙橋昌明
酒呑童子は都に疫病をはやらすケガレた疫鬼だった――緻密な考証と大胆な推論によって物語の成り立ちを解き明かす。〈解説〉永井路子

G425
岡本太郎の見た日本
赤坂憲雄

東北、沖縄、そして韓国へ。旅する太郎が見出した日本とは。その道行きを鮮やかに読み解き、思想家としての本質に迫る。

G426
政治と複数性
―民主的な公共性にむけて―
齋藤純一

「余計者」を見棄てようとする脱-実在化の暴力に抗し、一人ひとりの現われを保障する。開かれた社会統合の可能性を探究する書。

G427
増補 エル・チチョンの怒り
―メキシコ近代とインディオの村―
清水透

メキシコ南端のインディオの村に生きる人びとにとって、国家とは、近代とは何だったのか。近現代メキシコの激動をマヤの末裔たちの視点に寄り添いながら描き出す。

G428
哲おじさんと学くん
―世の中では隠されているいちばん大切なことについて―
永井均

自分は今、なぜこの世に存在しているのか？友だちや先生にわかってもらえない学くんの疑問に哲おじさんが答え、哲学的議論へと発展していく、対話形式の哲学入門。

G429
マインド・タイム
―脳と意識の時間―
ベンジャミン・リベット
下條信輔
安納令奈 訳

実験に裏づけられた驚愕の発見を提示し、脳と心や意識をめぐる深い洞察を展開する。脳神経科学の歴史に残る研究をまとめた一冊。〈解説〉下條信輔

岩波現代文庫［学術］

G430
被差別部落認識の歴史
―異化と同化の間―
黒川みどり

差別する側、差別を受ける側の双方は部落差別をどのように認識してきたのか――明治から現代に至る軌跡をたどった初めての通史。

G431
文化としての科学／技術
村上陽一郎

近現代に大きく変貌した科学／技術。その質的な変遷を科学史の泰斗がわかりやすく解説、望ましい科学研究や教育のあり方を提言する。

G432
方法としての史学史
―歴史論集1―
成田龍一

歴史学は「なにを」「いかに」論じてきたのか。史学史的な視点から、歴史学のアイデンティティを確認し、可能性を問い直す。現代文庫オリジナル版。〈解説〉戸邉秀明

G433
〈戦後知〉を歴史化する
―歴史論集2―
成田龍一

〈戦後知〉を体現する文学・思想の読解を通じて、歴史学を専門知の閉域から解き放つ試み。現代文庫オリジナル版。〈解説〉戸邉秀明

G434
危機の時代の歴史学のために
―歴史論集3―
成田龍一

時代の危機に立ち向かいながら、自己変革を続ける歴史学。その社会との関係を改めて問い直す「歴史批評」を集成する。〈解説〉戸邉秀明

2022. 3

岩波現代文庫［学術］

G435
宗教と科学の接点
河合隼雄

「たましい」「死」「意識」など、近代科学から取り残されてきた、人間が生きていくために大切な問題を心理療法の視点から考察する。〈解説〉河合俊雄

G436
増補 軍隊と地域
—郷土部隊と民衆意識のゆくえ—
荒川章二

一八八〇年代から敗戦までの静岡を舞台に、矛盾を孕みつつ地域に根づいていった軍が、民衆生活を破壊するに至る過程を描き出す。

G437
歴史が後ずさりするとき
—熱い戦争とメディア—
ウンベルト・エーコ
リッカルド・アマデイ訳

歴史があたかも進歩をやめて後ずさりしはじめたかに見える二十一世紀初めの政治・社会の現実を鋭く批判した稀代の知識人の発言集。

G438
増補 女が学者になるとき
—インドネシア研究奮闘記—
倉沢愛子

インドネシア研究の第一人者として知られる著者の原点とも言える日々を綴った半生記。「補章　女は学者をやめられない」を収録。

G439
完本 中国再考
—領域・民族・文化—
葛兆光
辻康吾監訳
永田小絵訳

「中国」とは一体何か？　複雑な歴史がもたらした国家アイデンティティの特殊性と基本構造を考察し、現代の国際問題を考えるための視座を提供する。

2022. 3

G440
私が進化生物学者になった理由
長谷川眞理子

ドリトル先生の大好きな少女がいかにして進化生物学者になったのか。通説の誤りに気づき、独自の道を切り拓いた人生の歩みを語る。巻末に参考文献一覧付き。

G441
愛について
―アイデンティティと欲望の政治学―
竹村和子

物語を攪乱し、語りえぬものに声を与える。精緻な理論でフェミニズム批評をリードしつづけた著者の代表作、待望の文庫化。〈解説〉新田啓子

G442
宝塚
―変容を続ける「日本モダニズム」―
川崎賢子

百年の歴史を誇る宝塚歌劇団。その魅力を掘り下げ、宝塚の新世紀を展望する。底本を大幅に増補・改訂した宝塚論の決定版。

G443
新版 ナショナリズムの狭間から
―「慰安婦」問題とフェミニズムの課題―
山下英愛

性差別的な社会構造における女性人権問題として、現代の性暴力被害につづく側面を持つ「慰安婦」問題理解の手がかりとなる一冊。

G444
夢・神話・物語と日本人
―エラノス会議講演録―
河合隼雄
河合俊雄訳

河合隼雄が、日本の夢・神話・物語などをもとに日本人の心性を解き明かした講演の記録。著者の代表作に結実する思想のエッセンスが凝縮した一冊。〈解説〉河合俊雄

岩波現代文庫[学術]

G445-446

ねじ曲げられた桜(上・下)

—美意識と軍国主義—

大貫恵美子

桜の意味の変遷と学徒特攻隊員の日記分析を通して、日本国家と国民の間に起きた「相互誤認」を証明する。〈解説〉佐藤卓己

2022. 3